더불어 사는 숲
CANADA

캐나다

가톨릭 사제가 본 캐나다와 한국

더불어 사는 숲
CANADA

캐나다

창해

■ 추천의 말

절망에서 희망으로

   30여 년 전에 캐나다로 이민 와 살고 있는 나는 한국에 다녀올 일이 있어 서울에 가보면, 너무나 급속도로 발전해가는 한국의 모습에 놀라지 않을 수 없다. 그러나 며칠만 지나면 절로 알게 된다. 왜 많은 한국 사람들이 너나 할 것 없이 한국을 떠나려 하는지를……
   한국의 부조리한 사회구조와 도를 넘어선 물질문명의 황금빛 물결에 힘겨워 하는 사람들이 갈수록 늘고 있는 것 같다. 그래서 그런지 지난 몇 년 동안 수많은 이민자와 유학생들이 이곳 토론토로 몰려왔다. 그러다 보니 토론토 한인 사회가 급속히 팽창하게 되었고, 예상하지 못했던 여러 문제점이 야기되고 있는 것이 이곳의 실정이다.
   그들은 먼저 이민 와 살고 있는 우리들을 '원주민'이라고 부른다. 자기 과시에 익숙한 그들의 눈에는 아무 꾸밈없이 있는 그대로의 모습으로 묵묵히 살아가는 우리들의 모습이 매우 초라해 보이는 모양이다. "직접 와보니, 캐나다가 선진국인줄 알았는데 우리나라보다 후진국이네."라고 스스럼없이 빈정대는 그들을 만날 때는 기가 막혀서 할 말을 잃어버리게 된다. 하지만 자기들보다 상대적으로 뒤떨어진다는 판단에서 비롯된 호칭이라 생각하고 좋게 이해하면서 살아가고 있다. 캐나다는 촌스럽고 낙후한 후진국 같아 보이지만 세상 사람들은 캐나다를 선진국으로 인정하고 있고, 토론토와 밴쿠버는 세계에서 살기 좋은 도시 중 다섯 손가락 안에 들어간다는 것쯤은 어지간한 사람이면 다 아는 사실이다.

무엇이든지 바로 알고 이해하고 판단하면서 앞날을 후회 없이 설계하고 실천해나가는 것은, 한 번밖에 없는 우리 인생살이에 더 없이 중요하다. 그것은 이민 생활을 하는 데 있어서도 마찬가지다. 이민을 택하게 된 원인은 "자아상실과 비인간화에 대한 강한 거부감에서 비롯된다"는 저자의 말에 나는 공감한다. 그래서 이민은 상처 입은 사람들의 슬픔인 동시에 희망의 용단인 것이다.

가톨릭 사제인 송차선 신부가 바라본 캐나다와 한국을 다룬 이 책은, 캐나다에 이미 이민을 와 있거나, 앞으로 이민을 결행하고자 하는 이들이 캐나다에서 살아가는 본질적인 방법에 관해 보다 깊이 이해하기를 간구하는 마음으로 쓰여진 값진 이민지침서다. 저자 송차선 신부는 토론토 대학교 대학원에서 몇 년 동안 유학생 신분으로 있으면서 다양한 현지 사람들의 고민을 들어준 경험을 토대로 이 책을 집필하게 되었다. 이 책은 저자가 캐나다 사회 구성원리의 본질을 바라보려고 노력하면서 펴냈기에 더욱 값지다.

우리나라와 비교할 때 캐나다는 참으로 놀라운 감동을 주는 긍정적인 면들이 많은 나라임에 틀림이 없다. 그러나 막상 캐나다에 이민 와 살다 보면, 모든 것이 다른 문화적 이질감을 느껴 이곳 생활에 적응해가는 과정이 그리 호락호락하지 않다는 것을 미리 알아야 한다. 그래서 저자는 이민을 식물의 이식 즉, '옮겨 심은 나무'에 비유했다. 뿌리와 흙을 쌌던 비닐을 열어놓지 않고 꽁꽁 묶은 채 옮겨 심은 나무는 뿌리를 내리지 못하고 곧 죽기 마련이다. 이민을 갔으면 그 사회에 적응하려는 열린 마음으로 살아야 할 것이다.

참으로 아름다운 나라, 평화로운 나라에서 한평생 사랑하는 가족들과 함께 서로 사랑하면서 살기 위해서는, 한국에서의 생활방식을 고집하지 말고 자신이 먼저 변해야 한다. 그러면 모든 것이 투명하고 원칙이 통하는 캐나다 사회가 얼마나 편하고 유익한지를, 이곳에 와서 오래오래 정붙이고 살다 보면 절로 알게 될 것이다. 따라서 많은 분들이 이 책을 읽으면서 우리 사회가 어느 방향으로 나아가야 '모두가 더불어 살아가는 밝은 사회'를 만들 수 있는지를 함께 고민하는 출발점이 되길 바란다.

조정대(토론토 거주, 시인)

■ 저자의 말

새로운 삶을 희망하는 이들을 위하여

나는 원래 글을 즐겨 쓰는 사람이 아니다. 다만 우리나라에 살면서 삶의 무게를 버거워 하는 사람들과, 숨 막히는 한국을 탈출(?)하여 캐나다로 이민 간 사람들이 겪고 있는 고통들을 그냥 바라보고만 있을 수 없기에 글을 쓸 용기를 내게 된 것이다. 이 책이 우리 사회의 미래를 밝게 해주고, 읽는 이들에게 희망과 기쁨을 줄 수 있다면 저자로서 더 바랄 나위가 없겠다.

어쩌면 이 책은 창해출판사의 전형배 선생님이 아니었다면 세상에 나오지 못했을지도 모른다. 이 책에게 세상의 빛을 볼 기회를 준 전형배 선생님과 창해출판사에 진심으로 감사를 드린다. 또한 바쁜 와중에도 캐나다에서 사진을 보내주신 김영대, 김지열, 고영득 씨를 비롯한 도움을 주신 모든 분들에게 감사드린다.

송차선

■ 서문을 대신하며

두 여학생의 죽음

답답하고 숨 막히는 한국 사회를 떠나고 싶어 하는 사람들의 넋두리를 들을 때마다 나는 어쩔 수 없이 캐나다와 한국의 현실을 비교하게 된다. 그리고 서로 환경이 다른 두 나라에서 살았던, 같은 나이에 세상을 떠난 중3인 두 소녀의 모습이 번갈아 생각난다. 그 둘의 죽음은 캐나다와 한국이 얼마나 상이한 나라인가를 너무도 절실히 가르쳐주기 때문이다.

중학교 3학년인 죠엔은 토론토 북쪽 140여 킬로미터에 위치한 곳, '호수가 많다'는 인디언 말에서 유래한 지명인 무스코카(Muskoka)의 그라븐허스트(Gravenhurst)에 살고 있었다. 죠엔의 아버지는 큰 형님을 따라 캐나다에 이민을 와 그라븐허스트에서 작은 가게를 하고 있었다. 그는 많은 돈은 못 벌었지만 한국인 여성과 결혼을 하여 단란하고 화목한 가정을 꾸미며 살았다.

그러던 어느 날, 죠엔이 그만 백혈병(Leukemia)에 걸려서 세계에서 가장 유명하다는 어린이 병원(Sick Children Hospital)에 입원하게 되었다.

죠엔의 소식을 접하게 된 나는 그 아이의 병문안을 가게 되었다. 병원에 들어선 순간 나는 내 눈을 의심하였다. 병원을 들어서면 마땅히 병원 특유의 냄새가 나야 되는데 병원냄새가 나지도 않았고 마치 여느 유치원이나 아이들 놀이터에 들어선 느낌이었다. 병원 곳곳에 아기자기 꾸며놓은 것이 아이들에게 친근감을 주었다. 그리고 어딜 봐도 간호사가 보이지 않았는데, 간호실(Nurse Station)에 있는 간호사들이 모두 티셔츠를 입고 있었기 때문이었다. 캡을 쓰고 가운을 입으면 아이들이 겁먹을 것을 우려한 간호사들은 모두 곰 인형과 같은 그림이 그려진 평범한 옷을 입고 있었다. 병원에서는 간호사 두 명이 한 명의 아이를 맡아서 돌보고 있었고, 아이가 스스로 병에 대하여 알 수 있도록 만화로 설명한 백혈병에 관한 책을 보여주며 공부하게 했다. 간호사는 지금 환자의 상태가 어디까지 진행되었는지 늘 친절히 설명해주었다. 아이에게 자신의 병에 관하여 알 권리를 충족시켜주는 것이다.

병원 측에서는 멀리 사는 부모가 병원을 오가기 힘들 것을 배려해 원한다면 병원 근처에서 지낼 수 있도록 숙박(Accommodation)을 제공해주지만 죠엔의 부모는 그것을 사양하였다. 그런데 참으로 놀랍게도 병원에서 가정교사 제도를 운영하고 있었다. 입원 중에는 학교에 못 가기 때문에 병원에서 그 많은 아이들에게 일일이 가정교사를 붙여주었고, 죠엔의 가정교사는 죠엔이 다니던 학교의 교사와 상의해 병원에서 공부를 가르쳤다. 그뿐만이 아니었다. 병원은 죠엔을 위해 혈소판을 찾아 전 세계를 다 뒤졌고, 일본의 해안가에 사는 사람들 중 죠엔과 동일한 혈소판을 가진 사람들이 많다는 학계 보고에 따라 일본까지 수소문을 한 것이다. 항암치료는 계속되었고 의료진은 최선을 다하였다.

병원은 죠엔을 위해 애썼지만 안타깝게도 죠엔은 생과 이별을 준비해야 했다. 그런데 병원에서는 그 사실을 죠엔에게 알렸다. 물론 죠엔은 아직 어리기에 죽음을 받아들일 수가 없었다. 눈물을 흘리며 "난 죽고 싶지 않아!"라고 소리쳤다. 나는 자신이 죽음을 앞두고 있다는 사실을 알고 매우 고통스러워 하는 죠엔을 보고, 그 사실을 알려준 의사가 원망스럽고 화가 났다. 그러나 의사는 죠엔을 위해 삶의 질을 높이기 위한 조치였다고 했다.

역시 그가 옳았다. 살날이 얼마 안 남았지만, 처음에는 도저히 받아들일 수 없는 현실이었지만, 죠엔은 차츰 자신의 남은 삶을 준비하기 시작했다. 그 모습을 보자 나는 죠엔이 죽음을 맞이할 것을 모른 채 준비 없이 죽게 하는 것보다 훨씬 바람직하다는 생각이 들었다. 삶의 질은 살아가는 시간의 길고 짧음에 있지 않았다.

병원 측에서 마지막으로 죠엔에게 해준 것은 사회단체(Social Worker)와 연결하여 죠엔의 마지막 소원을 들어준 것이었다. 죠엔에게 죽기 전에 소원을 들어주겠다고 하니, 그 아이는 디즈니랜드에 가고 싶다고 했다. 그래서 사회단체는 죠엔의 일가족(엄마, 아빠, 언니, 남동생을 포함한 5명)이 디즈니랜드를 다녀올 수 있도록 항공권, 침식 및 모든 경비 일체를 제공하였다. 그리고 디즈니랜드를 다녀온 죠엔은 이 세상을 떠났다. 죠엔의 고향인 그라븐허스트의 한 성당에서 장례를 치르고 고향 마을에서 조용히 잠들었다.

나는 장례를 마친 부부에게 위로를 해주었고, 그동안 입었을 경제적 손실을 염려해주었다. 한국 상황에서는 그런 병에 걸려서 그토록 장시간 병원신세를 졌다면 그동안 번 것 다 날리고, 그것도 부족하여 친척이나 이웃에게까지 경제적으로 큰 타격을 주기 때문이다. 그런데 놀랍게도 죠엔의 부모는 다음과 같이 대답했다.

"여태까지 한 푼도 안 들었어요."

부모는 말을 이었다.

"그동안 세금 낸 것이 아까운 적이 한두 번이 아니었죠. 하지만 이제는 다 돌려받았어요. 앞으로 평생 낼 것까지 다 돌려받았어요."

죠엔의 부모는 자신들이 캐나다에 살고 있다는 사실에 지극히 만족하는 듯했다.

"이제는 세금 내는 것이 아깝지 않아요. 다 돌아오잖아요."

한 개인이 어려움에 처했을 때 사회가 그 사람을 위해 무엇을 해주는지를 보면 사회의 진면목을 알 수 있게 된다. 만약 똑같은 일이 한국에서 일어났다면 죠엔의 가정은 풍비박산이 났을지 모르겠다. 죠엔의 가정은 평생 벌어놓은 재산을 병원비로 몽땅 허비하는 것도 부족해 일가친척들에까지 경제적 타격을 주었을지 모를 일이다. 그런데 캐나다에서 유학을 마치고 한국에 돌아온 나는 신문을 통해 죠엔 또래의 소녀인 정양의 죽음을 마주하며 한없이 슬퍼했다.

6~7평 남짓한 작은 슬레이트집, 누우면 발이 닿을 듯한 비좁은 안방, 창문이 없어서 늘 어둡고 침침한 공부방. 이곳에서 거동이 불편한 홀어머니를 모시고 어린 두 동생과 살아야 했던 15세 소녀가장 정양(평택 H중 3학년)에게 가난은 너무도 견디기 힘들었다. 문학소녀를 꿈꾸던 정양은 2004년 2월 22일, 경기도 평택시 통복동 자신의 집에서 목을 매 스스로 목숨을 끊었다. 정양의 시신 옆에는 평소 소중하게 아끼던 일기장이 놓여 있었다.

'나는 아버지가 안 계신 소녀가장이다. 고등학교 입학금조차 없는 가난한 집의 둘째 딸, 이런 나에게 미래가 있을까……. 일본어도 컴퓨터도, 음악과 기타도 배우고 싶다. 사랑하는 엄마, 죽는 생각 자체가 불효라는 것 알아. 하지만 내가 없어진다면 돈이 덜 나갈 테니 다행일지도 몰라. 내 소원은 내가 운전하는 차에 엄마 태우고 드라이브하는 거였어.'

죽음을 선택하기 보름 전부터 빽빽이 적은 일기장에는, 지독한 가난 속에서 삶에 애착을 가졌지만 자신의 꿈을 펼칠 수 없다는 절망감이 그대로 드러나 있었다. 그러면서 정양은 '나를 알게 되면 (친구들이) 도망갈지도 모른다는 생각에 나를 감추려 했지.'라며 자신의 불우한 처지가 친구들에게 알려질까 괴로워했다.

정양이 소녀가장이 된 것은 6년 전인 초등학교 3학년 무렵이었다. 밖으로 겉도는 아버지를 대신해 어머니가 고물상, 연탄배달, 식당종업원, 막노동을 하며 겨우겨우 생계를 있던 중 1998년 어머니마저 뇌종양으로 쓰러지면서부터였다. 아버지는 노숙자로 전전하다 2년 전 지병으로 숨졌다. 이후 가족들은 정부에서 나오는 생계보조비 월 70만원으로 생활해 왔다.

그러나 어머니 병세가 갈수록 악화돼 치료비로 4,000만 원가량 빚을 지면서 지난해부터는 아예 병원치료를 포기했다. 딸의 마지막 날에도 어머니는 돈을 빌리기 위해 목발을 짚고 이곳저곳 헤매다 밤늦게 집으로 돌아왔는데, 결국 딸의 죽음을 막지 못했다.

정양은 내가 숨쉬고 살아가는 대한민국의 딸이고 동생이고 누이였다. 그런 정양이 가난에 못 이겨 스스로 목숨을 끊었다. 아아, 정양의 어머니가 병원치료만 제대로 받을 수 있는 여건이었다면, 적어도 피어나지 못한 꽃봉오리가 땅에 떨어지지는 않았으련만!

안타깝게도 우리나라에서 이런 일은 비일비재하다. 지금 우리나라 사람들 중 먹고 살아가기도 힘든 환경에 처한 사람이 아주 많다. 주변을 돌아보아도 신명나고 흥겨운 일 하나 없는 현실에서, 그나마 진통제 맞듯이 잠시나마 고통을 잊게 해주었던 월드컵과 올림픽에 빠져 있는 동안 정양과 같이 아무런 희망도 없이 삶을 포기하는 사람들이 자주 눈에 들어오면 나는 한없이 슬퍼진다. 목매서 죽고, 한강에 빠져 죽고, 아파트에서 뛰어내려 죽는다. 우리 주변에서 이러한 일들이 비일비재하게 일어나는 원인은 어디에 있는 것일까? 서민경제의 문제를 해결하지 못한 정부의 무능함 때문일까? 어떻게 해야 참으로 우리 모두 더불어 살 수 있는 사회를 만들 수 있을 것인가?

나는 답답하고 숨 막히는 이 사회를 탈출하고 싶은 사람들의 목소리를 자주 듣는다. 그러한 사람들 대부분은 한국을 떠나고 싶어 하고, 자신에게 희망을 줄 수 있는 여러 나라들을 그려볼 것이다. 그중 최근까지 가장 관심을 끌었던 사회가 캐나다였다. 그렇다면 캐나다와 한국은 무엇이 어떻게 다른 것일까?

내가 경험한 바에 의하면, 캐나다는 절대로 정양과 같은 일이 일어날 수 없는 나라다. 물론 캐나다로 이민 온 한국인들 가운데 많은 사람들이 못살겠다고 힘들어 하지만, 자신이 정말 큰 어려움에 닥쳤을 때 그 사회가 무엇을 해주는가를 잘 살펴보아야 한다. 우리나라에서는 아무리 심각한 어려움에 처하더라도, 어쩌다 간혹 기자들의 눈에 띄어 신문이나 방송을 타서 독지가들이 도와주지 않는 한, 사회로부터 제도적인 도움을 받기를 기대하기 어렵다.

물론 캐나다에서 이민 생활을 하면서도 못살겠다고 하는 사람들도 적지 않다. 하지만 이민 생활이 힘들더라도 자신이 가장 큰 어려움에 처해 있을 때 그 사회가 무엇을 해주는가를 보면 그 나라가 어떤 나라인지 알게 될 것이다.

두 소녀의 죽음 뒤에 도사리고 있는 사회의 구성원리에 대해 고민하는 가운데, 나는 캐나다 이민과 관련된 글을 써야겠다고 생각했다. 죠엔식의 죽음을 맞이할 수 있도록 만들어놓은 캐나다의 사회제도는 필연적으로 내적 역사의 발전과정과 맞닿아 있다. 그 과정을 인식한 캐나다 이민자들은 삶에 만족하겠지만, 잘못 파악하게 되면 캐나다에서의 삶은 위험에 처할 수 있다. 그래서 나는 캐나다에 이민을 이미 가 있거나, 앞으로 이민을 결행하고자 하는 사람들이 본질적인 문제들에 관해 보다 깊이 이해할 수 있기를 간구한다.

이미 우리 사회에서 수많은 사람들이 캐나다로의 이민을 결행했다. 또 앞으로 더 많은 사람들이 그 길을 따를지도 모른다. 자연환경이 살아 있는 캐나다, 교육환경이 뛰어나다고 알고 있는 캐나다, 삶의 질이 높다는 캐나다, 부정부패가 발붙이지 못하는 캐나다 등등. 그럼에도 불구하고 캐나다에 대해 본질적인 질문을 던지고, 그에 대한 해답을 찾아가려는 진지한 성찰이 담긴 글을 찾아보기가 어려웠다. 앞서 말한 죠엔과 정양의 엇갈린 삶은 그 사회의 총체적 구조에서 기인한다. 두 소녀의 죽음을 이해하는 데는 피상적인 관찰과 신변잡기적 정보들만으로는 이해가 불가능하다.

캐나다를 보면 한국의 미래가 달라진다! 나는 우리나라 사람들이 선진국에 속하는 캐나다 사회에 내재한 가치들을 솔직담백하게 받아들일 필요가 있다고 본다. 사람의 가치를 제대로 발견하고 참으로 인간답게 살기 위한 하나의 길로써, 우리나라 사람들이 '영성'을 추구하는 캐나다에 관해 이해하기를 기대하는 마음에서 이 책을 집필하게 되었다.

두 번째로 이 책을 쓰게 된 이유는 이미 캐나다로 이민을 가서 살고 있는 사람들에게 어떻게든 조그마한 힘이라도 보태주고 싶어서다. 아직도 이민을 잘 온 건지 잘못 온 건지 갈팡질팡하는 이민자들이 많다. 만일 이민자들이 캐나다에 관한 잘못된 정보를 토대로 한국에서 살던 방식대로 살아간다면 이민 생활의 갈등은 계속적으로 늘어가기만 할 것이다. 몸은 캐나다에 와서 살고 있는데, 아직도 마음은 어디에 둘지 몰라 하는 사람들에게 조금이라도 알찬 정보를 제공함으로써, 캐나다에서 성공적인 정착을 하는 데 보탬이 됐으면 싶다.

 마지막으로 이 글을 통해 여러분이 우리나라의 근본적인 사회문제들을 정확히 바라볼 수 있기를 희망해본다. 그래야만 우리나라에서 제2, 제3의 정양 같은 청소년들이 생겨나는 것을 막을 수 있지 않겠는가? 우리나라는 참으로 사람 살기 힘든 나라다. 따라서 대한민국 사회에 근본적으로 어떤 문제가 있는지를 캐나다 사회와 견주어 생각해보는 것도 좋은 기회라고 생각한다.

 캐나다는 내가 아는 여러 나라들 중에서 가장 바람직한 사회구조를 가지고 있다고 확신한다. 물론 어떤 사회이든 불완전한 인간이 구성하고 있어서 완전할 수는 없지만, 캐나다는 우리나라가 현재 가지고 있지 못한 가치들을 내재하고 있다. 여러분이 이 책을 읽으면서 우리 사회가 어느 방향으로 나아가야 '모두가 더불어 살아가는 밝은 사회'를 만들 수 있는지를 함께 고민해볼 수 있기를 희망해본다.

| 차례 |

추천의 말 | 절망에서 희망으로
저자의 말 | 새로운 삶을 희망하는 이들을 위하여
서문을 대신하며 | 두 소녀의 죽음을 접하며

제1장 | 왜 캐나다 이민을 꿈꾸는가? · 19
    1. 한국 사회를 떠나고 싶다 · 21
    2. 무엇 때문에 캐나다를 선호하는가 · 31

제2장 | 캐나다는 어떤 나라인가? · 41
    1. 캐나다는 영성이 있다 · 43
    2. 캐나다는 사회주의 국가다 · 59
    3. 캐나다는 정의와 평화를 사랑하는 나라다 · 77
    4. 캐나다의 사상과 교육을 이해하자 · 105
    5. 캐나다는 후진국 같아 보이는 선진국이다 · 122
    6. 캐나다 사회에도 해결해야 할 과제가 있다 · 137

제3장 | 캐나다로 이민 가서는 안 될 사람, 가도 될 사람 · 147
    1. 캐나다와 한국의 차이를 알아야 한다 · 149
    2. 한국의 정체성을 살려내면서 더불어 살아가야 한다 · 159

제4장 | 무엇이 캐나다 이민자들을 힘겹게 하는가? · 171
    1. 자신의 문제 · 173
    2. 부부 사이의 문제 · 184
    3. 자녀의 문제 · 197
    4. 이민자들 사이의 문제 · 213
    5. 어학연수생들을 위한 조언 · 226

제5장 | 더불어 사는 숲을 그리며 · 241
    1. 삶의 가치를 찾아 떠나는 진정한 여행, 캐나다 이민 · 243
    2. 캐나다와 대한민국의 사회구조 · 251
    3. 자아실현을 추구하는 교육 · 269
    4. 우리가 진정으로 원하는 것은 무엇인가? · 275
    5. 더불어 살아가는 희망의 나라 · 282

마치며 | 캐나다를 알면 대한민국이 보인다

1

왜 캐나다 이민을 꿈꾸는가?

1. 한국 사회를 떠나고 싶다

몇 년 전, 나는 글라라 씨의 소개로 한국에서 기아자동차 이사까지 지낸 분을 나이아가라폭포를 가던 중에 만났다. 당시 이민 답사차 캐나다를 방문했던 그분은 토론토로 이민을 결정하여 지금은 토론토에 산 지 몇 해 되었다. 그분은 한국이 금융위기를 맞기 전까지는 우리나라 사회에 대한 큰 불만 없이 소위 고도성장의 기수로서 열심히 살아온 분이었다. 그러나 금융위기를 맞으면서 회사의 구조조정이 불가피했으며, 회사 중역으로서 구조조정을 직접 지휘하게 되었다. 그리고 그분은 마지막 구조조정의 대상에 자신을 포함시켜 평생을 몸담아온 회사를 떠났다.

젊음을 다 바쳐 헌신했던 회사를 떠나고 쉬면서 그분은 어느 날 자신의 신용이 제로(Zero)상태가 되었다는 사실을 알게 되었다. 하다못해 백화점의 고객카드를 하나 만들려고 해도 직장이 없다는 이유로 발급해주지 않을 정도로 자신의 신용이 빵점이 되었다는 사실을 도저히 받아들일

투명하고 신용이 보장되는 사회를 찾아 캐나다로 떠난 평범한 이민 가족이다. 필자와 대화가 잘되었던 이 가정의 가장은 한국에서 대기업 중역이었던 분이다.

수 없었다. 그러한 현실 앞에서 "과연 이렇게 신용이 보장되지 않는 이 나라에서 내 자녀가 계속 살아가도록 해야 하는가?" 하고 고심하다가 "적어도 신뢰하고 신뢰받을 수 있는 사회에서 내 아이들이 살아갈 수 있도록 하겠다"는 생각에 이민을 결심했다고 한다.

우리는 한국 사회를 떠나고 싶은 사람들이 중심세력(?)에서 벗어나거나 소외된 사람들일 거라고 생각하곤 한다. 물론 실제로 그런 사람들도 있겠지만, 내가 만난 이민자들의 대부분은 한국에서 소위 잘나가던(?) 사람들이거나 학력과 재력을 갖추었던 사람들이었다. 그렇지 않으면 이민을 생각하기 쉽지 않은 것이 현실이기 때문이다.

사람들은 왜 이민을 떠나고 싶어 할까? 모든 것이 익숙하고, 조상 대대로 살아온 한국 사회를 떠나고 싶어 하는 데는 그만한 이유가 있을 것이다. 물론 이민을 꿈꾸는 사람들마다 개인차가 있으니 일반화시킬 수는 없지만, 이민자들에게는 한국 사회에서 만족하지 못하는 공통점이 있다. 나는 불만족이 생긴 이유를 세 가지로 보았다.

정의롭지 못한 한국 사회를 떠나고 싶다

한국 사회가 정의롭고 투명한 사회라고 생각하는 사람들은 그렇게 많지 않을 것이다. 부패한 사회, 정의롭지 못한 사회에 대한 강한 불만감은 한국 사람들을 이민으로 내몰고 있다. 사회가 정의롭고 투명해야 실력과 능력이 드러나는데, 아무리 실력이 있거나 노력을 다해도 희망이 보이지 않는 사회라면 그 사회에서 별로 살고 싶지 않을 것이다. 물론 과거에 비해 많이 좋아졌다고는 하지만 사회가 정의롭지 못하고 부패해 있거나, 합리성보다는 이해관계에 의해서 움직여지는 것을 우리의 정치, 경제, 사회, 문화 등 모든 분야에서 발견할 수 있다. 내 남동생만 하더라도 일본에서 특수소재 전공으로 가장 유명한 대학교에서 박사 학위를 받고 돌아왔지만, 학업의 성과에 합당한 일자리를 구하려 해도 인맥이 없어 결국 전공을 포기하고 늦은 나이에 다른 공부를 다시 시작했다. 이처럼 사회가 정의롭지 못하면 그 사회를 떠나고 싶은 마음이 드는 것은 당연하다.

멀리 볼 것 없이 한국 축구만 보더라도 그렇다. 나는 그동안 한국 축구가 월드컵 4강에 진출할 능력이 없어서가 아니라 정의롭지 않아서 선수들의 실력이 드러나지 않았을 뿐이라고 생각한다. 선수를 선발하는 과정에서 고려 대학교 출신이냐 연세 대학교 출신이냐를 따지고 있고, 누구의 줄에 서 있는지에 따라 국가대표에 선발되고, 과감하게 선발하고 싶어도 매스컴을 의식하고 팬들의 눈치를 봐야 하기 때문에 정의롭게 일을 처리할 수 없었을지도 모른다. 그로 인해 제아무리 훌륭한 선수가 있다 하라도 등용되어 실력을 발휘하기 힘들었을 것이다.

이러한 사실을 잘 보여준 일례가 있다. 축구 실력이 세간에 널리 알려진 안정환을 히딩크 감독이 월드컵 주전 선수 명단에 포함하지 않았을 때 언론과 팬들이 말도 안 된다고 들끓었다. 그러나 히딩크 감독은 그런 방법이 그 선수의 단점을 고칠 수 있다라는 확신을 갖고, 언론과 팬들의 원성을 무시하고 명단에서 탈락시켰다. 결과적으로 안정환은 자신의 단점을 고치고 더욱 겸손해져서 훌륭한 경기를 치를 수 있었던 것 같다. 그런데 팬들이 무서워서, 축구협회의 질책이 염려되어서, 언론의 지탄이 두려워서, 학연이나 지연 등 사람들과의 관계에 연연해서 올바르게 일을 처리하지 못하고 선수들을 등용했다면 한국 축구의 실력이 드러날 수 없었을 테고 월드컵 4강에 이르지 못했을 것이다.

우리는 한동안 히딩크 신드롬에 빠져서 히딩크 전략이니 어쩌니 하면서 물 끓듯이 전국이 들끓었다. 하지만 히딩크 전략은 그다지 특별한 것은 아니다. 다만 그동안 우리가 히딩크처럼 안 했거나 못 했을 뿐이었다.

다시 말하면 사회가 정의롭지 못했기에 실력발휘를 제대로 못 했던 것이다. 예를 들어 실력을 갖춘 한 선수가 있다고 치자. 그 선수가 고려 대학교나 연세 대학교 출신이 아니라면, 설령 출신이 좋더라도 협회나 인맥에 아무런 끈이 없어서 선수로 발탁될 수 없다면, 그 사회에서 살고 싶은 마음이 안 들 것이다.

축구를 예로 들었지만 어떠한 형태로든 우리 사회에서 부조리와 부패, 정의롭지 못하고 부당한 현실을 경험하였거나 그에 따른 피해를 결정적으로 한두 번 겪은 사람들이라면 보다 좋은 사회를 희망하여 이민을 마음에 둘 것이다.

각박하게 살고 싶지 않아 떠나고 싶다

한국을 떠나고 싶어 하는 사람들 대부분은 한국이 숨이 막힌다고 종종 표현한다. 한국에서 사는 게 숨이 막히는 이유는 여러 가지가 있겠지만 우선 각박한 생활환경 때문이 아닐까 싶다. 우리나라 사회에서 각박하게 일하는 도시근로자들은 우리나라를 떠나고 싶어 한다. 하지만 현실적으로 이민은 떠나고 싶다고 무작정 떠날 수 없다. 실제로 이민을 실천할 수 있는 사람들은 어느 정도 교육의 혜택을 받았거나 경제적 여유를 갖춘 사람들일 것이다. 과거 초창기의 이민과는 달리 오늘날에 와서는 노동자나 농민들보다는 부와 인구가 편중된 도시의 중산층 사람들이 주로 이민을 꿈꾸거나 그 꿈을 현실로 옮기는 추세다.

그러나 한국의 대도시에 사는 사람들은 높은 인구밀도로 인해 기인된 자동차와 사람에 치여 살아간다. 온갖 소음, 먼지, 오염된 공기와 물, 콘크리트 건물과 공해 속에서 살아가면서, 그러한 생활환경에서 벗어나고 싶은 갈망을 실현하는 방법 중의 하나로 이민을 들 수 있다. 한국에서도 대도시를 벗어나 시골에 가까워질수록 사람들이 더욱 친절하고 인정이

이 집은 캐나다의 보통사람들이 사는 단독주택이다. 강남의 작은 평수 아파트보다 훨씬 싼 집이지만 숨쉬며 살아가기에는 불편하지 않은 집이다. 단독주택은 일반적으로 뒷뜰이 있으나 이 사진에서는 보이지 않는다.

넘친다. 이유는 인구밀도가 낮아 사람 구경하기가 힘들수록 사람이 그리워지기에 사람에게 친절해지고, 반면에 인구밀도가 높아지면 사람에 치여 사람이 짜증스러워질 수 있기 때문이라고 나는 진단한다. 그래서 인구밀도가 높은 곳에서 살아가는 도시인들은 한가한 삶을 꿈꾸고 있는지 모른다.

우리나라 사람들이 이민을 가고 싶어 하는 나라들은 우리에 비해 상대적으로 인구밀도가 낮다. 예를 들면 넓은 땅을 가진 캐나다는 1999년에 전체 인구가 겨우 3,000만 명을 넘어섰다. 토론토는 캐나다에서 인구가 제일 많은 도시인데도 이제 겨우 300만 명을 넘어섰다. 토론토는 한국에 비해서 사람들이 붐비지 않아서 그런지 사람들도 친절한 편이다.

그런데 캐나다 소도시의 사람들은 토론토 시민들이 불친절하고 토론토 시내도 너무 복잡해서 싫다고 한다. 하지만 그것은 아마도 기대치가 높아서 그럴 것이다. 내가 보기에 토론토는 전혀 복잡하게 느껴지지도 않고 토론토 시민들은 우리나라 사람들보다 상대적으로 친절하다. 내가 1,000만 명이 훨씬 웃도는 서울의 높은 인구밀도와 복잡한 환경에 익숙해 있어서 그렇게 느끼는지도 모르겠다.

그러나 한번쯤 서울을 떠나 쾌적한 환경과 친절하고 인정이 넘치는 곳에서 지낸 경험이 있다면 알 것이다. 서울로 다시 돌아와 적응하는 데 시간이 좀 걸리던 경험을 해보셨는가? 그러한 느낌과 경험, 숨 막히는 환경에서 벗어나 여유 있는 환경에서 느꼈던 것들을 동경해서 이민을 결심하는 것이다.

치열하게 경쟁하며 살고 싶지 않아 선택했다

한국에서 극심하게 경쟁하면서 치열하게 살아온 사람들은 무한경쟁의 사회를 떠나서 평화로운 나라에서 살고 싶어 이민을 선택한 경우도 있다.

토론토에서 자동차로 가면 한 시간 정도 걸리는 베리(Barrie)에 사는 최바오로 씨는 한국의 일류대학을 나와 대기업에 입사하여 화려한 경력을 쌓으면서 살아왔다. 그러나 자아상실감과 비인간화에 대한 강한 거부감으로 이민을 택했다고 했다. 캐나다에서 새로운 일을 시작하기 전에 그는, 다른 이민자들이 그렇듯이 한국에서의 각박한 생활에서 벗어난 해방감도 느끼고 해서 한동안 쉬었다. 그리고 이내 일을 시작하였는데, 개업을 하기 전에 가게에 페인트를 칠하기 위해 작업을 하다 사다리에서 떨어졌다. 다행히 겉으로 보기에 최바오로 씨는 멀쩡했다. 그런데 최 바오로 씨는 머리에서 피가 흐르는 것 같다고 자주 말했다. 뇌출혈이 내부에서 일어나고 있었던 것이다.

어떤 책에서는 '캐나다는 진료받기 위해 기다리다가 병이 도질 판'이라고 캐나다의 낙후한 병원운영에 대하여 비난하고 있지만 나는 그 주장을 도저히 이해할 수 없다. 왜냐하면 최바오로 씨는 즉시 토론토에 있는 서니부룩(Sunny-brook) 병원을 찾았고, 그날 즉시 장시간 수술에 들어갔기 때문이다. 캐나다에서는 위급한 환자가 아니라면 답답할 정도로 많이 기다려야 하지만 상황이 위급하면 바로 치료를 받을 수 있다. 물론 환자 입장에서는 의사가 자신의 병세를 위급(Emergency)하지 않게 보더라도, 자신의 손톱에 박힌 가시가 매우 고통스럽기 때문에 빨리 조치해주기를 바랄 것이다. 자신의 손톱에 박힌 가시만 보고 뇌출혈로 생사를 헤매고 있는 타인을 보지 않는 사람이라면 캐나다의 병원운영에 대해 불만이 있을 수 있겠다.

하지만 만일 그런 환자들이 최바오로 씨와 같은 처지에 처했다고 한다면 불만은 수그러질 것이다. 서니부룩 병원 측에서는 응급환자 최바오로 씨의 상태를 파악한 후 신속하게 수술에 들어갔고, 수술 중에도 성실하고 친절하게 환자의 가족들에게 환자의 상태를 설명해주었다. 나는 그런 의사들에게 감동을 받았다.

간절한 기도를 하면서 환자의 가족들과 나는 밤새도록 수술이 끝나기를 기다렸다. 그리고 우리는 의사에게 수술 과정에 대해 일일이 통보받았다. 수술은 뇌 속에 흐르고 있는 피를 모두 씻어내는 작업이었는데, 의사는 "비록 수술이 끝나더라도 예전의 건강한 모습을 회복하리라는 기대는 갖지 않는 것이 좋다"는 말을 해주었다. 즉 살아나더라도 식물인간이 될 수 있는 가능성이 높다는 것이었다.

그러나 놀랍게도 병원의 의사들은 최바오로 씨를 살려냈고, 지금은 기적과 같이 건강을 되찾아 정상적인 생활을 하고 있다. 물론 병원비용은 모두 무상이기 때문에 최바오로 씨의 경제적 손실은 전혀 없었다. 그리고 그의 부인은 병원 측의 태도와 처신, 가족처럼 걱정해주고 기도해준 휴로니아 공동체의 사람들에게 감동을 받아 이민 온 것에 대해서 처음으로 만족감과 감사를 느꼈다고 했다. 나는 최바오로 씨가 병원으로 들어온 순간부터 회복할 때까지 지켜보며 깨닫게 되었다. 한 개인이 절대적인 어려움에 처했을 때 그 사회의 진면목이 드러난다는 사실을.

최바오로 씨는 회복기간 중에 많은 내적 갈등을 겪어야 했다. 요양을 해야 하는 시간으로 인해 그는 삶의 무료함을 느끼기 시작했다. 그래서 나는 물었다.

"제가 무슨 생각이 드시는지 맞추어볼까요? 마치 삶을, 젊음을 낭비하는 듯한 생각이 드시는 거죠?"

"네, 바로 그것이었습니다."

"치열한 경쟁 속에서 익사이팅(Exiting)하게 살아야 사는 것 같죠?"

"네, 그 생활이 그립기도 하네요. 한국으로 다시 돌아가고 싶기도 하구요."

"그런데 그것이 싫어서 이민을 결정한 것 아닙니까?"

"그렇긴 하죠……. 그래서 아직 어떻게 해야 할지 잘 모르겠습니다."

"두 나라 모두 장단점이 있지만 무엇에 가치 우선을 둘 것인가 하는 문제로군요."

최바오로 씨는 갑자기 달라진 환경에서 어떻게 살아야 할지의 문제 앞에 봉착하게 되었지만 분명한 것은 사회에서 치열하게 살아야만 하는 것에 대한 반감이 있었고, 그래서 이민 결심을 하게 되었다는 사실을 상기해야만 했다. 물론 최바오로 씨는 이제 마음을 캐나다에 정착시키고 지금 베리에서 잘 살아가고 있는 것으로 알고 있다. 여하튼 한국 사회에서 경험했던 치열한 삶에 염증을 느껴 이민을 떠난 젊은 가장들이 많이 있을 것으로 생각된다.

이민은 새로운 미래에 대한 희망이다

　세 가지 유형 외에도 자녀교육 문제, 새로운 삶에 대한 기대감, 선진국에 대한 동경 등등, 여러 가지 이유에서 한국을 떠나고 싶어 한다. 그리고 이민을 가려는 근본적인 이유는 '한국 사회에 대한 불만족'으로 요약할 수 있을 것이다. 이민에 관심을 갖고 있지 않은 사람이라 하더라도 우리나라 사회가 너무나 불투명하고 불합리하며 모순투성이이기 때문에 미래가 불안하다고 느낀다. 그래서 우리 사회의 문제점들을 찾아보고 해결하려는 움직임을 학생운동, 노동운동, 시민단체와 연대하여 이 시대를 고민하는 사람들에게서 발견할 수 있다.

　비록 문제를 해결하려는 움직임을 보이지는 않더라도 사회에 대해 불만을 느끼는 사람은 아주 많다. 나 살기도 바쁜데 사회의 문제에 매달려 연구하거나 고민해봐야 사는 데 도움이 안 될 것 같고, 설령 그렇게 해본들 나 혼자 몸부림치는 것일 뿐 사회가 개선될 것 같지도 않다고 느끼는 사람의 경우에도 분명, 한국 사회에 대해 불만을 느낄 것이다.

　물론 이민자들이 모두 현실도피자는 아니다. 그들을 부조리한 사회를 개선할 의지가 전혀 없는 사람들이라고 말할 수도 없다. 다만 우리 사회가 갖고 있는 부조리함의 대세가 너무 크기 때문에 한 개인의 몸부림은 '바위에 계란질'일 테니 어쩔 수 없다고 이해한다면 어떨까?

　여성 분들이 싫어할 테지만 군대 이야기를 하나 하겠다. 한 위관 장교가 국방부에 근무할 때 기안을 너무나 엉망으로 해왔다. 그러자 "넌 어째 이 모양이냐! 왜 그렇게 머리가 나쁘냐!"라고 상관인 영관 장교가 야단을 쳤다. '머리 나쁜 사람은 국방부라는 수뇌에 있을 것이 아니라 몸으로 때우는(?) 야전군 장교가 더 낫겠다'고 경고를 보낸 것이다. 그 위관 장교는 야전군으로 보직을 옮겼고, 훗날 군부 쿠데타를 일으켜 대통령이 되었다.

캐나다와 주요 지역 안내

캐나다
수도 : 오타와(Ottawa)
면적 : 997만 6,139km²(한반도의 45배)
인구 : 약 3천만 명
언어 : 영어, 불어
화폐 : 캐나다 달러(CN$)

빅토리아(Victoria) | 태평양 연안에 위치해 온화한 분위기와 영국적인 분위기를 느낄 수 있다. 밴쿠버가 유명하며 중국계를 비롯해 아시아 지역 이민 인구가 특히 많다.

에드먼튼(Edmonton) | 빅토리아 여왕의 넷째 딸 루이스 캐롤라인 알버타 공주의 이름을 따서 지은 지명이다. 알버타 쇠고기와 카우보이 모자가 유명하며, 로키 산맥의 관문이기도 하다.

리자이나(Regina) | 캐나다 제일의 밀 곡창지이자 인구 밀도가 가장 적은 주로 유명하다. 리자이나는 캐나다왕립기마경찰(RCMP)의 본산지다.

위니펙(Winnipeg) | 래드 강과 아시니보인 강이 합쳐지는 곳으로 곡식 매매의 중심지. 유람선, 클럽과 카바레, 로열 발레단 등이 유명하다.

토론토(Toronto) | 약 1만 년 전의 마지막 빙하기에 생성된 지형으로 인해 호수가 많다. 인종의 모자이크, 문화의 용광로라 대변되는 토론토는 캐나다 경제의 중심지다.

퀘벡(Quebec-city) | '캐나다 속의 프랑스'로 불리며, 불어권 세계에서 두 번째로 큰 지역이다. 인구의 80%가 프랑스계이며, 퀘벡 시에서는 인구의 95%가 불어를 사용한다.

프리데릭턴(Fredericton) | 캐나다에서 제일 오래된 도시다. 세인트존이 있고 주민의 35%가 불어를 사용한다. 200km에 이르는 모래해안이 펼쳐져 있다.

핼리팩스(Halifax) | 불어로는 '뉴스코틀랜드'라는 뜻으로, 아직도 일부에서는 켈트어를 사용하고 있다. 어느 쪽으로 가든 1시간이면 대서양을 볼 수 있다.

샬럿타운(Charlottetown) | 1908년 출간된 〈빨강머리 앤〉의 작가 몽고메리의 고향이 있다.

세인트존스(St. John's) | 천여 년 전에 바이킹들이 대서양을 건너 처음으로 발을 디딘 곳이다.

옐로우나이프(Yellowknife) | 오로라와 백야가 환상적인 그림을 만들어 내는 곳이다.

화이트호스(Whitehorse) | 1893년 클론다이크 골드러시 이전까지는 수천 년 동안 인디언들의 땅이었다.

이퀄누이트(Iqalait) | 1999년 4월 1일 노스웨스트테리토리에서 캐나다의 세 번째 주로 독립했다.

대통령이 된 그는 자신을 그렇게 대했던 영관 장교를 그냥 둘 리가 없었다. 군사독재 시절 일국의 대통령에게 일개 고급 장교가 무슨 힘이 있겠는가! 혼자 대항할 수 없으면 피하는 수밖에 없을지 모르겠다. 그래서 그 장교는 큰 상처를 입고 캐나다에 이민을 하여 살고 있다. 이러한 사례가 좋은 예가 될 수 있는지는 모르겠지만 우리가 부조리한 여러 사회 문제들을 개선할 의지가 있든 없든 간에 우리 사회에 문제가 없다면 이민을 결심할 이유가 없을 것이다. 그럼 점에서 볼 때 이민자들은 어쩌면 이 사회에서 소외되거나 상처 입은 사람들일지 모르겠다. 그렇다면 미래의 새로운 가능성을 향하여 희망을 갖고 고심하고 또 고심하여 어렵게 결정하는 것이 바로 이민일 수도 있다. 그래서 나에게 이민은 상처 입은 사람들의 선택인 동시에 또 다른 가능성에 대한 희망의 용단처럼 보인다.

2. 무엇 때문에 캐나다를 선호하는가

얼마 전 인터넷 홈쇼핑에서 캐나다 이민 상품이 대박을 터뜨렸다. 그런데 그 이민 상품은 캐나다에 대한 정확한 정보나 지식도 없이 만들어진 근거 없는 것이었다. 한 가지 이유를 들자면, 그 홈쇼핑에서 내놓은 상품은 마니토바(Manitoba) 주 이민이었는데, 마니토바 주는 이민자들을 그렇게 많이 수용할 수 있는 일자리도 없는 주이다. 하지만 그 상품에 수만 명이나 몰렸고 그 이민을 상품화한 회사는 엄청난 수익을 올렸다고 한다.

그런데 수많은 나라들 중에서 왜 하필 캐나다의 인기가 높은 것일까? 우리가 흔히 캐나다 하면 흔히 떠올리는 것은 자연환경, 사회보장제도, 자녀교육, 여유로운 생활 등일 것이다. 비록 캐나다가 못살 나라이니 이민 가지 말라고 주장하는 사람도 있겠지만 내가 경험한 캐나다는 놀라운 나라였다. 막상 겪어본 사람들의 이야기를 들어보더라도 캐나다가 이민 관심 일순위가 될 수밖에 없다는 사실을 알 것이다.

물론 캐나다 이민 생활에서도 문제가 생길 수 있고, 캐나다를 바로알지 못한 데서 오해가 생길 수도 있다. 이에 관해서는 나중에 언급하기로 하고 먼저 내 경험을 여러분과 나누고 싶다.

우선 캐나다의 자연환경은 참으로 감동적이다. 나는 유학 초기에 토론토 다운타운 한복판인 휴론(Huron st.)에 있는 예수회 공동체 기숙사에서 몇 달 신세지고 살았던 적이 있다. 나는 그 기숙사의 옥탑 방에 살았는데 그 방에는 발코니가 하나 딸려 있었다. 아침에 일어나서 발코니를 열면 왠지 어렸을 때의 느낌을 받곤 했다. 처음에는 그 이유를 알 길이 없었으나 한참 지난 다음에 그 이유를 알아냈다.

어렸을 적 나는 서울의 남쪽인 대방동에 살았는데 그때만 해도 그곳에

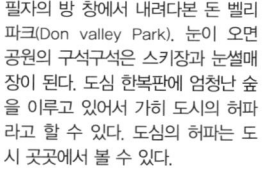

필자의 방 창에서 내려다본 돈 벨리 파크(Don valley Park). 눈이 오면 공원의 구석구석은 스키장과 눈썰매장이 된다. 도심 한복판에 엄청난 숲을 이루고 있어서 가히 도시의 허파라고 할 수 있다. 도심의 허파는 도시 곳곳에서 볼 수 있다.

는 논밭이 있었고 서울에서도 외진 편에 들어가 차도 별로 안 다녔다. 개울에서 민물고기를 채로 잡기도 했고, 논에서 메뚜기를 잡아서 강아지풀에 엮어서 집에 가지고 오면 어머니가 그것을 볶아주어서 먹기도 하고 도시락반찬도 했다. 그렇게 전원적인 환경이었던 대방동에서 아침에 일어나 집을 나서면 코끝에 향긋한 향기를 늘 맡았는데, 그게 바로 오존향, 즉 맑은 공기의 향기였다.

내가 기숙사의 발코니에서 맡았던 향기는 어린시절에 맡았던 그 향기였고, 그래서 어린 시절이 자꾸 떠올랐던 것이다. 그리고 그러한 향기를 잃어버렸다는 사실조차 잊어버리고 살아왔던 것이다. 이제는 그런 맑은 공기의 향기를 서울의 어디에서도 맡기가 어렵고, 설령 시골이라 하더라도 대부분 농공단지가 들어서 있기 때문에 맑은 공기 향기를 맡기가 쉽지 않을지 모르겠다. 그런데 휴론 거리는 다운타운 한가운데 있지 않은가. 대도시의 한복판에서 맑은 공기 향기를 맡을 수 있다는 사실은 놀라웠다.

자연과 더불어 살아가는 도시

그렇다면 어떻게 대도시인 토론토의 공기가 맑을 수 있단 말인가? 토론토는 온타리오 호수를 끼고 있는데 그 엄청난 크기의 호수에 정화능력이 있고, 시에서는 정책적으로 녹지나 습지를 관리하고 있기 때문이다. 또한 공해에 관한 정책에도 예민하다. 어느 차라도 2년에 한 번 배기가스 테스트를 반드시 받아야 한다. 지정업체에서 배기가스 점검을 받으면 정부에서는 스티커를 발부해주는데 그것을 반드시 번호판에 붙이고 다녀야 한다. 그 스티커는 12가지 색으로 되어 있고 그 색은 12달을 의미한다. 자신의 생일이 있는 달의 색을 가진 스티커에는 점검년도까지 적혀 있어서 배기가스 테스트 여부를 한눈에 식별할 수 있다. 매년 자신의 이 차의 주인은 2월(Feb)생이다. 2004년에 배기검사를 필했고 2005년 2월까지 유효하다. 캐나다에서는 이 딱지가 붙어 있지 않으면 위법이다. 만약 배기검사를 받을 마음이 없으면 수백 달러를 준비하면 된다.

생일이 포함된 달이 지나기 전에 테스트를 하고 스티커를 갱신해야 하는데 스티커의 색깔만 봐도 테스트 기간을 넘겼는지의 여부를 금방 알 수 있다.

천혜의 자연적인 환경으로 공기가 맑고 좋은데도 불구하고 이처럼 캐나다는 철저히 배기가스를 관리하고 있다. 반면에 서울의 경우에는 산이 많아 공기도 정체되기 쉽고 하늘은 늘 뿌옇지만 계속해서 엄청난 매연을 만들어내도 아무도 문제 삼지 않는다. 여하튼 캐나다는 우리나라와 너무 대조적이다.

토론토에는 캐나다 사람들이 관광 상품화한 CN타워가 있다. 이 탑은 세계에서 제일 높은 탑이라고는 하지만 나는 한 번만 올라가보는 것으로 충분했다. 왜냐하면 그 탑은 명성에 비해서 나에게는 별 감동을 주지 못했기 때문이다. 하지만 토론토 앞에 있는 섬에서 보면 그 탑과 스카이 돔(현재 rogers centre), 그리고 도심의 건축물들이 만드는 스카이라인이 정말로 아름답다. 그런데 여름에 그 탑에 올라가서 토론토를 내려다보면 건물이 거의 보이지 않을 정도다. 서울에서는 건물 사이에 간혹 나무들이 보인다면 타워 위에서 보이는 토론토 시내는 숲 속에 건물을 몇 개 던져놓은 듯하다. 또한 큰 도로변에는 가로수가 별로 없는데, 큰 도로에서 작은 도로나 길로 몇 발만 들어서도 대부분 나무터널(나무가 울창해 나무숲으로 된 터널 같아서 그렇게들 부른다)이 나오기 때문에 굳이 가로수를 심을 이유가 없기 때문이다.

　도심 한복판에는 라쿤(Raccoon : 너구리나 오소리와 같은 동물)이나 다람쥐, 청설모 등이 도심을 다니다가 차에 치이기도 하고, 카르디널, 블루제이 등과 같은 온갖 아름다운 빛깔의 새들이 눈에 자주 띈다. 나는 블루어(Bloor st.)에서 에비뉴(Avenue Road)를 따라 북쪽으로 1~2km 떨어진 언덕에 위치한 수도원 기숙사(De La Salle Residence)에서 1년 가까이 살았는데, 우리나라에서는 동물원에서나 볼 수 있는 여우를 본 적이 있다. 그리고 토론토의 위성도시라고 할 수 있는 미시사가(Missisauga : 연어가 모

에버랜드나 동물농장에서나 볼 수 있는 토끼. 이 토끼는 주택가의 뜰에 나타난 토끼다. "웬 떡이냐." 하고 잡아먹으면 큰일! 캐나다에서는 동물을 잡아먹으면 큰일 난다. 영주권자 이하는 즉시 추방당할 수도 있으니 조심!

인다는 인디언 말에서 유래한 지명)에 사는 고등학교 동창 집 뒤뜰에 토끼가 뛰어다니는 것도 보았으며, 심지어는 토론토 인근 7하이웨이 근처에 살고 있는 닥터 최의 집 마당에서도 토끼가 자주 출몰했다. 다시 말하면 도시에서도 토끼, 라쿤, 여우와 같은 동물들의 먹이사슬이 형성되어 있다. 이렇게 자연과 친숙하고 그 안에서 평화롭게 살아가는 그들은 토론토를 도시정글(Urban Jungle)이라고도 부른다.

그런데 내가 보기에도 서울에 비교하면 훌륭한 도시환경인데도 불구하고 때로는 이 평화로운 토론토를 떠나서 한적한 곳으로 이사하고자 하는 사람들을 자주 보았다. 그리고 토론토를 떠난 사람들 중에 간혹 토론토를 다녀가면 복잡하고 정신없다고 말하기도 한다. 그만큼 그들은 환경

캐나다의 숲

아메리카 대륙 북부에 위치한 캐나다는 총면적 997만 6,139㎢으로 세계가 부러워하는 광대한 국토와 풍부한 산림자원을 가진 임업국이다. 산림은 캐나다 국토의 45%를 차지하고 있으며, 세계 산림면적 40억ha의 10%에 해당하는 417.6백만ha이다. 캐나다의 산림은 브리티시 컬럼비아 해변의 생장이 빠른 우림을 시발로 하여 북극해의 성장이 늦은 산림에 이르기까지 8개의 산림 식생대로 구분된다.

산림분포를 보면 침엽수가 63%, 활엽수가 22%, 혼효림 등이 15%로 구성되어 있으며, 대부분 수령이 중령림으로서 산불이나 병해충으로부터 피해를 받을 위험이 도사리고 있다. 매년 산불로 인하여 평균 7,000만㎢가 소실되어 약 10억 불에 상당하는 손해를 입고 있다. 산림의 소유형태를 보면 연방림(국유림), 주유림(도유림), 사유림으로 구분되어 있다. 산림의 대부분이 주유림으로서 71%이며, 연방림이 23%이고, 나머지 6%는 사유림인데 425,000명의 산주가 경영하고 있다.

전체 산림의 약 56%는 상업용 수종으로 생장하고 있고 이중 50%는 목재용으로 관리되고 있다. 정부는 산림의 7.6%를 법률로 보호하고 있고, 각주가 마련한 지역별 특성에 따른 세부 지침에 의거해 산림을 경영하고 보존하고 있다.

에 대한 기대치가 높다. 물론 우리는 좁은 땅덩어리에서 많은 인구가 모여 살기 때문에 그런 환경을 만들기가 쉽지 않겠지만 한국의 어느 대도시와 비교해보자면 이만큼 자연환경을 잘 유지하고 있는 도시를 한국에서 찾아보기 힘들 것이다. 그래서 나는 어느 날 한 캐나다인에게 "당신들은 이렇게 축복받은 땅에서 살고 있으니 하느님께 감사할 줄 모르면 천벌을 받을지 모르겠다"고 말한 기억이 있다. 그랬더니 그는 웃으면서 내 말에 동의하였다.

어디 토론토뿐이겠는가. 캐나다의 크고 작은 도시 어딜 가더라도 마찬가지이다. 이러한 생활환경은 반드시 자연의 혜택만으로는 설명할 수 없다. 캐나다에서는 자연을 개발하지 않고 녹지 그대로 둔 공간을 참으로 많이 볼 수 있으며, 보존을 위한 인위적인 노력들을 곳곳에서 볼 수 있다.

부모의 경제적 부담을 줄이는 교육제도

나는 자녀가 없기 때문에 자녀 양육비나 교육비에 신경을 쓰지 않으며 살아갈 수 있다는 점 하나만으로도 참으로 감사하게 생각한다. 한국의 부모들은 자녀들 교육비 때문에 상당한 부담을 안고 살아간다. 3남 2녀를 둔 내 부모님의 경우에도 마찬가지였다. 나이가 고만고만하여 병역을 마치고 복학하고, 재수하고, 바로 진학하고 하다보니 한 학기에 대학생이 4명이 된 적도 있다. 그러니 공직에 몸담고 있었던 아버지는 부정을 저지르지 않고는 자녀들 교육도 못 시키는 위기에 처하게 되었고, 월급이 적은 공직을 그만 두셔야만 했다. 그러한 형편은 우리 가정만의 문제가 아닐 것이다. 자녀 하나 대학 보내기 위해 부모들이 힘겨운 투자를 하는 것을 생각해보면 캐나다는 거의 천국 수준이다.

캐나다에서는 아이를 출산하면 우유 값, 이유식 비용을 비롯하여 정부 보조금이 나온다. 학교에 들어가면 학비는 물론 교육 지원비가 나온다.

눈이 많이 와서 휴교를 하게 되면 그날 교육을 못한 데 대한 보상금(?)을 학부모에게 보내는 학교도 많이 있다. 일단 학교에 등교하면 학교에서 아이들을 돌보아주는데(daycare), 등교할 날에 등교를 못 하면 부모가 돌보아야 하니 아이를 돌보는 데 필요한 비용을 부모에게 주는 것이다. 이처럼 정부에서 교육비를 모두 마련해주므로 어려서부터 대학교에 입학할 때까지 부모가 사교육에 대한 특별한 계획을 세우지만 않는다면 자녀에 들어가는 비용은 먹이고 입히는 데만 들어간다. 그리고 아이들이 대학에 입학을 하면 부모는 의무를 다했다고 생각하면 된다. 이제는 어른이 되었으니 스스로 알아서 하라는 것이다.

대부분의 캐나다 사람들은 아이들이 대학을 가서도 부모에게 경제적으로 의존하는 것을 부끄럽게 여긴다. 물론 요즘 와서 그러한 의식이 조금씩 변화되는 것에 대해 염려하는 것은 사실이다. 즉, 부모는 돈은 있으나 자녀가 독립하여 떨어져나가면 외로움을 느낀다. 반면에 자녀는 독립해서 살지만 살아가는 데 경제적으로 어려움을 느낀다. 그래서 부모는 자녀에게 생활비를 대준다는 조건을 제시한다. 부모는 자녀를 다시 집으로 불러들여 자신의 외로움을 달래려 하고, 자녀들은 부모의 외로움을 달래면서 경제적으로 도움을 받을 수 있기 때문에, 부모와 자녀의 독립을 방해하는 유혹이 새롭게 떠오르는 문제다. 토론토 대학교 어학원(ESL)의 교사 베버리 씨는 "자녀들의 독립심을 약화시키고 노인들을 더 약하게 만들 수 있기 때문에 문제"라고 말했다.

캐나다에서는 성인이 되면 스스로 벌어서 학비와 생활비를 대는 것이 미덕이다. 고등학교를 졸업하기 전까지 정부의 혜택을 받고 고등학교를 졸업함과 동시에 부모로부터 경제적으로 독립을 한다면, 부모가 자녀들 때문에 경제적으로 부담을 느낄 이유가 없고 돈을 모아야 한다는 강박관념에 사로잡히지 않아도 된다.

캐나다의 대학은 9월에 1학기가 시작되고 겨울방학(Winter Break)은 성탄을 전후로 해서 고작 3주 정도다. 그리고 대학원의 경우에는 1월이면 2학기가 시작되어 4월 초면 수업이 모두 끝난다. 그리고 4월 중순부터 9월 초까지 긴긴 여름방학이 시작된다. 이때 캐나다 학생들은 방학을 이용하여 학비와 생활비를 번다. 그리고 벌이가 시원찮으면 언제라도 휴학하면서 일을 한다. 우리나라의 경우에는 나이가 들어서까지 대학을 졸업하지 않으면 연령제한으로 입사원서조차 낼 수 없는 상황이지만 학력이나 나이를 별로 따지지 않는 캐나다 사회에서는 몇 번이고 휴학을 해도 상관없기 때문에 대부분 일과 공부를 병행한다.

학점(Credit)은 편한 기간에 하나둘씩 따두었다가 나중에 학위가 필요하다고 느껴지면 한꺼번에 모아서 졸업을 하기도 한다. 사실 캐나다에서는 학위가 취업에 큰 영향을 미치는 것은 아니다. 예를 들면 토론토 대학교를 1년만 더 다니면 졸업할 수 있는 마이클이 "학교를 그만두고 직장을 다니기로 했다"고 내게 말했다. 그래서 나는 "1년만 더 다니면 졸업하는데 1년 더 다니지 왜 그러냐?"고 물었더니, 그는 "졸업에 의미 없다(Meaningless)."라고 대답했다. 그는 학위가 없어도 벌써 월 400만원의 임금을 주는 직장과 계약이 끝났다고 한다. 다음 장에서 다시 언급하겠지만, 이처럼 캐나다에서는 대학 진학이 반드시 필요한 것이 아니며, 대학을 진학해도 캐나다 사람들의 방식을 따른다면 대학교육비는 큰 문제가 되지 않는다.

자녀들의 교육비 부담만 덜어도 이민자들에게는 편안한 삶이 될 것이다. 캐나다에서는 실제로 교육비 부담을 정부에서 거의 하고 있다. 나는 캐나다에서 미국에 비하면 반 정도밖에 안 되는 비용으로 유학을 했지만 영주권자나 시민권자의 대학교 등록금은 유학생들에 비해 비교가 되지 않을 정도로 저렴했다. 또한 영주권자나 시민권자들은 정부로부터 등록금을 전액 무이자로 융자받을 수 있다. 물론 융자한 등록금을 안 갚는 사람들이 종종 있어서 정부가 고심을 하고 있기도 하지만 그 금액은 무이자이면서도 평생을 두고 갚아도 상관이 없다. 한국인들은 빚을 진다는 생각에 예민하기 때문에 "어떻게 자녀에게 빚을 떠맡기겠는가?" 하는 생각을 하지만 캐나다 사람들 중에는 그렇게 생각하는 사람들이 아무도 없다. 성인이 되었으면 성인답게 부모에게서 자립하는 것이 마땅하다는 것이 캐나다 사람들의 생각이다. 자녀들 역시 성인이 되었으면 마땅히 부모들에게 경제적 부담감을 주어서는 안 된다고 생각하는 것이 일반적이다. 그러니 학생들은 자신이 정부로부터 융자를 내든 스스로 돈을 벌어서 학교를 다니든 경제적으로 자립하는 것이 마땅하다고 생각한다. 납득할 수 없는 것을 억지로 받아들이려 한다면 힘들지만 마땅히 그렇게 해야 할 것이라고 생각한다면 힘들다고 느끼는 사람은 거의 없다.

물론 세상에 공짜는 없다. 이러한 교육의 혜택을 누릴 수 있는 것은 캐나다 사람들이 세금을 잘 내기 때문일 것이다. 하지만 더 근본적인 것을 알 필요가 있다. 두말할 것도 없이 캐나다는 자본주의 경제구조에 사회주의 방식을 도입하고 있다. 캐나다의 사회주의 방식에 대해서는 이 책의 다른 장에서 별도로 소개하기로 하겠다.

좋은 자연환경과 교육환경 외에도, 캐나다에 호감을 갖는 대부분의 사람들은 사회보장제도가 잘되어 있을 거라고 기대하고 있을 것이다. 어쩌면 이러한 기대감으로 인해 근거도 없는 인터넷 홈쇼핑의 이민 상품에 높은 관심을 보였는지 모르겠다. 그러나 캐나다에 관심을 갖고 있다면 사회보장제도보다 더 자세히 알아야 할 것이 있다. 나는 캐나다에서 캐나다의 문화와 영성, 그리고 사회구조를 형성하게 한 내적 구조나 원리를 보았다. 그리고 그 내적 원리는 캐나다 방식의 사회주의를 형성하고 있는 것이다.

2 캐나다는 어떤 나라인가?

1. 캐나다는 영성이 있다

캐나다의 영성에 관한 이야기는 내가 토론토에서 공부할 당시 토론토 대학교에서 주관한 특강 내용을 토대로 하겠다.

캐나다는 미국과 이웃하고 있어서 미국과 문화적으로 상당히 비슷하리라고 생각하기 쉽지만 사실 너무나 다른 나라다. 캐나다를 미국과 비교하면 무척 재미있다. 미국은 자기네가 세계의 중심이라고 생각하기 때문에 오만하리만큼 당당하다. 아메리카 대륙을 동에서 서까지 정복한 개척정신에 대한 자부심으로 그들은 마음만 먹으면 모두 자기 손에 넣고 좌지우지할 수 있다고 생각하고 있으며, 실제로 남미뿐만 아니라 세계를 좌지우지하고 있다. 미국은 캐나다를 형제국가라고 하면서도 미국에 속한 일개 주 정도로밖에 생각하지 않는다. 그들은 베푸는 것이 없으면서도 베풀고 있다고 생각한다. 예를 들면 유학생들에게 그들은 뭔가를 가

1,300만 권을 소장한 토론토 대학교 도서관의 내부. 유럽에서 공부하고 있는 필자의 선배도 자료를 구하기 위해 여름방학이면 이 도서관을 찾곤 했다. 미국에서 장서를 가장 많이 소장한 하버드 대학교도 토론토 대학교의 장서 앞에서는 고개를 숙여야 한다.

르쳐야 한다고 생각하는 경향이 있다면, 캐나다는 유학생들이 자신의 이야기를 끄집어내도록 한다.

캐나다는 미국을 형제국가라고 하면서도 미국에 대한 감정은 그리 좋지가 않다. 우주선에 들어가는 부품을 제조하는 첨단전자산업 외에는 이렇다 할 산업도 하나 없고, 그 흔한 자동차 한 대도 생산해내지 못한

토론토 대학교

토론토 대학교의 구조는 미국식도 영국식도 아니기 때문에 우리에게는 생소할 수 있다. 캐나다 정부에서는 대학의 국제적 경쟁력을 향상시키기 위해 전국의 유명한 대학을 한곳에 모아 토론토 대학교(University of Toronto : U of T라고도 한다. 그런데 한국의 캐나다 이민자들은 UT라고도 부르는데 이는 잘못된 호칭이다. 캐나다 사람들은 절대로 UT라고 부르지 않는다. UT는 'University of Texas'를 의미하기 때문이다)라는 이름으로 묶고 도심 한복판에 거대한 캠퍼스를 이루도록 하였다. 토론토 대학교(이하 U of T)에 연합한 대학교는 연합할 당시 자신의 이름을 그대로 가지고 들어오면서 그 이름 뒤에 칼리지(College)라는 이름을 붙인다. 예를 들어 샌 마이클 대학교는 U of T에 연합하면서 'St. Michael College in the University of Toronto'가 된다.

각 칼리지는 교직원의 인사권과 재정권을 독립적으로 가지고 있다. 따라서 넉넉한 칼리지도 있고 가난한 칼리지도 있지만 학사관리는 U of T의 이름으로 총괄한다. 그러므로 U of T에 연합한 어느 칼리지를 입학해도 U of T를 입학한 것이고 어느 칼리지를 졸업해도 U of T를 졸업한 것이다. 또한 어느 칼리지를 입학하든 연합된 다른 모든 칼리지의 어느 수업이든 다 들을 수 있고 학점교환도 가능하다. 그만큼 수강의 폭이 넓은 장점이 있다.

또한 미국의 최고 장서를 보관하고 있는 하버드 대학 도서관에는 900만 권 정도의 책이 있는데, U of T는 그보다 400만 권이 더 많은 1,300만 권이 있다. 없는 자료가 거의 없어 자료가 없어 공부를 못 하지는 않는다. 참고로 연세 대학교는 U of T와 연합한 임마누엘 칼리지와 자매를 맺었다. 리지스 칼리지도 U of T에 연합한 칼리지로 한국의 서강 대학교와 같은 예수회 회원들이 운영하는 칼리지다. 리지스 칼리지는 영성(Spirituality)분야로는 세계적 명성이 있는 U of T 소속 학교다.

인디언을 정복하지 않고 세운 나라

'캐나다'는 인디언의 말인데 '작은 마을'이라는 뜻이다. 미국인들은 인디언들을 죽이면서 미국 땅을 차지했지만 캐나다인들은 인디언들과 싸우지도 죽이지도 않고 타협해서 들어왔다는 자부심을 가지고 있다. 처음 캐나다에 들어온 유럽인은 마땅히 인디언과 의사소통이 안 되었을 것이다. 그래서 유럽인은 "이 땅의 이름이 무엇이냐?"라고 물어보면서 손가락으로 한 마을 쪽을 가리켰다고 한다. 인디언 추장은 그 유럽인의 손가락 방향을 보고 작은 마을을 지적하는 줄 알고 '작은 마을' 즉, '카나다(Kanada)'라고 했는데, 이것이 오늘날 캐나다(Canada)가 되었다고 한다. 이처럼 캐나다는 인디언들과 사이좋게 타협하고 들어와 정착했기 때문에 미국의 조상들하고는 다르다.

다. 여하튼 여러 가지 이유로 경제적으로 미국에 종속되어 있다. 그래서 미국이 재치기를 하면 캐나다는 심한 독감에 걸려 몸살을 앓아야 할 정도다.

형편이 그러하니 미국과 제1세계의 선진국으로 어깨를 나란히 하면서도 어쩔 수 없이 미국 앞에서 비굴해질 수밖에 없다. 남쪽으로 내려가면 거대한 미국 앞에서 심리적으로 위축되고, 북쪽으로 올라가면 도저히 인간의 힘으로 정복할 수 없는 대자연 앞에서 그냥 무릎을 꿇을 수밖에 없다. 캐나다 사람들은 남(인디언)의 땅에 들어와 살기 시작하면서 늘 이방인 같은 느낌으로 살아왔다. 그래서 유럽대륙에 대한 향수도 무의식적으로 갖고 있으며 심지어는 '런던'과 같이 유럽의 지명을 그대로 쓰면서 실제로 런던과 비슷한 환경을 만들어놓은 도시도 있다. 예를 들자면 영국의 셰익스피어의 출생지인 스트랫포드(Stratford)에 있는 극장을 캐나다의 런던에 똑같이 만들어놓고 지금도 계속해서 연극공연을 하고 있다. 그리고 미국식 영어가 아닌 영국식 영어를 구사하면 시선이 집중되는 것을 보면 유럽대륙에 대한 그들의 향수를 짐작하고도 남는다.

소외되고 약한 이들의 편에 선 나라

캐나다 사람들은 자신들을 신대륙에 온 이방인이라고 생각하다 보니, 약한 사람들, 억울한 사람들, 소외되고 버림받은 사람, 가난한 사람들에 대한 관심과 배려가 자연스럽게 형성되었다고 한다. 바로 이것이 '캐나다 사람들의 영성'이라고 특강시간에 캐나다인 교수 메리죠가 주장했다. 그리고 토론토 대학교의 샌 마이클 칼리지 출신의 토론토 시의원은 영성으로 박사 학위를 받은 사람인데, 〈정의와 치유(Justice and Healing)〉라는 주제로 모교에서 특강을 한 적이 있었다. 그는 가톨릭의 바티칸 2차공의회 정신인 '가난한 이들의 우선적인 선택'이 캐나다 사람들의 영성이라고 설명하면서 사회정의와 치유문제를 노숙자(Homeless-People)들의 문제와 연결시켜 현실을 진단했다. 우리나라 노숙자들의 상황과 정부의 대책을 캐나다와 비교한다면, 우리는 맹장이 터져 복막염으로 번지면서 다 죽어가는 판이라면 그들은 손톱에 낀 조그마한 가시 하나 때문에 걱정하고 고민하는 것 같아서 씁쓸한 심정으로 강의를 들어야 했다.

어느 날 나는 텔레비전을 통해 국정연설을 듣고 있었다. 한 의원이 캐나다 정부의 세금 사용에 대해 설명하면서 "가난한 사람들을 배려해야 할 우리들이 지난 한 해 동안 가난한 이들을 위해 사용된 것이 ○○% 밖에 되지 않는다는 것이 말이 되는가?"라고 하니까 모두가 일어나서 그 의원을 지지하며 기립박수를 보냈다. 그들이 부럽기도 했지만 한편으로는 가진 자들이 중심이 되고 가진 자들을 위한 우리나라의 정책과 정치 현실을 생각하니 무척 속상했다. 물론 세금의 몇 퍼센트가 가난한 이들을 위해 사용되었는지 그 당시에 거론한 수치를 정확히 기억할 수는 없었지만 우리나라의 기준으로 보면 상상할 수 없을 만큼의 비율이었던 것

사진 중앙에 있는 버스는, 단 한 명이 불러도 언제나 달려와서 친절하게 봉사하는 장애자 버스 휠 카이다. 유학을 마치고 귀국하러 가는 길에 그 길을 사진에 담았는데, 우연히 이 버스가 포착되었다.

만은 확실했다.

약하고 가난하고 소외된 사람들에 대한 배려는 캐나다 사회 곳곳에서 드러난다. 캐나다에서는 대중교통 수단으로 휠카를 운영하고 있는데 단 한 사람의 노인이나 단 한 명의 휠체어를 이용하는 장애인이 있더라도 언제나 운행하며, 한 사람을 위해서도 운전자가 직접 버스에서 내려 처음부터 끝까지 도와준다. 또한 모든 건널목에는 단이 없기 때문에 휠체어를 타고 어디든지 다닐 수가 있다. 음식점은 물론이고 조그마한 커피숍이라 하더라도 사람이 뭔가를 마시거나 먹을 수 있는 곳이라면 의무적으로 장애인 화장실을 만들어야 한다.

예를 들어 내가 아는 한 한국인 이민자는 떡집을 개업하기 위해서 영업허가를 신청해놓은 상태였다. 그런데 매장에서의 판매보다는 주로 주문판매를 하기 때문에 매장이 넓은 필요는 없었다. 하지만 떡집을 개업하기 위해 장애인 화장실을 만들기 위한 공사를 해야만 했다. 장애인 화장실은 일반 화장실보다 면적을 더 많이 차지하고, 또 없었던 화장실을

오른쪽에 있는 것이 새로 만든 장애인을 위한 화장실이다. 매장 내부에 비해 면적을 너무 많이 차지하고 있지만 이것이 반드시 있어야 영업허가가 난다.

가게 안에 만들면 가게는 그만큼 좁아지는데도 불구하고 막대한 인건비를 들여가며 화장실 신축공사를 한 것이다.

생각해보면 그 가게에 휠체어를 탄 사람이 하루에 얼마나 들어오겠는가. 아마 일 년에 몇 번 정도일지도 모르겠다. 하지만 일 년에 단 한 명이 휠체어를 타고 들어오더라도 장애인을 배려해야 하는 것을 제도적으로 규정해놓은 것이다. 이처럼 어려움에 처한 사람들을 우선으로 배려하는 그들의 영성은 인간뿐만 아니라 동물과 자연 그리고 전 세계로 향한다.

캐나다인의 영성은 약하고 소외되고 버림받은 이들을 자신들과 동일시하는 데 있다. 그들의 영성은 캐나다 안에서만 영향력을 미치는 것이 아니다. 전 세계의 그늘지고 버림받은 땅에 유일한 제1세계가 들어가 있다면 그것은 틀림없이 캐나다일 것이다. 아프리카나 인도, 소말리아 등의 세계 구석구석에서, 난민촌이 있는 어디에서나 빨간 단풍이 그려져 있는 캐나다 국기를 쉽게 발견할 수 있다. 몇 년 전, 몽고에서 한 심장병 어린이가 수술을 받기 위해서 한국에 왔는데 그 후원자가 캐나다였음을 나는 주의 깊게 보았다. 이러한 일은 내가 경험한 캐나다를 생각해보면 결코 우연한 일이 아니었다. 캐나다에서 텔레비전을 켜면 다리가 지뢰로 인해 절단되어 목발을 짚고 절룩거리는 어린아이들, 굶주려서 뼈만 앙상하게 남은 아이들을 언제라도 볼 수 있다. 배만 뽈록하게 나온 울고 있는 흑인 어린이의 얼굴에 파리 떼들이 윙윙거리는 모습을 보여주며 "여러분들의 온정을 기다리고 있다"고 말하면서 후원자를 찾는 선전을 하루에도 수도 없이 볼 수 있다. 뿐만 아니라 상처 입고 고통스러워 하는 동물들을 바라보며 눈물을 흘리는 모습을 흔히 볼 수 있다.

캐나다는 기부정신(Donation)뿐만 아니라 자원봉사(Volunteer)가 일상화 되어 있으며, 사회단체(Social worker system)의 활발한 활동을 보면 그들의 영성이 잘 드러난다. 그것은 단지 사회보장제도만으로 설명할 수 없는 그 무엇이 그들의 삶에 깊게 침투해 있다는 사실을 입증한다. 잘 걷지도 못 하는 노인 한 분은 지팡이를 짚고 가면서도 아예 일어나지도 못 하는 사람에게 말벗이 되어주기 위해 자원봉사를 하러 가는 중이라고 말한다. 한 직장인은 상담봉사를 하기 위해 자신의 돈을 들여가며 대학교에서 상담심리를 공부한다. 이것이 그들의 영성이고, 그로 인해 삶의 의미와 가치를 추구하는 사회를 만들어간다.

또한 캐나다에는 베트남 사람들이 많다. 제1세계 중에서 베트남 난민(Boat People)들을 가장 많이 받아들인 나라는 캐나다다. 그래서 캐나다에 베트남 음식점이 많은 것도 결코 우연한 일은 아니다. 오갈 데 없는 이들에 대한 배려는 캐나다에 영성이 있기 때문에 가능해 보인다.

어느 날 미국이 9·11 사태를 당한 후 한국인이 경영하는 한 구멍가게에 캐나다 사람이 들어왔다. 캐나다인 손님은 한국인 주인에게 9·11 이야기를 꺼내면서 눈물을 흘렸다. 그런데 만약 캐나다가 그런 일을 당했다고 한다면 과연 미국이 캐나다를 위해서 그렇게 진심으로 울어줄 수 있을까 의심스럽다.

두 나라 사이에 엄청난 차이가 있는 것은 캐나다인들의 영성 때문이다. 캐나다는 자신의 나라, 이웃 나라뿐만 아니라 세계 구석구석으로 연민과 온정의 손길을 내밀고 있기 때문에 제3세계 국가들이 가장 존경하는 제1세계일뿐만 아니라, 제1세계의 선진국들도 결코 무시할 수 없는 나라가 된 것이다. 캐나다가 제1세계 국가들의 회의(G7)에서 "당신들이 가난하고 고통받고 있는 나라를 위해서 해준 것이 무엇인가?"라고 묻는다면 다른 G7의 나라들은 무슨 말을 할 수 있을 것인가? 캐나다는 무시당할 수 없는 제1세계의 국가다. 캐나다 사람은 유럽에서도 존경받고 있다. 일부 미국인들은 유럽을 방문할 때 캐나다 국기를 가방에 붙이고 다니곤 한다. 이렇다 할 산업 하나 제대로 없고 자원은 풍부하지만 개발하지도 않아 늘 없어 보이는 캐나다가 선진국으로 당당히 설 수 있는 것은, 경제력으로만 설명할 수 없는 그 무엇이 있다는 것을 짐작할 수 있을 것이다.

함께 살아가는 삶을 추구한다

영국에서 캐나다를 독립시킨 투르도 전 수상이 죽었을 때 나는 토론토에 있었다. 나는 그가 누구인지 처음에는 몰랐다. 그런데 모든 사람들이 그의 죽음을 슬퍼했다. 자동차에 조기를 달거나 '우리는 참으로 당신을 사랑했습니다.', '우리는 영원히 당신을 기억할 것입니다.' 등등의 글을 한동안 붙이고 다니는 모습을 수없이 보았다. 그 사람이 어떤 사람이었기에 온 국민이 그렇게 슬퍼할 수 있단 말인가. 우리나라에서 정치인이 죽었다고 가정했을 때 이처럼 온 국민이 슬퍼할 수 있는 인물이 있을까 하는 생각을 하면서 이미 작고한 투르도 수상에 대하여 나도 관심을 갖기 시작했다.

은퇴한 제1세계(G7) 대통령과 수상들의 모임에서 참석자들이 북한의 핵개발 문제로 열을 올리면서 핵무기를 갖지 못하도록 해야 한다고 이구동성으로 아우성칠 때였다. 투르도가 모임에 참석한 사람들을 질책했다.

"우리 제1세계는 핵무기를 다 갖고 있으면서 가난하고 힘없는 나라가 하나 갖겠다고 하는 것을 왜 못 갖게 하는가! 북한이 핵무기를 못 갖게 하려면 먼저 우리가 가지고 있는 핵무기를 다 버리고 나서 못 갖게 해야지."

장내를 썰렁(?)하게 만든 이 사건은 유명하다. 이 사건을 알게 된 캐나다 사람들은 투르도 전 수상에게 박수를 보냈다. 이는 캐나다 사람들의 영성을 잘 반영해주는 일화이다. 북한이 핵을 갖고 있어도 좋은가 하는 안보의 역학관계를 말하려는 것이 아니다. 나는 이 일화를 통해 가난하고 힘없고 소외된 사람들을 배려할 줄 아는 캐나다인들의 심성, 즉 그들의 영성을 말하고 싶다. 강한 사람은 계속 강하고 약한 사람은 계속 약해야 된다면 세상은 너무 불공평한 것 아닌가. 약한 사람들에게도 기회가 주어지고, 강한 사람도 자신의 힘을 약한 자에게 나누어줄 수 있다면 세상에 다툼이 어디에 있겠는가. 이 논리는 국가를 말하는 데 있어서도 적용될 수 있을 것이다. 자기 나라만 잘살겠다고 하면 다툼이 끊이지 않는다. 결국 인류가 나아가야 할 목표가 인간답고 평화롭게 살 수 있는 지구촌을 만드는 것이라면, 캐나다는 함께 살아갈 수 있는 공존의 삶을 추구하는 모델로 볼 수 있다.

캐나다의 영성은 캐나다 사람들을 기본적으로 다른 사람들과 함께 살아가도록 하게 만든다. 그리고 가난하고 소외된 이들에게 언제나 열려 있는 마음을 갖게 한다. 예를 들면 하얀 와이셔츠에 넥타이를 맨 변호사(Lawyer)와 노숙자가 길에서 만나 반갑게 인사를 하며 포옹(Hug)할 수 있는 것이 캐나다 사람들이다. 그러나 우리나라에서는 직장을 가지고 있는 번듯한(?) 사람이 노숙자와 친구처럼 지낸다면 참으로 어색할 것이다. 캐나다에서는 이러한 일들은 많이 경험할 수 있다. 아침에 슬리퍼 차림으로 동네 구멍가게에서 우유를 사기 위해 계산하는 동안 유명 정치인이 가게에 동냥을 하러 들어오는 알코올중독자를 보고 반갑게 인사를 한다. 그리고 알코올중독자인 노숙자를 가게 주인인 한국 사람에게 '나의 친구(My Friend)'라고 소개해줄 수 있는 것이 캐나다 사람들이다.

물론 캐나다에도 상류 사회가 엄연히 있다. 그러나 우리나라와는 차이를 보인다. 우리의 경우에는 상류 사회와 하류 사회 사이에 건널 수 없는 강, 혹은 넘을 수 없는 높은 담이 있다. 하지만 그러한 강이나 담이 캐나다 사람들에게는 없다. 사회적 지위나 신분에 관계없이 마음만 통하면 친구가 될 수 있다. 물론 큰길에서는 아니지만 주택가에서는 처음 보는 사람과 길에서 지나치면 "안녕하세요(Hello 또는 Hi)!"라고 인사를 하고 밤늦게 엘리베이터 안에서 처음 보는 사람에게도 "잘 자요(Goodnight!)!"라고 인사하면서 엘리베이터에서 내린다.

어떤 사람이 무슨 일을 하든 높고 낮음이 없이 모두가 친구가 될 수 있는 것도 그들의 영성 때문이다. 그들이 타인에 대해 배려하는 것만 보더라도 함께 살아갈 줄 아는 사람들이라는 것을 알 수 있다. 그래서 자기만 잘살면 되는 줄 알고 앞만 보고 달려가며 살아가려는 자본주의보다 더불어 살아가려는 사회주의가 캐나다 사람들에게 먹혀 들어갔는지 모르겠다.

캐나다식 사회주의가 가능한 것은 영성 때문이다

캐나다는 미국과 형제국가라고 하면서도 미국과는 너무나 다르기 때문에 그들만의 고유한 정체성(Identity)을 지키려고 한다. 그래서 그들은

팀 홀튼은 캐나다 사람들이 무척 좋아하는 캐나다 고유의 커피 브랜드다. 팀 홀튼은 작고한 캐나다의 유명한 아이스하키 선수의 이름인데, 이 커피숍 부근에서는 미국의 유명한 커피 브랜드인 스타벅스도 살아남지 못할 정도로 인기가 있다. 미국에도 캐나다 국경과 가까운 곳에는 팀 홀튼이 있다.

미국화(Americanize)라는 말을 만들어내면서 이는 단지 맥도널드, 스타벅스, 코카콜라와 같은 외형적인 것들뿐만 아니라 사회, 문화, 정치, 경제나 의식구조 전반에 걸쳐 미국화 되는 것을 염려한다.

자본주의의 비인간화(Dehumanization)를 일찍이 알고 있던 캐나다가 캐나다식 사회주의 노선을 택하게 된 것은 그들의 영성이 뒷받침해주었기 때문이었을 것이다. 다음 장에서 캐나다식 사회주의에 대하여 자세히 언급하겠지만, 아무리 좋고 훌륭한 정책이더라도 국민의 지지나 호응이 있어야 실행될 수 있다. 따라서 캐나다에서 사회주의 정책이 가능하게 된 것은 국민들의 의식수준이 따라주었기 때문이며, 그들의 의식수준의 밑거름은 그들의 영성에서 비롯된다는 것을 앞의 글을 통해 짐작하고도 남을 것이다.

캐나다의 세계적 브랜드

1. 캐네디언 클럽 위스키(Canadian Club Whisky)

워커빌(Walkerville)에서 1885년부터 생산되고 있는 CC라고도 부르는 캐네디언 클럽 위스키(Canadian Club Whisky)의 명성은 오늘날까지 변함없다. 양조자였던 하이럼 워커(Hiram Walker)가 세운 거대한 양조 공장에서 숙성기간 6년, 12년, 20년으로 각각 라벨이 붙어져 나오는 CC 위스키는 놀랍게도 일본인들이 많이 수입한다. 검은색 라벨을 선호하는 일본 시장을 위해 특별 포장되어 나오는 특히 8년산 CC 위스키 블랙은 위스키의 맛과 가치를 즐기는 일본인들이 분명 아끼는 술임에 틀림없다.

19세기 말, 시중에 판매되던 일반 위스키에 비해 더 부드럽고 깨끗한 맛으로 세간의 이목구비를 집중시킨 독특한 향미가 담긴 하이럼 워커 위스키는 당시 신사 클럽에서 점점 더해가는 인기로 클럽 위스키(Club Whisky)라 불려지고, 곧이어 미국산 위스키와 구분하기 위해 캐네디언 클럽 위스키(Canadian Club Whisky)로 이름을 붙이게 되었다.

질 좋은 프리미엄 곡류를 사용해, 곡류 배합 과정에서 생성되는 거친 성분은 제거하고 각각의 조리(Recipe)에 따라 정교한 혼합물이 만들어지면 가열된 저장소를 거쳐, 술 양조에서 가장 중요한 숙성과정을 위해 시커멓게 태운 화이트 참나무통(Oak) 배럴에 내용물을 담는다. 이유는 참나무 재료만이 지니는 풍부한 향미와 미묘한 과실향이 숙성기간 중 내용물에 깊게 첨가되기 때문이다. 그러고 나면 모든 배럴은 6년, 12년, 20년의 오랜 숙성기간을 위해 저장소로 옮겨진다.

오늘날 CC 위스키는 하이럼 워커의 양조 방식에 기초하여 만들어진다고 할 수 있는데, 단순하게 보이는 원료가 세계적 명성을 지닌 위스키 증류수로 변화되는 과정은 방문객을 위해 공장에 전문적으로 배치된 가이드 투어를 통해 두루 구경할 수 있다.

CC는 옥수수가 주원료인 버번(Bourbon) 위스키보다 더 부드러운 맛을 지니고 스카치(Scotch)보다 더 가벼운 맛을 지니고 있다. 그리고 투명성과 부드럽고 잘 빚어져 향기로운 질감은 CC 위스키의 명성을 더욱 높여준다. CC 위스키는 오늘날 세계 151여 개 나라의 주류 진열장에서 어렵지 않게 발견할 수 있다.

2. 아이스 와인(Ice wine)

아이스 와인은 캐나다가 자랑하는 캐나다 고유의 포도주이다. 나이아가라폭포 근처에 있는 나이아가라 온 더 레이크(Niagara on the lake)라는 작은 마을 근방에서 재배된 포도를 숙성시켜 만든 포도주로서 당도가 매우 높다. 이 지역은 일조량이 많아 포도 재배가 잘 된다. 포도가 익으면 바로 따는 것이 아니라 첫눈이 오거나 첫얼음이 얼 무렵까지 수확하지 않고 그대로 둔다. 그러면 잘 익은 포도는 나무에 달린 채로 건포도처럼 건조된다. 마치 감이 곶감이 되듯이 포도가 당도가 높아지는데 수확은 첫눈이 오는 초겨울에 이루어진다. 그래서 와인 앞에 아이스(Ice)라는 말을 붙인 것이다. 아이스 와인이 일반 포도주보다 몇 배나 비싼 까닭은 그 지역의 특산물인데다 생산량이 많지 않기 때문이다. 당도가 높아 여성들이 좋아하는 캐나다의 고유한 고급 와인이다.

3. 메이플 시럽(Maple sirup)

우리나라의 주된 수종이 소나무라면 캐나다의 주된 수종은 단풍나무. 우람한 크기의 단풍나무는 캐나다의 어디에서나 볼 수 있고, 이 단풍을 그들의 국기 안에서도 볼 수 있다. 우리나라에서 고로쇠나무의 수액을 채취하듯이 캐나다에서는 단풍나무에서 수액을 채취한다. 이것이 바로 메이플 시럽이다. 꿀과 같이 달콤한 이 시럽은 각종 요리의 당도를 내기 위해서 사용되어지고 팬케이크 위에 뿌려먹기도 한다.

메이플 시럽은 꿀보다 비싼 편이다. 채취한 시럽은 당도가 그리 높지 않기 때문에 오랜 시간 끓여서 졸여야 당도가 나온다. 따라서 수액을 뽑는 것도 정부에서 제한할 뿐만 아니라 가공비라고 할 수 있는 연료비가 많이 들기 때문에 가격이 비싼 편이다. 잘 포장된 관광 상품은 비싸지만 일반 가정용으로 포장이 시원찮은 것은 매우 싼 편이다.

4. 팀 홀튼 커피(Tim Hortons coffee)

예전에 '한국축구' 하면 '차범근'을 연상했듯이 캐나다에서는 캐나다의 국기인 '아이스하키' 하면 '팀 홀튼(Tim Hortons)' 선수를 연상한다. 어느 날 모든 캐나다 사람들로부터 사랑을 받았던 유명한 하키 선수가 교통사고로 사망하였다. 그의 미망인은 남편의 이름을 따서 팀 홀튼(Tim Hortons)이라는 커피전문회사를 설립하였다. 그러나 경영부진으로 그 회사를 다른 사람에게 넘기면서 이 브랜드는 급속하게 사람들에게 알려지기 시작했다. 지금은 캐나다 어디에서나 이 커피전문점을 볼 수 있고, 심지어는 미국에서도 상당히 높은 인기를 얻고 있어서 캐나다에 인접한 미국 주들에서는(예를 들면 버펄로 같은 곳) 어디에서든 팀 홀튼을 볼 수 있다. 그리고 이 체인점이 들어서면 주변의 커피전문점은 문을 닫아야 할 판이다. 심지어는 미국의 유명한 커피점인 스타벅스 같은 유명한 브랜드가 들어와도 그 옆에 팀 홀튼이 생기면 이사를 가야 하는 상황이다. 그만큼 캐나다 사람들의 사랑을 받는 커피전문 브랜드다.

캐나다의 영성은 가톨릭 문화와 관계있다

캐나다 사람들의 영성은 가톨릭 문화와 깊은 관계가 있다. 캐나다에서 가톨릭은 국교는 아니지만 토론토만 해도 인구의 49%가 가톨릭 신자이며 몬트리올은 85% 이상이 가톨릭 신자였던 때도 있었다고 한다. 그래서 정보에 빠른 사람들은 캐나다로 이민 가기 전에 가톨릭 신자가 되면 그 사회에서 살아가는 데 유리할 것으로 생각하여 한국에서 미리 가톨릭 세례를 받고 가는 사람들이 더러 있다. 내 고등학교 동창 중 그런 경우에 해당된 친구도 있었다. 그러나 가톨릭 인구의 통계수치보다도 중요한 것은 가톨릭계 학교의 교육이 그들의 영성에 미치는 영향이다. 영성과 가톨릭은 밀접한 관계가 있다.

현대인과 영성

영성(Spirituality)이라는 단어는 원래 종교적인 개념으로서 2,000년 가톨릭 교회의 전통 안에서 풍요롭게 누려왔고 실천되어 왔다. 그래서 누군가 "영성적"이라고 말하면 적어도 그 사람은 가톨릭 신앙인으로 간주되거나 개인의 수양이나 수덕과 바로 연관시켜서 생각하는 것이 일반적이었다. 하지만 오늘날에 와서는 더 이상 영성이 가톨릭만이 가지고 있는 유일하고 고유한 개념이 아니라 일반적으로도 널리 사용되는 언어가 되어버렸다. 따라서 가톨릭 교회 안에서 지금까지 묵시적으로 알고 있으면서 관용적으로 사용해 온 영성의 개념을 다시 정의하여야 할 필요성이 있다.

가톨릭 전통 안에서 영성 그 자체에 대한 일관되고 보편적 원리를 생각해보면 다음과 같다. 첫째, 영성은 신학적 이론보다는 경험(Experience)과 실천(Practice)을 전제로 한다. 신학이 하느님에 관하여 무엇을 믿음으로 규정할 것인가에 관한 문제를 다루는 것이라면, 영성은 인간이 자신의 신앙과 믿음 체계를 어떻게 실천하며 살아가는가 하는 문제에 관한 것이다. 둘째, 영성은 초월(Transcendence)의 특성을 가지고 있으며 통합적 자아를 형성한다. 결핍된 인간 존재가 자신의 현실을 초월하는 방법은 절대자를 만나는 곳에서 가능해진다. 셋째, 영성은 개인의 절대적 체험과 실천으로 시작되지만 이웃과 공동체, 나아가 우주적 연대로까지 확장된다.

가톨릭 밖에서도 영성이라는 개념을 쓸 수 있는 근거는 가톨릭 하느님의 자리에 절대자 또는 절대적 체험을 대치하는 데 있다. 즉, 종교 밖에서도 자신을 초월할 수 있는 절대적 체험과 실천이 있고, 그것으로 자아의 한계를 초월하고 통합하며 인류와 연대할 수 있다면, 교회 밖에서도 영성이라는 개념을 사용하는 데 문제가 없을 듯하다.

현대에 들어와서 가톨릭의 영성은 교회의 핵심 가르침인 "하느님과 이웃을 사랑"하는 대원칙 아래 이를 실천할 수 없는 원인들을 분석하고 해결방안을 찾기 시작했다. 그러나 하느님과 이웃을 사랑할 수 없는 원인은 사회학적 측면과 심리학적 측면에서 발견된다. 그래서 이 두 맥락을 고려해 영성은 탐구될 수 있다. 더 자세한 내용은 송차선, 〈현대그리스도교 영성과 청소년 영성의 만남〉,《한국그리스도사상》제11집, (한국그리스도사상연구소, 2003), 109쪽을 참조하길 바란다.

토론토의 경우 우리나라 기준으로 보기에 소위 명문 사립 고등학교라고 말할 수 있는 학교가 3개 있는데, 그중에서 2개가 가톨릭계다. 그러나 가톨릭계 학교가 다른 사립이나 공립학교보다 상대적으로 더 많다는 것만 생각해서는 안 된다. 일반적으로 교육 내용이 우수하여 부모들은 자녀들을 가톨릭 학교에 보내려고 하는 경향이 있다.

부모들은 우리나라처럼 단지 대학 진학을 위해 가톨릭 학교에 보내려 하는 것은 아니다. 물론 가톨릭계 학교들이 대학 진학률도 높은 편이다. 그래서 소문을 듣고 가톨릭계 학교에 자녀들을 입학시키기를 바라는 한국의 부모들이 많이 있다. 토론토에 있는 소위 명문(?)으로 알려진 사립 고등학교의 교장 도미닉은 드라살(De la salle) 수도회의 수사님이었는데 어느 날 한국인 엄마 두 명이 자신의 아이들을 학교에 넣어달라고 봉투를 들고 왔다고 나에게 말했다. 나는 너무 부끄러워 할 말을 잃었는데, 다음 날 교장은 한국의 두 신사가 봉투를 들고 왔다고 다시 나에게 말했다. 부끄럽기 짝이 없기도 했지만 호기심이 발동한 나는 "그래서 어떻게 했어요? 그 봉투를 받았어요?"라고 물었더니 "당신 미쳤어? 그거 불법이야!(Are you crazy? It's illegal!)"라고 대답했다.

투명하고 정의로운 사회에서 촌지가 통할 리 없는데 집에서 새는 쪽박 밖에서 샌다는 격언이 틀리지 않았다. 나는 나라망신을 시킨 한국의 부모들이 너무 창피해서 얼굴을 붉혔다. 요즈음 캐나다 사람들 중에는 한국 사람들 때문에 캐나다 사람들이 촌지의 맛을 알기 시작했다고 걱정하는 사람들도 있다. 촌지라는 것은 캐나다의 학부모들에게는 개념조차 없는 것이다. 물론 그 부모들의 바람을 이해하기는 하지만 학교 교육이 반드시 진학에만 있는 것이 아니다. 캐나다에서는 종교 교육의 바탕이 된 철저한 인성 교육이 학교의 명성에도 영향을 미친다.

예를 들면 가톨릭계 학교에 입학하면 학교에서 견진성사(Confirmation)까지 시켜서 졸업시킬 정도다. 그리고 가톨릭계 학교가 아니더라도 어느 학교에서나 종교 교육은 의무이고, 그래서 종교 교사가 되기 위해 공부하는 대학생들이 많다. 나는 캐나다에서 초·중·고등학교를 다녀보지 않아서 종교 교육이 어떻게 이루어지고 있는지 구체적이고 세부적인 것은 알지 못한다. 하지만 진리와 선을 추구한다는 점에서 각급 학교의 종교 교육은 차이가 없을 것이다. 모든 그리스도교가 그렇겠지만 가톨릭의 정신은 예수를 그리스도($Χριστυς$: '기름부음을 받은 자, 즉 세상을 구원할 자'라는 뜻)로 고백하는 데 있다. 그리고 그가 이 땅에 온 이유는 가난하고 소외된 이들에게 기쁜 소식을, 억눌린 사람들에게 자유를, 묶인 이들에게 해방을 알리기 위해서라고 믿고 있다. 가톨릭 신자들은 자신의 생명을 내놓아 인류에 대한 사랑을 극명히 드러낸 스승인 예수의 사명을 이어받아 이웃을 위해 자신을 내놓는 성체성사적인 삶을 기본적으로 추구하며 살아가려 한다. 이러한 기본적인 정신이 학생들에게 전해지는 종교 교육은 영성을 개발하고 발전시키는 데도 큰 영향을 미쳤던 것으로 보인다. 하지만 그러한 내용을 모두 다루자면 이 책에서 다루고자 하는 내용에서 벗어날 수 있으므로 구체적인 내용은 생략하기로 하겠다.

이와 같이 캐나다 사람들이 기본적으로 가지고 있는 심성과 어려서부터 보고 배우고 학습되어진 그들의 고유한 영성은 캐나다 사회주의를 태동시킨 가장 큰 원동력이었다고 나는 보고 있다. 그렇다면 그들의 사회주의는 어떠한 것인지 일상의 예를 들어 살펴보도록 하겠다.

2. 캐나다는 사회주의 국가다

어느 날 자동차 엔진오일을 교체하기 위해 정비공장을 찾았다. 온몸에 기름때가 묻은 옷을 입고 엔진오일을 교체하는 사람을 보면서 캐나다에서 엔진오일을 갈았던 경험이 없었던 나는 갑자기 저 사람에게 팁(Tip)을 줘야 하는지 말아야 하는지 갈등이 생겼다. 캐나다에서 팁은 사회복지 차원에서 준다. 다시 말하자면 캐나다 사람들은 보수가 적은 업종에 종사하는 사람들에게 마땅히 팁을 줘야 한다고 생각하고 있다. 그렇게 알고 있던 나는 그 정비공에게 팁을 줘야 할 것 같다는 생각이 든 것이다. 궂은일을 할수록 월급이 적다는 것은 삼척동자도 다 알 테고, 정비공의 월급수준이 어느 정도인지는 모르지만 나는 우리나라의 정비공처럼 형편없을 것이라고 짐작했다. 그래서 정비공장 사무실 직원에게 물었다.

"내가 저 사람에게 팁을 줘야 하죠?"

"팁의 의미를 아세요?"

"알죠, 사회복지 차원에서 월급이 적은 사람에게 주는 것 아닙니까?"

"그렇죠. 그런데 저 사람이 월급을 얼마 받는 줄 아세요?"

"내가 어찌 알겠어요?"

"짐작해보세요."

"모르겠는데요."

"저 사람은 나보다 연봉을 더 많이 받아요. 그래도 팁 줄 겁니까?"

액수는 정확히 기억이 안 나지만 그 당시에 한국에서 국제합동법률변호사사무소에 다니는 한 변호사가 받는 연봉과 거의 같은 수준이었다. 그래서 나는 너무나도 놀라서 무슨 돈을 그렇게 많이 받느냐고 다시 물어보자 그는 대답했다.

"자격증(License)이 있으면서 힘들고 지저분한(Dirty)일을 하잖소."

놀랍지 않은가? 한국에서 평범한 사람이 그 정도 연봉을 받으려면, 어려서부터 죽어라 공부해서 소위 일류대학을 가야 하고, 그것도 모자라 대학 생활을 거의 책상 앞에 앉아서 아무 생각 없이 공부에 전념해야 가능하다. 내가 대학 갈 준비를 할 때만 하더라도 그랬다. 자아의 정체성이나 삶의 의미를 묻기 시작할 나이에 아무 고민 없이 그저 하라는 공부만 정신없이 해야 대학을 갈 수 있었다. 삶에 대한 고민은 입시를 앞둔 입시생의 입장에서는 사치였다. 대학에 합격해서는 학문의 탐구보다는 보상심리로 인해 놀기 바빴고, 열심히 놀다 보면 학년은 올라가서 갑자기 취업이 두려워지기 시작한다. 다시 도서관에 틀어박혀 취업전쟁에 전념해야 겨우 받을까 말까한 수준의 연봉이다.

물론 요즘에는 그 이상 공부하더라도 취업이 보장되지 않는 것이 현실이라서 대학이 학문탐구를 하는 곳이라는 말은 전설처럼 들린다. 그나마 가정형편상 또는 자신이 실력이 없어서 진학을 못한 경우에는 더럽고 힘들고 어려운(소위 3D) 업종에서 죽도록 일을 해야 하는데, 그렇게 땀 흘려 일해도 그만큼 보수를 받을 수 있다는 이야기를 들어본 적이 없다. 만약에 내 차의 오일을 교체해준 캐나다의 그 노동자처럼 우리나라에서도 누구라도 땀 흘려 일한 만큼 보수를 받을 수만 있다면 굳이 대학에 입학하기 위해 애를 쓸 필요가 없을지 모르겠다.

혼자만 잘살 수 없는 사회주의 국가

나는 인간의 노력이 존중되고 그만큼 대가가 돌아오는 캐나다 사회를 보면서 감탄하지 않을 수 없었다. 이러한 사회를 만드는 것이 마치 이상처럼 보일지 모르지만 이미 그러한 사회를 제도적으로 만들어놓은 나라가 있다는 사실은 나를 놀라게 했다. 그래서 내가 삶에 대하여 고민했던 시절인 군사독재 시절부터 꿈꾸어왔던 사회를 바로 캐나다에서 만났다고 감히 말할 수 있게 되었다. 하지만 내 차의 엔진오일을 갈아준 그 정비공이 그 정도의 급여를 받는다면 세금은 아마 45% 이상이 되지 않을까 하는 생각이 든다. 캐나다에서는 돈을 많이 벌수록 세금을 많이 내기 때문이다. 이것이 바로 캐나다식 사회주의의 일면이다.

인간이 하느님은 아니기 때문에 인간이 만든 사회는 그것이 어떠한 형태가 되었든 완전할 수 없다고 나는 믿고 있다. 사회주의 역시 한계가 있을 테니 나는 사회주의를 칭송할 마음이 전혀 없다. 하지만 캐나다 사회는 여러 형태의 사회 중에서 비교적 바람직하다고 생각한다. 물론 사회주의에 전혀 문제가 없는 것은 아니지만 뒤에서 언급하기로 하고 우선 장점만 보기로 하겠다.

우리나라 사람들은 사회주의라고 하면 제일 먼저 사회복지를 연상할지 모르겠다. 하지만 그것보다 더 중요한 것은 재화의 분배이다. 캐나다가 재화를 분배하는 원칙은 많이 버는 사람에게는 많이 거두고 적게 버는 사람에게는 적게 거두어 재분배하는 데 있다. 가장 기본적으로 내는 세금은 주세, 연방세를 합쳐서 소득의 15%이다. 하지만 최고로 70%까지 내는 사람들이 있다. 한국의 한 약사가 이민 와서 잠시 약국에서 일을 한 적이 있었는데 세금으로 45% 정도를 냈다고 한다. 그래서 "아, 내 수입이 괜찮은 편이구나."라고 생각했다는 것이다. 많이 벌면 많이 내야 하는 것이 나라가 캐나다이니, 캐나다는 탈세를 하지 않는 한 도저히 돈을 모을 수 없는 나라다.

어느 날 캐나다의 유명한 일간지인 〈토론토스타〉에 실린 기사가 나를 놀라게 했다. 기사의 내용은 캐나다의 백만장자들에 대한 통계였는데, 그 기사의 서두는 '네 부모들에게 잘해라(Be good to your parents)'로 시작했다. 그 기사는 백만장자가 캐나다 전국에서 30만 명 정도 있다는 통계 자료를 제공했다. 그러나 재산이 캐나다 달러로 120만~130만 불이 대부분이었고, 그나마 백만장자들 중 상당수가 부모에게 상속받았다고 한다. 그러니 그 기사의 서두는 "백만장자들은 부모에게 효도하라, 우리나라는 그렇게 많은 돈을 모을 수 있는 나라가 아니다."라고 묵시적으로 말하고 있다.

백만장자가 보유한 돈은 우리나라 돈으로 10억 정도일 것이다. 우리나라에서는 작은 빌딩 하나만 가지고 있어도 10억이 넘는데 빌딩이 전국적으로 30만 개만 되겠는가? 우리나라에는 아파트 한 채가 10억 넘는 것도 있는데, 나는 세상 물정을 잘 몰라 자신은 없지만 10억 이상 나가는 아파트에 사는 사람만 해도 10만 명은 되지 않을까 싶다. 여하튼 겉만 보면 우리가 더 잘사는 것 같아 보인다. 하지만 우리나라는 돈이 한쪽으로 치우쳐 있다. 반면에 캐나다는 정부의 정책으로 빈부 격차가 크지 않다. 높은 곳은 낮추고 낮은 곳은 높이는 정책을 실행하고 있어서 경제적인 수준이 어느 정도 평준화 되어 있다. 그래서 이민자들이 아무리 돈을 많이 가져와도 어느 정도 지나면 돈을 적게 가지고 온 사람과 비슷하게 되는 이유도 그 때문이다. 많이 가지고 있으면 내놓고 적게 가지고 있으면 좀 더 받는다면 똑같이 잘살 수 있는 것 아니겠는가. 이것이 캐나다식 사회주의이다.

수입에 비례한 만큼 세금을 내고 혜택받는다

많은 돈을 세금으로 내면서도 그것이 자신에게 어떻게 돌아오는지 명확하게 보이고 느껴지면 세금을 내는 것에 불평할 리 없다. 세금을 많이 낸다고 불평을 하던 사람들도 일단 정부로부터 혜택을 한 번 받으면 다시는 불평 없이 세금을 내게 된다. 내가 세금을 얼마나 내는지, 누가 더 많이 내는지, 그리고 그것이 어떻게 사용되는지 모든 것이 투명하게 공개된다면, 이 책의 〈서문을 대신하며〉에서 소개했던 죠엔의 부모가 한 말처럼 "내가 낸 세금이 나에게 돌아오는 것이 눈에 보인다"면, 세금을 안 낼 사람이 누가 있겠는가.

캐나다 정부가 세금을 사용하는 방식도 합리적이다. 한 가지 예를 들면 캐나다에서 담배 값은 지역마다 약간의 차이가 있지만 적어도 9달러 이상

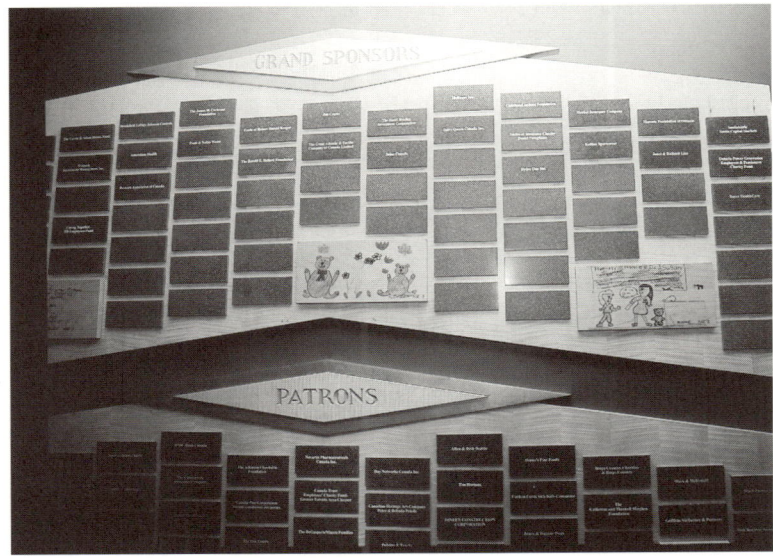

죠엔이 입원한 어린이 병원의 벽면이다. 유치원 벽보 같아 보이는 벽면만 보더라도 알 수 있듯이 병원 측에서는 아이들에게 위화감을 주지 않으려 애쓰고 있다.

하는데 그것도 적다고 더 올리려고 한다. 이렇게 담배 값이 비싸기 때문에 노숙자들이 구걸해서 담배 사 피우기 힘들 정도이다. 토론토에서 어느 날 나는 담배를 끊으려고 피우던 담배를 노숙자에게 준 적이 있다. 그랬더니 그 노숙자는 눈이 휘둥그레지면서, "정말 주는 거야(Are you sure)?"라고 믿을 수 없다는 표정을 보일 정도였다.

이처럼 담배 값이 비싼 것은 세금 때문이다. 캐나다에서 의료비는 전액 세금으로 부담하기 때문에 환자는 의료비를 전액 면제받는다. 그래서 앞서 말한 죠엔이나 최바오로 씨는 무료로 병원치료를 받았던 것이다. 그런데 담배가 직간접적으로 건강에 영향을 미치므로, 담배로 인한 질병 때문에 세금에서 지원되는 의료비가 전체 의료비의 약 80%를 넘는다고 한다. 그 막대한 비용을 흡연자 때문에 비흡연자까지 세금을 부담하는 것은 불합리하다고 생각하는 것이다. 따라서 흡연자가 스스로 그 비용을 부담한다는 의미에서 담배 값이 비싸며, 앞으로도 계속 의료비가 상승하는 것에 비례해 담배 값을 올리겠다는 정책을 고수하고 있다. 이러한 세금정책이 마음에 드시는가? 세금 사용에 관하여 한 가지 예를 더 들어보겠다.

캐나다에서는 직장을 가지고 있으면서 꾸준히 세금을 내왔다면 직장을 잃거나 이직을 위해 잠시 쉬고 있더라도 정부에서는 그 사람 수입의 65~70%까지 지원해준다. 캐나다에서는 세금 내기 아까워하면 나중에 후회할 것이다. 탈세를 한 사람이라면 세금을 적게 냈을 테니 당연히 정부 지원금이 적어질 수밖에 없다. 하지만 한국의 이민자들 중에는 이러한 사실을 모르는 사람이 더러 있고, 설령 알았다 하더라도 정부의 지원을 받는 것을 회피하곤 한다. 자본주의 마인드에 익숙한 우리나라 사람들은 정부 보조금을 영세민 보호자금 정도로 생각해서 자존심 상하는 일로 생각하기 때문이다. 실제로 나는 비즈니스를 쉬고 있는 한국 이민자에게 정부의 지원금을 탈 수 있다는 사실을 알려주자 "내가 거지새끼냐, 그걸 타 먹고 앉아 있게!"라고 하는 사람들을 만날 수 있었다. 그러나 사회주의 사회에서는 마땅히 받아야 하는 것이다. 그동안 정부에 세금을 냈으면 다시 직업을 가질 때까지 마땅히 정부가 자신의 생계를 책임져야 한다는 것이 그들의 생각이기 때문에 정부 지원금을 타는 것은 당연한 일이다.

조그마한 구멍가게를 하다 나이가 들어 은퇴를 하더라도 정부에서는 연금을 준다. 최소한의 연금액으로 한 달에 1,000달러 이상을 지급해준다. 부부라고 했을 때 두 노인의 연금을 합치면 2,000달러가 되는데 이것은 최소한의 금액이다. 젊은 시절 세금을 많이 냈으면 기본 1,000달러보다 더 많이 받는다. 그런데 한국의 한 부인은 가게를 수십 년 동안 해오다가 나이가 들어 은퇴를 하게 되어 연금을 신청하러 갔다고 한다. 그랬더니 정부가 책정해준 연금이 자신이 생각했던 액수보다 적은 것 같아서 더 많은 액수여야 한다고 항의를 했다. 그 세무직원은 그 부인의 불만을 다 듣고 나서 말했다.

"몇 년도에 캐딜락 새 차를 샀네요. 그리고 몇 년 뒤에 또 캐딜락 새 차를 샀어요. 그리고 집은 얼마짜리인데 몇 년도에 구입했네요."

이 말을 듣고 있으려니 갑자기 소름이 돋으면서 오히려 겁이 덜컥 났다고 한다. 그나마 지금 세무직원이 책정해준 금액도 못 받을 수 있겠다는 생각마저 들었기 때문이다. 세무직원은 말했다.

"무슨 뜻인지 알았죠? 우리 이쯤에서 끝냅시다."

그래서 부인은 군말 않고 책정한 금액에 서명했다고 한다.

다시 말하면 연금은 자신이 낸 세금에 비례해서 받는 것인데 그 부인이 낸 세금으로 봐서는 캐디락을 몇 대 사고 그 큰 집을 살 수 있는 수입이 아니었다. 그러니 그만한 돈이 어디서 나서 그것들을 샀는가를 그 세무직원은 돌려서 말했던 것이다. 결국 세금을 수입보다 적게 냈다는 이야기밖에 안 되는데 정부는 기록과 근거를 이미 다 가지고 있어서 납세 현황을 이미 파악하고 있는 상태였던 것이다. 이 글을 읽고 있는 이민자들 중 자신의 수입보다 세금을 적게 내고 있어서 가슴이 덜컹 내려앉는 느낌을 받는 사람이 적지 않을 것이다. 연금은 세금을 낸 만큼에 비례해서 받는 것이 정의롭다. 내기는 적게 내고 많이 받으려 하는 생각은 캐나다에서 통하지 않는다.

캐나다는 안정된 미래를 만드는 저력이 있다

갑작스럽게 재산을 모을 수 있는 사회는 그만큼 불안정하고 허술한 데가 많다고 생각된다. 반대로 안정된 사회라면 복권과 같은 특별하고 예외적인 경우가 아니라면 순식간에 돈을 모을 수 없을 것이다. 한때 토론토 북쪽 휜치(Finch)가 한국의 8학군이라는 전혀 근거 없는 소문이 돌면서 한국의 복부인들이 부동산 투기를 했다가 모두가 다 망했다고 한다. 사놓고 팔리지 않으면 땅 투기는 불가능한 것인데, 사기는 쉬워도 팔기는 어려운 곳이 캐나다이기 때문이다. 경제구조가 사회주의 방식인 캐나다는 한국에서와 같은 방법으로 절대 큰돈을 벌 수 없는 사회구조를 가지고 있다. 그만큼 사회가 안정되어 있다는 뜻이 된다. 그래서 캐나다에서는 '돈을 모을 수 없다'는 자본주의의 시각에서만 보면 캐나다가 불만스럽고 미래에 대해 불만일 수밖에 없다.

비록 캐나다 사회가 한국 사회와 달리 비교적 안정되어 있고 미래에 대한 보장이 잘되어 있다 하더라도 캐나다 사회를 깊게 보지 못하면 미래에 대해서 신뢰하지 않게 될 수 있다. 일례로 한국의 이민자들은 캐나다는 이렇다 할 산업도 없고 인구도 적어서 미래에는 일할 노동력이 부족하기 때문에 그나마 지금은 넉넉히 주는 연금도 미래에는 바닥이 날 것이라는 염려부터 한다. 그러나 막대한 자원을 가지고도 개발하지 않는 캐나다 정부는 지구가 멸망한다고 하더라도 막대한 천연자원으로 자국민들을 먹여 살릴 수 있지 않을까 싶다. 지구 온난화 현상으로 해수면이 점점 높아지면서 전 세계의 경작지가 줄어든다면 캐나다는 북쪽의 얼음이 녹으면서 점점 옥토가 드러날 것이다. 그 광활한 북쪽의 동토가 모두 경작지가 된다고 생각해보면 결국 식량자원이 무기보다 우세해질 미래

미국 이민과 캐나다 이민의 차이점

미국에는 한인들이 약 200만 정도 살고 있으며, 미국 동부에는 80만 정도가 살고 있다. 캐나다에는 토론토, 몬트리올, 밴쿠버에 약 20만 명 이상이 거주하고 있다.

미국과 캐나다의 이민 역사에는 다소 차이점이 있다. 미국은 1800년대 후반부터 이민자들이 유입되었지만 캐나다는 그보다 훨씬 늦은 1940년대부터 소수의 이민자들이 유입되기 시작했다. 그리고 한국인들이 캐나다에 본격적으로 이민 온 것은 70년대 초반이다.

1960년대에 들어오자 한국은 외화를 벌어들이기 위해 서독에 많은 광부와 간호사들을 수출하기 시작했다. 당시 고용이 부족한 한국에서는 취업에 곤란을 겪어야만 했던 대학교 졸업자들이 대거 광부를 지원했다. 말만 광부였지 대학에서 공부만 했던 학생들이 대부분이어서 광부의 역할을 제대로 하지 못해 독일의 항의를 받기 시작했다. 그래서 실제 광부를 한두 명 섞어서 보내기도 했다. 독일은 계약기간을 채운 한국의 젊은 대학생들과 광부, 간호사들이 아르헨티나와 같은 남미와 캐나다 등지로 이민을 할 수 있도록 주선하였다. 이때부터 캐나다로 본격적인 이민이 시작되었고, 이들이 실질적인 캐나다 이민 1세대라고 할 수 있다. 그러나 미국 이민은 이와는 다른 역사를 가지고 있다.

오늘날 미국이나 캐나다로 이민을 가고자 하는 동기는 너무나 다양하기 때문에 일반적으로 말할 수 있는 요소들이 많지 않다. 하지만 초창기 이민의 공통점은 있다. 이민 생활의 어려움은 역시 언어에 있다. 그래서 아무리 능력이 뛰어나도 그 사회의 바닥(?)으로 들어가기 마련이다. 미국에서는 빈부 격차가 크기 때문에 1세대는 열악한 환경 속에서 열등감을 가지고 살아가야 했다. 하지만 캐나다는 삶의 수준이 비교적 평준화 되어 있어서 미국과 같이 큰 심리적 갈등 없이 비교적 적응하고 살아온 경우가 많다.

에는 가장 강력한 나라가 되지 않겠는가? 실제로 캐나다는 비옥한 토양을 가지고 있어서 조그마한 한국 고추를 심으니 피망처럼 커지더라는 말을 흔히 들을 수 있다.

어느 날 나는 베리에 사는 에딩나 씨 집에 초대를 받았는데 그분의 집 앞마당에 가문비나무가 엄청나게 크고 근사하게 자란 모습을 보고 감탄하였다. 그랬더니 에딩나 씨의 옆에 있던 노렌죠 씨는 말했다.

"그 나무는 우리 아이가 1살 되던 생일에 기념으로 심은 건데 너무 크게 자라면 잘 안 보이니까 나무를 심을 때 밑에다 돌을 많이 깔아서 많이 자라지 못하게 했습니다."

물론 돌을 밑에 깐다고 해서 나무의 뿌리가 전혀 자라지 않는 것은 아니지만 그만큼 땅이 비옥하여 물만 잘 주면 엄청 잘 자라는 환경이다. 비옥한 땅뿐만 아니라 캐나다는 풍부한 수자원까지 갖고 있다. 이미 우리나라도 물 부족국가에 들어갔고 전 세계가 물 부족으로 아우성치고 물 수입에 혈안을 올릴 때 캐나다는 물을 팔아서라도 국민을 먹여 살릴 나라다. 캐나다의 지도를 봐도 알겠지만 지도에도 나오지 않는 수많은 호수들이 이를 입증해준다. 죠엔이 살던 무스코카(Muskoka)의 지명도 호수가 많다는 인디언 말에서 유래했다. 이러한 천혜의 천연자원을 엄청나게 갖고 있다는 사실은, 어쩌면 캐나다가 사회주의 경제방식을 도입할 수 있는 힘이 될 수 있는 것인지도 모른다.

일반적으로 캐나다 사람들은 정부가 자신의 미래를 책임져줄 것이라는 신뢰를 갖고 있기 때문에 상대적으로 미래에 대한 불안감이 적어서 융자통장(Loan)을 몇 개나 가지고 있어도 그들은 아무도 걱정 안 한다. 미래는 그 나라 정부에 맡기고 그날그날 벌어서 그때그때 쓰고 남으면 저축하고 안 남더라도 세금만이라도 꼬박꼬박 낸다고 한다. 세금을 안 내면 미래도 불분명해지지만 세금을 내기만 하면 미래가 투명해지기 때문이다.

바다같이 보이는 이곳은 호수이다. 아무리 호수라도 짤 것이라고 내 친구는 주장했다. 바다처럼 수평선이 보일 정도로 크면 물도 짤 수 있다는 것이 이유였는데, 맛을 보니 짜지 않아서 내가 이겼다. 캐나다에는 수평선이 보이는 호수가 수없이 많다.

   캐나다 사람들은 벌 때 세금 내고 그날그날 즐겁게 살아가려고 한다. 혹시 빚이 있더라도 언젠가 벌어서 갚으면 되기에 그들은 아무 걱정이 없어 보인다. 따라서 이민자들이 미래를 정부에 맡기고 그곳에 뼈를 묻겠다고 생각한다면 캐나다는 천국이지만 돈 좀 벌어서 노후에는 한국에서 살 생각을 하면 캐나다는 지옥이 된다. 캐나다는 절대로 자본주의 방식대로 돈을 벌 수 있도록 내버려두는 사회가 아니기 때문이다.
   그런데 정부를 믿고 세금을 내고 돈을 모아야겠다는 생각을 포기한다고 해도, 이민자들에게는 한 가지 고민이 따르기 마련이다. 그것은 바로 자녀 교육에 들어가는 교육비 문제이다. 따라서 미래에 대한 불안감과 자녀 교육비만 해결이 된다면 캐나다 사회를 긍정적으로 생각할 수 있다.

힘든 일을 할수록 많이 받는다

이민자들은 캐나다에서는 인건비가 너무 비싸다고 불만을 갖는다. 예를 들어 전기기술자 한 사람이 집에 와서 간단하게 전화선 하나 보고 가더라도 최소한 50달러를 내야 하니 불만스러운 것은 당연한 일일 것이다. 사실 그런 일을 한 번 겪으면 기가 막힐 노릇이지만 거꾸로 내가 그 일을 한다고 생각한다면 어떻겠는가? 그러한 간단한 일로 내가 50달러 이상을 받을 수 있다는 것도 생각해야 한다. 여하튼 비싼 인건비 때문에 불만을 가지는 한국인 이민자들이 많지만 오히려 그로 인해 학생들 스스로 벌어서 공부를 할 수 있는 여건이 마련되어 있다. 다만 우리가 어떠한 일을 찾아서 하지 못하거나 하지 않으면 문제가 되는 것이지 높은 인건비는 나에게도 큰 혜택이 될 수 있다는 것이다. 그리고 자신이 높은 보수를 받으면 그만큼 세금을 많이 내야 하지만 수입이 적을수록 세금을 적게 내는 것이 캐나다 사회주의이다.

물론 그렇다고 해서 캐나다가 완전히 자본주의를 배척한 것은 아니다. 그들도 자본주의 원리인 자유시장경제원리를 채택하고 있지만 미국의 자본주의 방식과 다른 것은 자본이 자본을 형성하도록 사회가 형성되어 있지 않다는 것뿐이다. 미국의 자본주의 방식에서는 자본이 없으면 새로운 일을 시작하기 어렵지만 캐나다에서는 비록 자본이 없어도 그 사람이 세금을 내온 것을 토대로 해서 정부가 사업을 시작할 수 있도록 도와준다. 우리나라에서는 신용불량자로 분류되면 융자도 못 받고 보증을 받기도 힘들지만 캐나다에서는 정부가 세금 낸 실적을 보고 보증을 서준다.

그리고 사업을 하지 않고 피고용자가 되어도 수고한 만큼 자신의 자본을 형성할 수 있도록 제도화 되어 있다. 즉 힘든 일을 할수록 보수가 많고 쉬운 일을 하면 그만큼 적게 버는 곳이 캐나다.

한 번은 TTC(버스와 지하철을 모두 총괄하는 캐나다의 대중교통)의 운전기사들이 파업을 한 적이 있다. 그런데 토론토 대학교에서 영어를 가르치는 비버리(Beverly) 씨는 그들이 대학교에서 가르치는 자신보다 임금이 더 높은데도 임금을 올려달라고 파업을 한다고 말했다. 운전기사가 대학교에서 가르치는 사람보다 월급이 많은 것은 그만큼 힘든 일을 하기 때문이라는 것이다. 예를 하나 들면 보수가 가장 많은 직종 중의 하나는 우편배달부이다. 왜냐하면 우편배달부를 하려면 불어와 영어를 수준급으로 할 수 있어야 하는데, 그 정도 자격을 갖추었으면서도 눈이 오나 비가 오나 추운 겨울에도 걸어 다녀야 하기 때문에 월급이 그만큼 많아야 한다는 것이다. 나는 "우체부라고 무시하지 말라. 저 사람들 수입이 장난이 아니다."라는 말을 여러 번 들었다.

캐나다 젊은이들 사이에서 가장 인기가 있으면서도 구하기 힘든 직종은 소방관과 경찰관이다. 타인을 위해 봉사하는 소임(Commendment)에 대한 자부심으로 그러한 직종을 명예스럽게 생각하는 것도 있지만 일이 주는 위험부담과 고되고 힘든 일을 고려해서 높은 임금이 책정되어 있는 직종이기 때문이다. 요즈음 한국의 분위기는 예전과 다소 차이가 있기는 하지만 우리나라에서는 소방관이나 경찰관은 그렇게 존경받거나 높은 임금을 받는

캐나다의 화폐

캐나다 환폐의 기본 단위는 캐나다 달러(CN$)이고, 1CN$는 100¢(센트)다. 지폐는 5, 10, 20, 50, 100CN$가 있고, 동전은 1¢(페니), 5¢(니켈), 10¢(다임), 25¢(쿼터), $1(루니)와 95년 9월부터 발행된 $2(투니)가 있다.

직종이 아니다.

　우리나라는 공교육의 정상화와 사교육비 문제로 몸살을 앓고 있지만 내가 보기에 묘안은 없다고 본다. 왜냐하면 대학진학이 생계유지와 넉넉한 삶과도 깊은 연관을 맺고 있기 때문에, 대학진학은 선택이 아니라 필수이고 경쟁은 불가피하기 때문이다. 그러나 한 가지 본질적인 문제가 해결되면 사교육비와 공교육 문제는 해결될 수 있다. 그것은 바로 학벌에 의해서 대가를 지불받는 사회가 아니라 땀 흘려 일한 만큼 임금이 지불되는 사회를 만들면 된다. 그런 사회가 된다면 굳이 사교육에 엄청난 비용을 들일 필요가 없고 공교육은 정상화 될 수 있을 것이다.

세금 낸 것을 돌려받으면 세금 낸 것이 안 아깝다

　캐나다에서 내는 세금은 대부분 직접세이기 때문에 자신이 세금을 얼마나 내는지 분명히 의식하면서 세금을 낸다. 하다못해 1달러짜리 물건을 사더라도 연방세(GST 5%)와 주세(TST 8%)를 합쳐서 13% 가량의 세금을 자신이 내고 있음을 영수증을 통해 늘 확인할 수 있다. 자신이 얼마나 세금을 내는지 잘 알 수 없는 간접세를 나는 캐나다에서 한 번도 본 적이 없다. 그리고 일할 수 있는 조건을 갖추고도 수입이 없는 사람들에게는 1년에 한 번 기간을 정하여 세금을 돌려받을 수 있도록 하는데, 그 액수가 만만치 않다. 세금을 돌려받기 위해서는 SIN(Social Insurance Number)번호가 있어야 한다. 이 번호는 세금보고 관계에서 사용되는 번호이기 때문에 원칙적으로 취업을 금하고 있는 어학연수생들이나 유학생들은 발급받을 수 없는 번호다. 하지만 학생비자에 일을 할 수 있도록 허락이 되어 있으면 정부로부터 발급받을 수 있는 번호다. 유학 시절, 다행히 나는 일을 할 수 있도록 허락을 받은 비자를 가지고 있었다. 일할 조건을 갖추고 있던 유학생이었음에도 불구하고 나는 수입이 없었으므로, 매년 상당액의 세금을 정부로부터 돌려받았다.

　나는 자신의 비자가 조건이 안 되는데도 국제적 망신을 당하면서까지 무리하게 SIN번호를 발급받으려고 떼를 쓰는 어학연수생을 본 적이 있는데 그러지 않았으면 좋겠다. 합법적으로 취업을 할 수 있는 사람이 수입이 없더라도 직접세를 내오면 정부는 마땅히 그 세금을 돌려주기 때문이다. 그것은 내가 내는 세금이 돌아오는 대표적인 예라고 할 수 있다. 자신이 내는 세금이 어떻게 사용되는지 의심스럽다거나, 자신에게 혜택이 돌아오는 것이 느껴지지 않는다면, 세금 내는 것을 꺼리게 될지 모르겠다. 하지만 자신이 얼마나 내고 있으며, 그것이 어떻게 사용되고, 자신들이 어떤 혜택을 받는지 분명히 확인할 수 있다면 세금을 안 낼 이유가 없을 것이다. 캐나다는 이러한 것들이 비교적 투명하기 때문에 많은 세금 부과에도 큰 불만 없이 꼬박꼬박 세금을 내고 있는 것이다.

　하지만 한국 사회에서는 대부분이 간접세이기 때문에 자신이 얼마나 세금을 내는지 알지 못하는 사이에 엄청난 세금을 내고 있다. 그리고 배운 사람들이나 부유한 사람들일수록 세금을 더 내지 않으려 하고, 가난하고 배우지 못한 사람들이나 피할 길 없이 꼬박꼬박 세금을 낸다. 한국에서는 내가 내는 세금이 누구의 주머니에 들어가고 있는지 알 길이 없으며, 정말로 정당하게 사용되는지, 그리고 세금을 내는 사람들에게 그 세금이 얼마나 되돌아오는지 불분명하다. 만약에 세금이 돌아오는 것만 분명하여도 우리가 내는 세금이 아깝지 않을지 모른다. 캐나다는 어려움에 처할 때 본질을 알 수 있는 나라이다. 자신이 내는 세금이 어떻게 쓰여지는지 당장 피부로 느낄 수 있는 나라이다. 어려움을 당하지 않더라도 주위를 돌아보면 쉽게 느낄 수 있는데, 이민자들은 이것을 잘 모를 뿐만 아니라 활용도 잘 못하고 있기 때문에 세금이 돌아오는 것을 느끼지 못한 것인지 모르겠다.

대학원 중심인 토론토 대학교는 4분의 3가량이 대학원생이고, 그중 상당수는 노인들도 있다. 캐나다 사람들은 은퇴 후에도 자신의 관심분야를 더 알고 싶어서 다시 학교의 문을 두드린다. 그런데 학부가 되었든 대학원이 되었든 노인(실버Silver라고도 부른다)들은 학비를 낼 필요가 없다. 동네마다 또한 공공수영장이 있어서 한국에서처럼 월 회비를 낼 필요 없이 수영을 즐길 수도 있다. 도심 한복판에는 상상도 못할 규모의 공원이 곳곳에 있어서 멀리 가지 않아도 식사 후 산책이나 조깅을 맑은 공기를 마시며 할 수 있다.

따지고 보면 그것은 모두 그들이 내는 세금 덕분일 것이다. 날씨가 좋으면 밤마다 아이들이 나와서 야간조명을 받으며 야구경기를 즐긴다. 유니폼, 헬멧 등등 모든 것을 정식으로 다 갖추고 주심, 부심 모두를 갖추어 게임을 하고 있으면 어른들이 아이들을 구경하며 즐거워한다. 이렇게 야간조명까지 다 갖추고 모두 잔디로 된 야구장이 마을마다 곳곳에 있다. 또한 취미생활을 위해 사진을 배우고 싶으면 정부에서 운영하는 성인학교(Adult School)에 가면 되는데, 그곳에서 사진과 같은 취미생활에 관련된 것들을 무상으로 배울 수 있다. "그럴 시간이 어디에 있느냐? 먹고 살기도 힘들어 죽겠는데!"라고 화를 내는 이민자들도 보았지만 그것은 사회주의를 잘 모르고 그 사회에서 자본주의 방식으로 살려고 하기 때문에 원망이 생기는 것이다. 두 가지 방식 중에서 하나만 알고 하나는 모른다면, 자신의 기준에서 본 다른 한쪽은 늘 불만스러울 수밖에 없을 것이다.

이외에도 더 많은 예를 들 수 있지만 그것은 별 의미가 없을지 모르겠다. 요약하자면 젊었을 때 세금을 많이 낸 만큼 은퇴 후 연금을 많이 받는 것은 물론이고, 젊은 시절을 캐나다에 살면서도 자신이 낸 세금의 혜택을 받을 수 있으며, 그렇게 하여 삶의 질을 평준화시킨 것이 캐나다다.

캐나다에는 야간에도 야구경기를 할 수 있는 곳이 곳곳에 설치되어 있다. 야구장에서는 주로 아이들이 유니폼을 갖춰 입고 경기를 하고 어른들은 구경을 한다. 물론 나도 구경하였다. 어른이니까.

그래서 나에게 캐나다는 '혼자 잘살자는 것이 아니라 모두 함께 잘살자'고 하는 나라처럼 보였다. 캐나다는 나 혼자 잘살겠다고 열심히 돈을 모아 갑부가 될 수 있는 환경이 마련되어 있지 않다. 갑부는 아니더라도 통장에 돈이라도 좀 넉넉히 있었으면 좋겠다고 생각하거나 삶의 질을 물질적인 것에서만 찾으려고 하는 사람들이 살기에 캐나다는 적합한 나라가 아니다.

사회주의의 장점을 부각시킨 정신적 기반

그렇다고 해서 사회주의 국가에서 살아야만 삶의 질을 향상시키고 모두가 잘살 수 있는 사회를 만들 수 있다고 말할 수도 없다. 그 예로는 사회주의 국가인 스칸디나비아반도의 국가들을 보면 알 수 있다. 노르웨이나 스웨덴 같은 나라는 대표적인 사회주의 국가로서 사회보장제도가 세계에서 가장 잘되어 있는 국가로 알려져 있다. 그런데 이들 국가에서의 노인 자살률은 전 세계적으로 일위를 차지한다. 그러한 나라들이 사회보장제도가 세상에서 가장 잘되어 있다면 유엔에서 정하는 세계에서 가장 사람 살기 좋은 도시를 포함하고 있을 법하다. 하지만 가장 살기 좋은 도시를 캐나다의 밴쿠버나 토론토에게 내주고 불명예스럽게 노인 자살률 일위라는 타이틀을 보유한 사실은 시사하는 바가 크다. 그렇다면 평생을 살아온 이 노인들이 노후에 스스로 목숨을 끊는 이유는 무엇일까?

나는 그 이유를 짐작할 수 있다. 노후에 모든 것이 보장되고 삶이 그렇게 편안해도 자살을 피할 수 없는 것은 인간의 존재론적 공허감 때문일 것이다. 그리고 그 공허감은 삶의 의미와 가치를 찾지 못하는 데서 비롯된다고 나는 보고 있다. 반면에 똑같이 사회주의를 하고 있고 사회보장제도가 스칸디나비아반도의 국가들 못지않게 잘되어 있는 캐나다에서는 노인이 자살했다는 뉴스를 유학 기간 중에 한 번도 들어본 적이 없다. 물론 사람 사는 곳에서 자살이 없기야 하겠냐만 다른 나라에 비해 상대적으로 적다고 할 수 있다. 삶의 의미를 찾지 못하거나 삶의 가치를 발견하지 못하면 진정한 삶의 질을 논할 수 없을지 모르겠다. 의미를 찾을 수 있어야 행복이 있기 때문이다.

굳이 심리학적으로나 철학적으로 깊이 있는 성찰을 하지 않고 상식선에서 생각하더라도 삶의 질이 자본주의니 사회주의니 하는 사회제도에 따라서만 결정된다고 말할 수 없을 것이다. 캐나다가 여타의 사회주의 국가들과 다른 점은 캐나다식 사회주의의 차별성 때문이 아니라 캐나다의 정신문화를 형성하는 캐나다 사람들의 영성 때문일지 모르겠다. 그들의 영성이 사회를 형성하는 밑거름이기 때문에 캐나다 방식의 사회주의도 가능하게 되었고, 그들의 영성이 있기 때문에 사회주의 구조 안에서 어떻게 자아실현을 해나갈지를 알고 있는 듯했다. 캐나다 사람들의 자아실현은 자신에게 닫혀 있는 방식이 아니라 타인에게 늘 열려 있는 방식,

함께 더불어 살아가는 방식으로 구현된다.

결국 삶의 의미를 찾아낼 수 있는 영성이라는 정신적 기반이 사회 구성원들의 집단무의식 안에서 흐르고 있기 때문에 캐나다식의 사회주의가 가능했을 것이다. 그리고 그 영성은 정의와 평화를 사랑하는 것으로 꽃을 피우고 있는 것처럼 나에게 보였다.

3. 캐나다는 정의와 평화를 사랑하는 나라다

나는 캐나다를 '정의와 평화를 사랑하는 나라'라고 정의 내리기를 주저하지 않는다. 모든 캐나다 사람들이 존경하고 사랑했던 전 캐나다의 수상 투르도의 유명한 발언과 그의 발언을 적극 지지했던 캐나다 사람들의 일화를 소개하고자 한다.

월남전쟁을 치르던 당시, 미국은 젊은이들을 동원하기 위해 모병에서 징병으로 바꾸기 시작했다고 한다. 그래서 미국의 젊은이들은 전쟁터에 나가서 죽기를 바라지 않았고 여러 가지 이유로 전쟁을 반대했던 미국의 수많은 젊은이들이 국경을 넘어 캐나다로 도피하였다. 그래서 미국 행정부는 자기 나라의 젊은이들을 돌려보내라고 캐나다 정부에게 정식으로 요청했다. 그러자 당시 캐나다 수상이었던 투르도가 대답했다고 한다.

"우리는 미국과 형제국가다. 하지만 캐나다는 엄연히 미국과는 다른 나라다. 우리는 정의와 평화를 사랑하는 나라다. 정의와 평화를 찾아온 젊은이들을 우리가 어떻게 내놓을 수 있겠는가? 우리는 젊은이들을 내놓을 수 없다."

캐나다 사람들이 투르도 수상의 발언에 모두들 박수를 치며 지지했다는 일화는 지금도 전해지고 있을 정도로 유명하다. 미국에 경제적으로 종속되어 있는 나라에서 미국이 재치기만 해도 독감에 걸릴 캐나다가 감히 미국의 부탁을 겁(?)도 없이 일언지하에 거절할 수 있다는 것 자체가 놀랍기만 하다.

미국의 이라크 파병 요청을 거부한 나라

캐나다는 얼마 전 미국의 이라크 파병 요청에 대해서도 단번에 거절했다. 지난 2003년 겨울 캐나다에 있는 한 음식점의 주인은 "내가 10여 년

캐나다와 한국전쟁

캐나다는 한국전쟁 당시 미국 다음으로 가장 많은 참전군인 26,791명의 병력과 구축함 3척, 수송기 1개 대대를 UN연합군에 지원하였다. 그중에서 516명이 전쟁 중 전사하고 전사자 중 37명은 부산에 있는 유엔 기념묘지에 안장되어 있다. 또한 전사자 중 상당수는 토론토 대학교에 다니던 자원 입대자였다. 캐나다는 전사한 대학생들의 이름을 기리기 위해 군인의 탑(Soldier's Tower)에 그들의 이름을 새겨놓았다.

1952년, 북한 27고지를 공격했던 프린스 패트리샤 보병대의 일원이었던 빈센트 코트네이는 18세 소년의 몸으로 나이를 속이면서까지 이름도 모를 동양의 아주 작은 나라에서 자유와 민주주의를 지키는 전쟁에 참전하고자 모집에 지원한 지원병이다. 그는 정전 이후 캐나다로 돌아가 67세의 노인이 되어 한국을 다시 찾기도 했다. 그는 한국을 여러 번 방문하면서 전우애와 당시의 전투상황에 대한 섬세한 기록을 담아 1996년 《갈고리 고지를 지켜라(HOLD THE HOOK)》라는 회고록을 출간하기도 하였다.

캐나다 참전군인들이 가장 자랑스러워 하는 전투는 가평전투다. 그들은 매년 많은 희생을 치러야 했던 가평지역을 방문하여 참전 기념비 헌화와 기념의식을 해왔다. 뿐만 아니라 매년 방문 때마다 가평 옛 전투지역의 민간 학생들에게 장학금을 주는 등 한국에 대한 깊은 애정과 사랑을 마음에 담아 전해 주고 있다. 그들에게 한국전쟁은 '잊혀진 전쟁'이 아님을 늘 상기시켜 주기도 한다.

한국전쟁 정전협정체결 50주년을 맞아 캐나다에서 보훈처장관, 차관을 비롯하여 5명의 상하원의원들, 47명의 한국전쟁 참전 퇴역군인, 그들의 가족을 포함한 현역 군인 10명, 그리고 캐나다 각주를 대표하는 13명의 아이들 등 100여 명이 2003년 7월 23일부터 8월 2일까지 11일 동안 한국을 방문하기도 하였다.

을 이 음식점을 해왔는데 이렇게 장사가 안 되는 것이 처음인 걸 보면 경기가 침체되어도 한참 침체된 것 같다"고 말했다. 그래서 나는 캐나다가 미국의 부탁을 거절했기 때문에 미국이 경제적으로 보복을 한 것이 아닌가 상상을 해보았다. 나는 경제전문가가 아니라서 사실 여부는 잘 모르겠지만 내 짐작이 사실이라면 캐나다는 국익보다 정의와 평화를 선택한다는 것을 생각할 수 있을 것이다. 그것이 사실이 아니라 하더라도 캐나다는 충분히 그렇게 할 수 있는 나라다.

그러한 캐나다를 보면서 국익을 내세워 이라크 파병을 결정하고, 대부분의 국민이 반대하는데도 불구하고 새벽에 기습 파병(도둑 파병이라는 표현이 옳을 듯하다)을 감행한 우리의 현실이 안타깝기만 하다. 자신이 싼 똥은 자신이 치워야 한다. 그런데 왜 남이 싼 똥을 목숨까지 바쳐가면서 치워야 하는가. 이라크전쟁은 추악한 전쟁이며 미국이 절대 승리로 이끌 수 없는 부도덕한 전쟁이다. 아무리 선을 위한다고 해도 악이 수단이 되어서는 안 되기 때문이다. 또한 분노는 분노를 낳고 악순환은 계속되는데, 그 악순환을 단절시키기 위해서는 힘의 원리로는 안 된다. 그리고 우리가 눈앞의 이익을 위해 정당화 될 수 없는 전쟁에서 왜 목숨까지 바쳐야 하는지 의문스럽다. 목에 칼이 들어와도 옳은 일을 위해 꼿꼿했던 한민족의 선비 정신은 다 어디로 갔는지 모르겠다. 우리의 선비 정신은 눈앞의 이익보다는 의로움이 우선이지 않았던가.

이라크 파병은 국익을 위해서 국민의 생명을 담보로 하는 것인데, 제 아무리 미국이 악과의 전쟁이라고 설득하더라도 캐나다 사람들에게는 도저히 수용될 수 없는 논리다. 캐나다 사람들의 영성을 염두에 둔다면 이라크 사람들은 소외되고 가난한 사람들이다. 그래서 캐나다는 강자의 편에 서지 않는 것처럼 보인다. 싸움판에서 약자는 강자에게 맞을 수밖에 없다.

그런데 도와줘도 시원찮고 더 이상 때릴 데도 없는 약한 사람들을 궁지에 몰아넣고 몰매를 가하는 강자가 있다. 그러면서 때리고 있는 자신도 몇 대 맞았으니 도와달라고 청한다면 약자의 편에 설 줄 알고 정의와 평화를 사랑하는 캐나다 사람들이 그 청을 들어줄 리가 없다. 정의와 평화를 사랑하는 사람이라면 약한 자를 배려할 줄 알며, 싸움 대신 대화나 타협으로 문제를 풀 것이다. 그래서 내 눈에는 캐나다는 불이익을 당하더라도 파병하지 않을 것 같아 보인다.

한국과 다른 캐나다의 교통법규

현대사회에서 정의는 철저한 법 적용으로 실현되기도 한다. 캐나다도 미국과 마찬가지로 철저한 법 적용으로 거대한 사회가 유지된다. 캐나다에서 범법을 하면 다시는 똑같은 일을 못 하도록 거의 코피(?)를 터트리는 수준으로 처벌하기 때문에, 법을 어긴 사람들을 경찰이 어떻게 대하는가를 가까이서 지켜본 사람들이라면 절대 법을 범할 마음이 생기지 않는다.

캐나다의 법 적용은 철저하면서도 융통성이 있다. 같이 유학 중이었던 친구 전원 신부는 자전거를 타고 가다가 골목길에서 교통위반으로 경찰관에게 적발되었다. 동네 골목길에 있었던 모든 방향 일단정시표시(All-way stop sign)를 무시하고 그냥 지나갔다는 이유로 그 자리에서 100달러짜리 범칙금 티켓을 받았다. 자동차도 아니고 더군다나 골목길에서 교통위반 범칙금 티켓을 받은 친구는 너무나 어처구니없고 화가 나서 그 경찰관에게 항의를 하였다. 그러자 경찰관은 항의를 들으면서도 친구의 자전거를 살피고 있었다. 그러고 나더니 자전거에 경적(Horn)이 없다고 하면서 다시 100달러짜리 범칙금 티켓을 그 자리에서 발부했다. 졸지에 200달러의 범칙금 티켓을 받은 그 친구는 더 이상 항의할 마음이 사라졌다. 경적이 없다고 티켓을 발부하는 판국에 또 무슨 이유를 들어서 또 다른 벌금을 부과할지 모르지 않나. 고장이 나서 버려진 자전거를 하루 종일 씨름해서 고쳐서 타고 다니던 것인데, 중고자전거를 몇 개나 살 수도 있는 금액을 눈 깜작할 사이에 날려버린 것이다. 더군다나 유학생에게 200달러는 적은 돈이 아니었다. 그래서 갑자기 캐나다에 대한 정이 뚝 떨어졌다고 한다.

알고 보니 자전거도 탈것(Vehicle)이기 때문에 도로교통법을 지켜야 했던 것이다. 아무리 골목길이라 하더라도 일단정지표시 앞에서는 정지를 해야 하며 교통표시판이 지시하는 대로 따라야 한다. 심지어는 좌회전 우회전시에도 자동차와 마찬가지로 수신호로 자신의 방향을 알려줘야 한다. 캐나다에서는 자전거를 타고 가는 사람이 왼손 오른손을 번갈아 들었다 내렸다 하는 것을 많이 볼 수 있는데, 그것은 괜히 그러는 것이 아니고 자동차와 같이 깜박이를 켜는 것이다. 또한 자전거를 인도에서

평범한 골목길에서 자전거를 타고 가다가 멈춰서 휴대폰을 받고 있다. 운전하면서도 받을 수 있는데 멈춘 이유는? 도로교통법 상 운전 중 휴대폰 사용이 금지되어 있고 자전거도 예외 없기 때문이다. 자전거 뒤에 경고등을 달고 헬멧까지 착용한 것은 오토바이 헬멧을 벗고 자장면 배달하는 우리의 모습과 대조적이다.

타고 가는 것은 불법이기 때문에 오토바이를 인도에서 타고 다니는 것이 금지된 것은 말할 것도 없다. 교통경찰관에게 물어보았더니 인도에서 자전거를 타고 가는 것은 불법이지만 자전거 바퀴의 크기라든지 속도 등을 고려해서 간혹 봐주기도 한다고 한다. 예를 들면 산악용 자전거라든지 속도가 빠른 어른용 자전거는 단속을 하지만 바퀴가 작고 속도가 느린 어린이용 자전거 같은 것은 봐준다고 한다. 하지만 오토바이는 절대로 안 봐주기 때문에 나는 인도로 오토바이를 타고 가는 것을 한 번도 본 적이 없다.

이러한 사실을 알 리가 없었던 그 친구는 너무나 화가 났지만 그 두 장의 티켓을 들여다보고는 깜짝 놀랐다. 그 티켓의 뒷면에는 3가지 선택(Option)에 대한 자세한 설명이 있었기 때문이었다. 과실을 인정하고 부과된 벌금을 내는 방법, 과실은 인정하지만 부과금이 너무 많으니 할인해 달라고 청원하는 방법, 자신의 잘못을 인정할 수 없을 때 소송을 제기하는 방법 등이 그것이었다.

털털거리는 낡고 녹슨 자전거 한 대 때문에 200달러를 부과하긴 했지만 그것이 전부가 아니었던 것이다. 그래서 나는 친구에게 소송을 제기하라고 권고했다. "우리나라에서는 교통법규를 자동차와 같이 자전거에 적용하지 않으며, 모르고 범한 교통위반이었으며, 캐나다에 입국할 때 아무도 그러한 법이 적용된다는 사실을 알려준 사람이 없었고, 그러한 법규를 자신에게 알려주지 않은 정부에게도 책임이 있다는 이유를 가지고 소송을 제기하면 승산이 있을 것 같다"고 소송을 제안했다.

그러자 친구는 승산이 있다고 생각했는지 "경험삼아 한 번 해본다"고 하면서 소송을 걸었다. 그런데 소송을 제기하면 티켓을 발부한 경찰관이 법정에 출두해야 하는데, 그 경찰관이 출두하지 않으면 소송을 제기한 사람이 무조건 이긴다는 사실을 나중에 알게 되었다. 다행히 경찰관은 법정에 나타나지 않았고, 결국 경찰관이 친구에게 교통법규 준수에 대한 경고를 한 번 해준 결과로 티켓소동은 끝났다. 졸지에 200달러를 절약한 친구는 기념(?)으로 나에게 술을 한잔 사주었다.

그날 이후 그 친구는 무심코 인도에서 자전거를 타고 가다가 맞은편에서 여성 경찰관 한 명이 걸어오는 것을 보고는 화들짝 놀라서, 얼른 자전거에서 내려와서 자전거를 끌고 갔다고 했다. 자라보고 놀란 가슴 솥뚜껑보고 놀란다는 말이 이에 해당되는 말인지 모르겠다. 이처럼 한 번 당하고 나면 다시는 같은 잘못을 못 하도록 엄격히 법 적용을 하지만 빠져나갈 구멍은 늘 남겨 놓는 법 적용을 보면서, 이것이 선진국의 일면이구나 하는 생각을 갖게 되었다. 한 가지 사건을 더 소개하겠다.

나도 캐나다에서 음주단속 검문을 받은 적이 있다. 어느 검문에서나 볼 수 있듯이 큰 도로를 막아놓았지만 단속 중인 교통경찰관 앞으로 차들이 줄서서 기다리는 모습은 볼 수 없었다. 내 차례가 되자 나는 창문을 내렸다. 나는 당연히 경관이 기계를 내밀면서 입에 대고 불어보라고 할 줄 알았다. 그런데 한국 상황에 익숙했던 내 예상과는 전혀 달리 경찰관은 열린 차창 가까이에 머리를 대고 "술 마셨어요?" 하고 물어보았다. 그래서 "안 마셨어요(No, I didn't)."라고 대답하니까, "좋은 밤 되세요(Good night, sir)."라고 인사를 하고는 그냥 보내는 것이었다. 기계를 불 필요도 없었고, 너무나 간단하게 끝난 단속이라 나는 약간 어리둥절했다.

나는 "아니 그냥 물어보고 말 걸 왜 멈춰 세웠어?" 하는 생각이 들었지만 가만히 생각해보니 그 경찰관은 내 대답을 통해서 입에서 날 수 있는 술 냄새를 맡았던 것 같았다. 그리고 나의 태도를 주의 깊게 관찰했던 것이었다. 술을 마셨으면 마땅히 냄새가 날 것이고 냄새가 안 나더라도 태도가 위축될 수 있을 것이다. 그러나 이 두 가지 점에서 의심할 만한 부분을 발견 못 했기에, 술을 마시지 않았다는 나의 진술을 믿어주고 보내

캐나다의 대중교통과 교통법규

캐나다는 대중교통 수단을 비교적 잘 갖춘 편이지만 요금이 비싼 편이다. 토론토의 경우에 요금표는 아래와 같다.

토론토에서는 TTC(Toronto Transit Commission)가 토론토 전역을 운영하고 있다. 요금은 한 번만 지불하면 전철, 버스, 전차(Street Car)를 연결하여 편도(One-way continuous trip)에 한해 여러 번 사용할 수 있다. 환승을 위한 무료 주차시설이 TTC역마다 있는데, 매트로패스(Metro-pass)를 1년 신청하거나, 평일 오후 3시 이후, 토요일부터 주일, 그리고 공휴일은 무료다.

교통법규는 우리나라와 차이가 있어서 특별히 유념해야 사고를 방지할 수 있다. 캐나다에서는 좌회전이나 유턴의 경우 하지 말라는 표시가 없으면 어디서나 할 수 있다. 중앙선이 실선이라 하더라도 좌회전이 가능하다. 물론 안전만 확보되면 티턴(T-turn : 한 번에 유턴을 할 수 없을 정도로 좁은 도로에서 앞뒤로 여러 번 기어를 바꾸어 유턴하는 것)도 어디서나 할 수 있다. 따라서 1차선을 달릴 경우 앞차가 언제라도 좌회전하기 위해 멈출 수 있다는 사실을 염두에 두어야 사고를 막을 수 있다.

좌회전 신호가 있는 곳을 제외하고는 어느 신호에서나 비보호 좌회전이 가능하다. 그리고 직진 신호가 바뀌면서 노란불이 들어오는 사이에도 좌회전이 가능한데, 이때 두 대의 차가 빠져나갈 수 있다. 그러므로 직진 신호에서 좌회전 대기 중일 때에는 뒤의 좌회전 차량을 위해 도로의 중앙까지 차를 전진시켜놓는 것이 일반적이다. 캐나다에서 좌회전 때 가장 사고가 많이 일어나는 까닭은 외국인들이나 갓 이민 온 사람들이 이런 원칙들을 잘 모르기 때문이다.

또한 정지 표시가 있는 곳에서는 주변에 차나 사람이 없어도 무조건 정차해야 한다. 차를 완전히 멈추지 않으면 위반에 해당한다. 신호등이 없는 교차로에서는 정지선에 먼저 도착한 순서대로 진입해야 한다. 비록 다른 방향의 차량이 내 차보다 나중에 왔어도, 내 차가 내 앞차 때문에 정지선에 나중에 도착했다면 우선진입권이 상실된다. 조금이라도 정지선에 늦게 도착하면 진입우선순위가 바뀐다. 그러나 여성 운전자가 남성 운전자보다 정지선에 늦게 정지한 경우에는 여성이 마땅히 먼저 가야 하는 것으로 종종 간주된다. 신호 없는 교차로에서 여성 운자자를 만나면 양보해주는 것이 그들의 미덕인 것이다.

요금	성인	학생/노인	어린이
현금	2.25달러	1.50달러	50센트
토큰, 티켓	5티켓 : 9.50달러	5티켓 : 6.25달러	10티켓 : 4.25달러
	10티켓 : 19.00달러	10티켓 : 12.50달러	
매트로패스	1개월 : 98.75달러	1개월 : 83.25달러	
	12개월 : 1,086(12×90.50)달러	12개월 : 915(12×76.25)달러	
1일 이용권	7.75달러		

위 금액은 2004년 기준

준 것이다. 그 이야기를 한 이민자에게 했더니 자신은 더 재미있는 일을 당했다고 한다.

　나와 똑같은 방식으로 경찰관이 물어오자 자신은 술을 안 마셨다고 말할 수 없었다고 한다. 이미 소주를 많이 마셔서 입 안에서 냄새가 날 것은 뻔한데 얼굴을 가까이 대고 냄새를 맡으면서 물어와서 거짓말을 할 재간이 없었던 것이다. 그래서 "마셨다"고 하니까, "얼마나 마셨나?"라고 다시 묻는 것이었다. "오늘 어머니 생신이라 파티가 있었는데 포도주 세 잔을 마셨다"고 대답하자 다시 "몇 시간 전에 마셨나요?"라고 물어왔다고 한다. 아무래도 냄새가 많이 나는 것 같아서 거짓을 좀 보태서 "한 시간 전에 마셨다"고 했다. 그랬더니 경찰관은 음주측정기를 불라고 할 줄 알았는데 뜻밖에도 "저기 커피숍 보이죠? 커피를 한 잔 마시고 한 시간 후에 출발하세요."라고 말했다고 한다.

　그 사람은 커피숍에 주차를 하고 커피를 마시면서 경찰관을 보니, 경

앗! 저 아저씨 실선에서 유턴하다니! 실선을 무시하고 유턴하기에 준법정신이 없는 것처럼 보이지만 캐나다에서는 상황만 안전하다면 어디서든 좌회전, 유턴을 할 수 있다.

찰관은 자신의 시계를 보면서 시간을 재고 있었던 것이다. 한 시간 전에 세 잔의 포도주를 마셨으면 앞으로 한 시간 후면 술로 인해서 운전하는 데는 지장이 없으리라고 경찰관은 판단했던 것이다. 그런데 만약에 한 시간 지시한 것을 어기고 출발했다면 그 경찰관은 필경 따라와서 바로 음주측정기를 불라고 했을 것이고, 그는 틀림없이 면허취소까지 갔을 것이다. 물론 모든 경찰관이 다 그렇지는 않겠지만 이런 한 가지 예를 보더라도 그 사회의 분위기를 알고도 남을 듯하다. 이처럼 법을 적용하더라도 융통성이 있게 한다.

사회 구성원들에게 공평하게 기회를 준다

토론토는 세계 최초로 게이를 합법적인 부부(Partner)로 인정하고 그들의 인권을 보장해주는 곳이다. 그래서 전 세계의 게이들이 토론토로 와서 게이 거리를 형성할 정도이며, 매년 게이 퍼레이드를 열고 있다. 그들의 인권이 보장되는 것은 그들에 대해서 캐나다가 윤리적인 판단을 유보하고 있기 때문이다. 사람은 누구나 사춘기 시절에 동성애에 대해 느끼는 시기가 있다고 한다. 다만 그 기간이 너무 짧아서 본인도 의식하지 못하는 사이에 지나가기도 한다는 것이 심리학 분야 연구의 결과다. 동성애의 성향이 사춘기 때의 일시적인 현상의 연장인 것인지, 유전적인 것인지, 학습되어지는 것인지, 성적인 문란함이 원인인지 등등에 대하여 아직 완전히 밝혀진 바 없고 아직도 연구가 진행 중이다.

문제는 동성애의 당사자들도 그것이 자연스러운 것이 아니라는 것을 알지만 그러한 동성애의 성향이 자신의 의지와는 상관없이 일어난다는 것이다. 따라서 윤리적 판단을 내릴 만한 확실한 근거가 아직 부족하기 때문에, 그들에 대해 윤리적으로 판단하지 않고 수용하며 권익을 존중해줄 필요가 있다.

캐나다에서는 합법적으로 동성 간의 결합(partnership)을 인정하고 있다. 허니문을 떠나는 커플의 모습이다.

그러나 캐나다 사회는 동성애자들을 인정해준다 하더라도 입양 문제는 법적으로 금하고 있다. 그 이유는 동성애가 학습되어지는 것이라면 입양아에게 동성애를 굳이 학습시킬 이유가 없으며, 아이는 부부가 남녀인 정상적인 가정을 가질 권리가 있기 때문이다. 나는 여기에서 동성애자들을 옹호하거나 거부할 마음이 전혀 없다. 다만 윤리적인 판단을 내릴 수 있는 근거가 확실하지 않으면 근거가 확실해질 때까지 판단을 유보하고 존중해주는 것이 캐나다 사회의 정의이기에, 정의로운 캐나다 사회의 분위기를 말하고 싶은 것뿐이다.

기회가 비교적 동등하게 주어진다

사회가 정의로워야 서로 신뢰할 수 있는 신용 사회를 만들어갈 수 있으며, 개인의 숨은 실력과 능력이 드러난다. 반면에 한 사회가 정의롭지 못하고 부패해 있으면 서로 불신하게 되고 능력과 실력도 발휘할 수 없게 처녀가 가슴 다 드러내놓고 뭐하는 거냐고? 캐나다의 문화를 모르면 오해하실 만하다. 가슴을 드러낸 사람은 별로 부끄러워하지 않는다. 틀림없이 남성 역할을 하는 모양이다. 왜냐하면 남성은 가슴을 드러내도 부끄럽지 않을 테니까. 이들도 떳떳한 한 커플이다.

된다. 첫 장에서 언급했던 기아자동차 이사를 지낸 분도 캐나다가 자신의 자녀들이 살아가도 좋을 정의로운 사회적 환경을 가지고 있다는 것을 이미 알았기 때문에 이민을 결정했다고 했다. 그는 자신이 가지고 온 재산이 서서히 줄 수밖에 없다는 것을 직감하고 그러한 사실을 받아들이기 시작했다. 왜냐하면 재산이 많은 쪽에서 적은 쪽으로 흘러가야 그 사회 구성원들의 경제 수준이 평준화 되는 것이 가능해질 것이고, 그것이 바로 캐나다의 사회주의(Canadian Socialism)라는 것을 알았기 때문이었다.

그가 이민 생활에 대한 불만이 다른 이민자들에 비해 적을 수 있는 것은, 캐나다 사회를 정의로운 사회라고 여긴 신뢰감 때문이었다. 그는 기아자동차를 퇴사한 후 자신의 신용이 빵점이라는 사실에 놀랐지만 캐나다에서는 직장을 그만둔다 하더라도 그동안 세금 낸 실적이 그대로 기록되어 있어서 그것이 곧 신용이 된다는 사실에 큰 위안이 되었다고 했다. 캐나다에서는 그동안 세금만 잘 내왔다면 무언가를 다시 시작하려고 할 때 개인의 신용을 정부가 보증해준다. 즉, 정부로부터 쉽게 융자를 받아 사업을 새롭게 시작할 수 있다. 비록 자신이 비축한 재산이 없더라도 새롭게 시작할 기회를 그 사회가 마련해주는 것이다.

그러나 한국에서는 직장을 그만두거나 설상가상으로 모아둔 재산마저 없다면 누가 도와주겠는가? 누가 보증을 서주고, 어떻게 융자를 받을 수 있는가? 직업도 잃고 돈도 없다고 해서 기회까지 얻을 수 없는 사회라면 얼마나 비인간적인가? 적어도 기회만큼은 동등하게 가질 수 있도록 배려해줄 수 있는 것이 캐나다의 정의다.

캐나다의 정의에 대해 새삼 느끼게 해준 일이 있었다. 어느 날, 한 여학생이 취업을 하기 위해 이력서(Portfolio)를 내야 하는데 나에게 추천서를 써 달라고 부탁했다. 하지만 그 여학생에 대하여 아는 바가 있어야 추천서를 써줄 수 있기 때문에 여학생에게 이력서를 먼저 보자고 하였다.

그런데 여학생의 이력서에는 사진이 없었고 학력은 제일 뒤에 배열하였다. 한국에서 이력서를 써본 경험이 있는 나로서는 좀 이상하게 생각되었다. 이력서를 써본 지 꽤 오래되어서 기억이 가물가물하지만 일반적으로 사진이 제일 상단에 있고, 출생지가 뭐가 그렇게 중요한지는 모르겠지만 출생지를 적는 난이 있고, 학력과 경력이 그다음에 이어지는 게 한국의 이력서다. 그래서 여학생에게 먼저 왜 사진이 없냐고 물어보니, "그것은 불법"이라고 대답했다.

여학생이 준비한 이력서의 순서를 보니, 추천서, 자기소개서, 자신의 경력과 그리고 그 회사에서 무슨 일을 할 수 있는지, 그리고 마지막에 학력이었다. 여학생의 학력은 보기 드문 우수한 학력(미국 학위도 가지고 있었다)이었지만 학력은 제일 뒷전이었다. 나는 여학생에게서 이력서의 순서에 대한 설명을 듣고 고개를 끄덕이고 말았다. 먼저 고용자는 입사지원자에 대한 정보가 없다. 그래서 공신력이 있는 사람에게서 입사지원자에 대한 이야기를 먼저 객관적으로 듣고 싶은 것이다. 그런 다음 그 사람에 대한 정보를 본인에게서 직접 듣는다. 그리고 그 사람이 무엇을 할 수 있는지를 알아본다. 결국 학력은 그저 참고사항일 뿐이었다.

이것으로 서류전형을 마치고 서류심사를 통과한 사람들을 모아놓고 자신이 할 수 있다고 진술한 내용들을 직접 해보게 한다. 그리고 그중에서 가장 우수하다고 판단되는 사람을 뽑는다. 서류심사에서 사진이 빠진 것은 그 사람의 외모나 인상으로 직원을 채용하지 않는다는 것을 말하는 것이며, 캐나다에서는 법적으로 이력서에 사진을 첨부하는 것을 금하고 있다. 사람의 외모를 보고 채용하는 것은 차별이며 정의롭지 못한 일이기 때문이다.

사실 못생긴 것을 어찌 탓할 수 있겠으며, 그것이 그 사람의 능력이나 실력과 무슨 상관이 있겠는가. 또한 학력은 실제로 그 사람의 실력과 무관할 수 있기 때문에, 학력만 가지고 심사하는 것은 편견과 차별이라고 보는 것이 캐나다의 정의다. 그런데 나는 한국에서 상고를 졸업하고 취업을 준비하는 여학생이라면 한번 쯤 성형을 고려하지 않은 사람이 없을 정도라는 말을 들은 적이 있다. 우리나라에서 외모가 취업에 상당한 영향을 미친다는 사실을 부정할 사람은 거의 없을 것이다. 성형도 성형이지만 심지어는 키를 크게 하기 위해 다리 수술을 하고, 그것도 부족해서 관상을 보는 사람까지 면접 때 동원하는 나라가 우리 아닌가. 여하튼 캐나다에서는 놀라운 일이 벌어지고 있다. 우리가 보기에 매우 못난 사람이, 어쩌면 저렇게 못나고 뚱뚱하고 늙은 여자가 저런 자리에 앉아서 일을 할 수 있는지 이해가 안 될 수도 있다.

한 가지 사건을 더 소개하겠다. 어느 날 나는 토론토에서 약 2시간 30분 거리에 있는 헌스빌(Huntsville)이라는 도시의 한 근사한 음식점에 들어갔다. 그곳에서는 약간의 뇌성마비가 있는 것처럼 보이는 잘생기지도 못

그라븐허스트의 한 레스토랑. 여기에서 뇌성마비 여성이 서빙을 하고 있었다. 예쁘진 않았지만 깨끗하게 차려입은 그 여성이 참 좋아 보였다. 당시에는 이 책을 쓸 생각을 못 했기 때문에 그 여성을 찍지 못했던 것이 아쉽다.

한 한 여성이 하얗고 깨끗한 옷을 입고 접시를 나르고 있었다. 외모만 봐도 금방 장애인임을 알 수 있는 그런 사람이 레스토랑에서 일을 한다는 것은 한국에서는 보기 드문 일일지도 모르겠다.

근사한 레스토랑에서 그런 사람을 고용한 사람이나, 또 그런 사람이 서빙을 해도 아무렇지도 않게 밝은 표정으로 그 사람을 대하는 손님들을 보면서 나는 의아했다. 한국 같았으면 잘생기지도 못한 뇌성마비 종업원을 쓰면 손님 떨어진다고 채용조차 하지 않았을 테니 말이다. 그 사람의 능력보다는 외모를 중시하는 것이 우리나라의 사장님들 아닌가. 아무리 능력이 있더라도 외모나 학력 때문에 기회마저 주어지지 않는다면 정의로운 사회라고 말하기 힘들 것이다. 기회균등이라는 말이 공허한 메아리처럼 들리지 않는 사회가 있다면 어찌 감탄하지 않을 수 있단 말인가.

제2장_ 캐나다는 어떤 나라인가? | 91

다양한 문화를 존중하는 사회

토론토는 다문화(Multi-Culture), 다민족 도시이기 때문에 동양인, 흑인, 백인의 비율이 비슷한 도시다. 이는 토론토뿐만 아니라 캐나다의 인구 중 상당수가 이민자들로 구성되어 있다. 사실상 토론토에서 대대로 살아온 토론토 토박이(Torontorian)는 토론토 전체 인구의 50%도 못 미친다고 한다. 등록된 중국인 인구를 기준으로 하면 세계에서 가장 큰 차이나타운이 토론토에 있을 정도이며, 이처럼 한 도시에 이방인(?)들이 많이 이주해 와서 살고 있어도 이렇다 할 큰 분쟁 없이 사회가 돌아가는 것을 보면 신기하기조차 하다.

토론토는 다양한 민족들이 살아가는 세계적인 도시다. 예를 들면 천주교 교회의 경우 토론토에서만도 주일에 100여 개의 언어로 미사를 드린다고 한다. 한국 음식은 물론이고 프랑스, 이탈리아, 중국, 일본, 베트남, 터키, 스리랑카, 그리스, 심지어는 에티오피아 음식까지 세계 각국의 음식을 맛볼 수 있는 곳이 토론토다. 이것은 그만큼 다양한 민족이 모여서

캐나다의 요리

나는 캐나다 수도원과 예수회 공동체에 살 때 캐나다 음식을 자주 먹었다. 특히 수도원의 파출부였던 파티마 씨는 캐나다 수사님들이 극찬하는 요리전문가였다. 그런데 내가 먹어본 음식은 캐나다 고유의 음식이라기보다 스파게티, 피자와 같은 이태리 음식과 프랑스 음식 등이 섞인 유럽의 짬뽕이라는 생각이 들었다.

하지만 주식은 달랐다. 미국의 주식이 빵이라면 캐나다의 주식은 감자이다. 캐나다 사람들은 고구마(Sweet Potato)도 주식으로 먹곤 하지만 주로 감자를 주식으로 먹는다. 감자 요리는 으깬 감자(mashed potato)에 여러 소스를 첨가한 음식, 구운 감자(baked potato)를 반으로 쪼개서 그 사이에 소스를 넣어서 먹는 음식, 그리고 감자를 길게 썰어서 튀긴 감자튀김(fries)으로 나눌 수 있다.

태권도복을 입은 황인, 흑인, 백인들이 골고루 섞여 있다. 토론토 대학교에서 박사 과정에 있었던 사라는 나에게 요즘은 "태권"은 있는데 "도"가 없다는 말을 했다. 그녀는 내가 한국으로 돌아간다고 하니 사부가 떠난다고 눈물을 흘렸다.

산다는 것을 의미한다. 토론토에서는 각 문화가 존중되며, 오히려 자신의 문화를 모르면 무시당하는 경향이 있을 정도다. 2004년 1월, 나는 캐나다의 수상이 흑인들이 개최한 한 축제에 찾아 연설을 하는 것을 텔레비전을 통해 본 적이 있다.

"여러분들은 자랑스러운 캐나다 사람들입니다. 그러나 여러분들의 배경(Background)은 흑인입니다. 그것이 여러분들의 정체성이고 그것을 지키면서 살아야 합니다. 그것이 바로 캐나다입니다."

한 나라에서 같은 언어를 사용하고 동일한 문화를 가지고 있으면서도 서로 다투고 불목하며 살아가는 것이 보통 사람들이 살아가는 사회다. 이렇게 다양함이 존중되면서 사회가 지탱될 수 있는 것은 외적으로 파악할 수 없는 그 무엇이 있기 때문이라고 생각할 수 있다. 나는 그것을 바로 캐나다 사람들의 영성이 바탕이 된 정의와 평화를 사랑하는 사회적 분위기 때문일 것이라고 보고 있다.

캐나다, 특히 토론토에서는 경찰 복장을 하고 터번을 쓰고 있는 사람들을 종종 볼 수 있다. 그런데 처음에는 인도계 경찰들도 전형적인 캐나다 경찰 모자를 썼으나 어느 날 그들은 터번을 쓰게 해달라고 정부에 요청을 했다. 그러자 바로 청문회가 열리고 격렬한 논쟁이 벌어졌다. 의견이 엇갈렸지만 토론토 사람들은 인도계 캐나다인들의 합리적인 주장에 손을 들어주었다. 다문화의 도시에서 문화의 다양성이 존중되는 마당에 터번도 하나의 문화이며, 그것을 존중해야 한다는 주장이 합리적인 것으로 받아들여졌기 때문이다. 그래서 결과적으로 인도계 경찰관들이 터번을 쓰는 것을 정부가 허락하였지만 터번에 경찰 마크를 달도록 조치를 취했다. 그리고 일단 결정된 사항이고, 그것이 수용되었으면 모두가 존중하고 따르기 때문에 더 이상 그 문제를 가지고 왈가왈부하지 않았다.

이와 같이 합리적으로 정의롭게 일을 처리하기 때문에 다양한 민족이 모여 살아도 평화롭게 살아갈 수 있는 것이 아닌가 생각한다. 그들의 일 처리 방식은 시행 전에 반드시 사안을 공론화하고 합리성을 바탕으로 해

작은 이태리(Little Italy) 마을에서는 매년 사순절 성금요일에 예수의 수난행렬을 재현한다. 이탈리아 사람들의 축제에 캐나다 국기(사진 왼쪽에 있다)가 있는 것이 인상적이다. 캐나다가 다민족 국가임을 드러내는 모습이다.

서 서로의 동의나 합일점을 찾았을 때 비로소 시행에 옮긴다. 예를 들면 우리나라에서는 서울 시내에서 운행되었던 전차가 1969년도에 사라졌지만 토론토에서 전차(Street Car)가 아직 운행되는 것도 토론토 시민들이 그것을 원했기 때문이라고 한다. 전차는 전기로 가는 것이라서 도시 공해를 적게 하고, 전기는 나이아가라폭포에서 만들어지는 전기로도 충분하기 때문에 에너지 절약에도 좋고, 전차를 관광 상품으로 이용할 수 있다. 그렇기 때문에 토론토 시민들 스스로 전차와 같은 대중교통을 이용하자는 데 합의를 이끌어냈던 것이었다. 그렇게 시민들의 합의에 의해서 정책을 시행하는 그들의 모습은 우리나라의 정책과 상당한 대조를 보인다.

여론을 수렴하지 않은 정책은 정책이 아니다

우리나라에서는 북한산 관통 도로공사를 할 때 시민들이나 시민단체의 합의과정 없이 일단 일을 벌려놓았다. 그러다 나중에 환경단체와 불교계의 반대에 부딪혀 이러지도 저러지도 못 했다. 결국 진퇴양난 속에서 공사를 중단해야 했고 국민들의 혈세를 낭비한 꼴이 되었다. 새만금 공사의 경우에도 의견을 수렴하기 전에 공사부터 시작하였고, 그렇게 시작된 공사에는 이미 엄청난 비용을 들였다. 안타깝게도 그것은 모두 국민들이 낸 세금에서 지출된 것이다. 그렇다면 공사 전에 미리 타당성 여부 조사와 더불어 공개토론을 거쳐서 의견 수렴을 했어야 예산의 낭비가 없었을 것이다.

그러나 의견을 수렴하는 과정에도 문제가 없다고 보지 않는다. 의견 수렴을 한다 하더라도 자신의 이해관계에 비추어 찬반을 결정한다면, 그것 또한 정의로운 것은 아니기 때문이다. 여하튼 합리성과 타당성을 배제한 채 특정한 개인이나 집단에 유리하게 의견이 수렴되면 건강하고 바람직한 사회를 만들어나가기 어렵게 된다.

비교하자면 캐나다는 어떠한 정책을 결정할 때 우선 그 문제를 공론화해놓고 공개토론과 같은 경로를 통하여 의견 수렴을 한다. 이렇게 심사숙고하여 합리성과 타당성이 수렴되었을 때, 비로소 실행에 옮기는 성숙한 사회인 것이다. 바로 이 점은 진정한 선진국으로 나아가야 할 대한민국에게 필요한 덕목이 아닐까 싶다.

토론토는 온타리오 호수를 끼고 있고 그 호수 앞에는 섬이 하나 있는데, 그 섬 안에는 조그마한 경비행장이 있다. 그런데 그 비행장은 육지와 아주 가까워서 그 사이를 다리로 연결하려는 토론토의 도시계획을 공개토론에 붙였다. 그런데 공개토론에 붙인 지 꽤 오래되었지만 아직도 토론이 진행 중이다. 나는 텔레비전에 나오는 공개토론의 내용을 들어보면서 타당성과 합리성에 입각한 양측의 주장이 건전하게 전개되고 있다는 것을 알 수 있었다. 자신의 의견이 관철되지 않는다고 목소리를 높이거나 소리를 지르지도 않았고 억지를 부리지도 않았다. 토론에 참여하는 사람들은 상대방의 의견을 차분하고 진지하게 끝까지 들어주며, 자신의 의견도 진지하게 설명하면서 타당성과 합리성을 근거로 합일점을 찾아나가고 있었다.

비록 사업은 느리게 추진되겠지만 예산의 낭비나 불만 없이 평화롭게 공사 계획이 결정될 것이다. 나는 최근에 토론토를 방문하여 그 비행장이 있는 섬과 그 일대를 지나갈 기회가 있었는데, 다리 설치를 반대하는 몇 개의 플랜카드를 보긴 했지만 그곳에서 공사의 조짐이라고는 전혀 찾아볼 수 없었다. 모든 것이 분명해지고 여론이 수렴되어야 비로소 공사는 시작될 것이기 때문이다.

또한 토론토 다운타운의 남쪽 끝을 동서로 가로지르는 고가도로인 가드너 익스프레스도 지하차도로 만들겠다는 계획이 있으나 아직 의견이 수렴되지 않아 공사 착수조차 하지 않고 있다. 이렇게 서로가 존중되고 모두의 의견이 수렴된 뒤 시행하는 정책이라면 분쟁을 미연에 방지할 수 있을 것이다.

그래서 나는 우리나라의 국가 정책들이 이와같이 개선된다면 분쟁을 미연에 방지할 수 있을 거라는 생각을 하게 된다.

강자보다 약자를 먼저 배려한다

어느 날 한 캐나다 사람이 나에게 남성과 여성, 그리고 동물 중에서 무엇을 우선적으로 배려해야 하는지 순서를 아느냐고 물었다. "모른다"고 대답하자 그는 동물, 여성, 남성 순이라고 알려주었다. 그래서 "왜 동물을 제일 우선적으로 배려해야 하는지" 이유를 물으니, 동물은 스스로 보호할 힘이 약하기 때문에 그렇다는 것이다.

약한 존재를 우선으로 배려하려는 태도는 캐나다에서는 일반적이다. 인류의 역사를 통해 알 수 있듯이 남성은 가부장 문화를 토대로 주도권을 행사해왔고, 여성에 비해 체력이 상대적으로 강인하기 때문에 약한 존재나 보호의 대상이 아니었다. 그래서 캐나다에서 남성은 가장 나중에 배려해야 할 대상이다. 남성은 여성과 이혼을 하게 되면 거의 거지가 된다. 여성의 생활비는 물론 자녀의 양육비까지 매달 지불해야 하기 때문이다. 결혼한다고 융자를 내어 집 사고 차 사고 했는데, 이혼을 하게 되면 전 부인에게 모든 경제적 여건을 마련해줘야 하기 때문에 남성은 자칫하면 노숙자가 되기도 한다.

하지만 한국은 합의이혼을 하면 위자료 없이, 혹은 경우에 따라 한쪽이 상대방에게 어느 정도 위자료를 지불하면, 그동안의 부부 사이는 쉽게 정리된다. 한국을 자주 오가며 영어선생을 하는 한 캐나다 남성은 이러한 한국의 사정을 알고 있었다. 그는 "한국인 여성과 결혼해서 살다가 이혼하고 싶으니까 한국에 다시 돌아와 한국에서 이혼수속을 마쳤다. 그리고 캐나다로 돌아가 거지신세를 면했다"고 말했다. 한국에서의 이혼이 캐나다에서도 유효하기 때문이다.

　물론 캐나다도 사람 사는 곳이니 범죄도 있고 사람들의 인격이나 윤리적 태도도 개인차가 심할 거라고 짐작할 수 있을 것이다. 예를 들면 나는 한국에서 영어선생을 한 적 있는 캐나다 사람(백인)이 자신의 수첩을 꺼내면서 으스대는 것을 본 적 있다. 그는 "한국에는 내가 전화 한 통화만 하면 달려와서 잠자리를 같이할 수 있는 여자들이 이렇게 많다"고 자랑스럽게(?) 말했다. 영어 좀 배우겠다고 그러는 것인지 백인 남성에 대한 성적 호기심 때문인지 모르겠지만 값싸게 몸 바치고 마음 상하고 하는 일부 몰지각한 한국 여성들이 간혹 있다.

　나는 모든 캐나다 사람들이 정의와 평화를 사랑하고 훌륭하다고 말하지는 않겠다. 또한 캐나다에 대한 좋은 인상만 말하다 보면 모든 캐나다 사람들을 일반화시켜서 그들을 좋게만 볼 수도 있을 테니 문제가 될 수 있다. 그렇다고 캐나다 사람들을 나쁘게만 보아서는 안 될 것이다. 대체적으로 캐나다 사람들은 약자를 우선적으로 배려하는 마음이 있는데, 우리는 그 점을 보고 배워야 할 것이다.

어려서부터 안전을 생활화한 사람들

　어느 사회이든 사고가 없을 수는 없지만 캐나다는 다른 나라에 비해 큰 사고가 없는 나라이다. 그것은 어려서부터 안전교육을 철저히 시켜 몸에 배게 하는 것이 이유가 될 것이다. 예를 들면, 16살 이하의 아이들이 자전거를 탈 때 보호 모자를 쓰지 않으면 부모가 입건된다. 자전거 뒤에는 낮이든 밤이든 뒤에서 바로 식별할 수 있도록 깜박거리는 빨간 전등을 달고 다닌다. 학생들은 의무적으로 캐나다의 안전과목(Canadian Securities Course)을 반드시 이수해야 한다. 한국의 한 전기 기술자는 캐나다 사람들의 전기 공사 작업을 보면서 감탄했다고 한다. 그들은 전기 공사를 하면서 아주 고전적인 방법을 쓰고 있었는데, 그런 방법을 쓰면 작업 속도가 상당히 느리지만 절대로 사고가 일어날 수 없기 때문이다. 반면에 우리나라에서는 그런 방식으로 공사를 하는 곳은 어디에도 없는데, 우리나라의 방식으로는 공사를 신속히 할 수 있긴 하지만 크고 작은 전기 사고가 일어날 가능성이 크다고 한다.

캐나다 사람들이 안전에 관해서 얼마나 철저한지는 어디서나 쉽게 경험할 수 있다. 아파트에서 삼겹살이나 고기를 구워 먹으면 그 연기 때문에 화재경보가 간혹 울린다. 화재경보가 울리면 언제라도 소방차가 출동하는데 나의 친구는 호기심이 들어 그 시간을 재보았다고 한다. 그런데 소방차가 도착하는데 5분을 넘긴 적이 없었다고 한다. 화재는 초기 진압이 엄청나게 중요하다는 사실은 누구나 다 알 것이다. 물론 목조 건물일 때에는 5분 정도의 시간이 경과해도 전소할 수도 있겠지만 웬만한 벽돌 건물이나 콘크리트 건물이라면 쉽게 화재를 초기 진압할 수 있을 것이다.

그렇다면 어떻게 빨리 출동할 수 있는 것인가? 캐나다에서는 도심 한복판에서도 자동차 경적 소리보다는 소방차나 구급차 소리가 더 자주 들린다. 소방차나 구급차가 소리를 내면 도로의 양측의 차들은 모두 비켜주는 것이 아니라 아예 도로 한편에 서서 지나갈 때까지 기다린다. 물론 교통법규가 그런 것이어서 어쩔 수 없이 지키는 것으로 볼 수도 있지만 그러한 법규를 만들어 시행할 수 있는 그들의 안전에 대한 배려를 생각할 수 있다. 가끔 들리는 구급차와 소방차 소리에 별 반응을 안 보이고 비켜주지도 않는, 아니 도로가 차들로 가득 차 있어서 비켜줄 수도 없는 우리와 대조적이다. 캐나다 사람들은 아무리 앞차가 우물쭈물하면서 가지 않아도, 좌회전을 하겠다고 갑자기 정차하여 서 있는 차에게도 경적을 울리지 않는다. 기다려주거나 양보를 잘해준다.

그리고 건널목이 아닌 곳에서도 길을 건너는 사람들을 많이 볼 수 있다. 경찰은 그것을 봐도 단속하지 않으며, 운전자들은 길을 건너는 사람에게 경적을 울리거나 차창을 내리고 욕을 하지 않는다. 오히려 건너가도록 기다려주기도 한다. 심지어 몇 년 전만 하더라도 보행자가 인도에서 내려서기만 하면 모든 차들이 다 정지했다고 하는데, 지금은 그 정도는 아니다. 다시 말하면 차보다 사람이 우선이라는 것을 일상적으로 실천한다. 그래서인지 캐나다에서 육교는 어느 곳에서도 볼 수 없다. 육교는 차가 쉽게 통행할 수 있도록 사람들이 차를 피해 돌아가도록 하는 도로정책의 산물이다. 물론 교통의 흐름을 원활하게 하기 위해서 육교를 설치한다고 볼 수도 있겠지만 사람보다는 차가 우선시 되고 있다는 인상을 지울 길이 없다. 예전에 우리나라에서 처음 육교가 등장할 시절에는 부유한 사람들이나 차를 타고 다녔을 것이다. 다시 말하면 부유한 사람들의 편리를 위해 차가 있을 리 없는 가난한 사람들을 우회시키려는 정책이었음을 의심하지 않을 수 없다. 반면에 가난하고 소외된 이들을 배려할 줄 아는 캐나다가 그런 정책을 쓸 리 없다.

여하튼 캐나다는 어디서나 보행자가 우선인 정책을 쓴다. 사람이 많이 건너가는 길에는 'X'라는 표시를 해두어 그 앞에서는 단 한 사람이 지나가더라도 무조건 정차해야 한다. 하지만 최근 캐나다에서는 이민자들이 이러한 토론토의 분위기를 다 망가뜨린다고 불만이 많다. 최근 들어 차들의 경적 소리가 예전에 비해 많아졌고(그래도 내가 보기에는 큰 도시 치고 경적 소리가 거의 없는 편이다), 양보도 잘 안 해주고, 일단 정지도 잘 안 지키기도 하는데, 토론토 사람들이 안 좋은 습관을 배울까 봐 걱정하는 사람이 적지 않다.

사고가 없는 사회는 없다. 하지만 캐나다는 사고가 없는 편이다. 오죽했으면 "10년 전 오늘 이런 사고가 있었는데 우리는 이것을 기억해야 한

X표시가 있는 곳에서는 보행자가 지나가면 자동차는 무조건 정지해야 한다. 캐나다 가서 운전할 기회가 있는 사람들은 반드시 눈여겨 봐야 할 것 중 하나다.

다"고 신문에 그 당시의 보도 내용을 다시 보도하는 것이 캐나다다.

캐나다의 여름밤에는 호수 주변의 공원을 걸으면서 홀로 산책을 나온 많은 사람들, 심지어는 밤길을 조심해야 할 여성들도 많이 볼 수 있다. 다른 주와는 차이가 있지만 온타리오(Ontario) 주에서는 일반 가게에서 주류를 판매하지 않으며 반드시 주류허가(LCBO)를 받은 가게에서만 살 수 있다. 그리고 공원에서는 어느 곳에서나 술을 마시지 못하도록 법으로 금하고 있다. 그래서 나는 공원에서 술을 먹고 주정하거나 만취한 사람이 행패를 부리는 모습을 한 번도 본 적이 없다. 캐나다의 공원들은 늘 조용하고 쾌적하고 안전하다.

한국에서는 공원도 많지 않지만 밤에 여성이 그것도 홀로 산책한다는 것은 참으로 위험한 일이다. 물론 캐나다에서도 공원에서 일어난 살인사건이 더러 있었다. 그러나 일반적으로 일어날 수 있는 사건의 비율에 비하면 아무것도 아닐지 모른다. 환경이 그러하더라도 단 한 번의 살인사건이 내 일이 된다면 안 될 테니, 아무도 없는 공원을 홀로 산책하라고 적극 추천하지는 않겠다. 다만 나는 캐나다가 그만큼 상대적으로 안전하다고 말하고 싶을 뿐이다.

우리나라와 마찬가지로 신고하지 않은 총기를 소지하는 것은 캐나다에서도 불법이다. 최근의 골칫거리는 미국에서 자꾸 총기가 밀반입되는 것이다. 캐나다는 국경을 넘어 들어오는 총기류를 통제하는 데 골머리를 앓고 있지만 미국의 총기사고에 비하면 조족지혈이다. 원한을 사지 않거나 나이트클럽만 안 간다면 총에 맞을 확률은 0%에 가깝다. 심지어 도심에서는 밤늦게 걷더라도 100% 문제없다고 보면 된다. 그런데 어느 날 나는 늦은 시간에 귀가했는데 미국 캘리포니아에서 오랫동안 유학하며 살아온 막내여동생이 전화를 걸어왔다.

"오빠, 그렇게 늦게 다니면 어떻게 해. 얼마나 위험한 줄 알아? 총 맞고 싶어서 그래! 나 걱정시키지 말고 일찍 좀 다녀."

"야, 이놈아. 여기가 미국인 줄 알아? 캐나다는 미국과 달라. 안전해. 걱정 마."

물론 미국은 위험하다. 내가 아는 한 선배의 동생은 미국 유학 중에 밤늦게 이사를 하게 되었다고 한다. 그런데 짐을 차에 옮기기 위해 길에다 쌓아놓았는데 어떤 사람이 지나가면서 자신의 이삿짐 중의 일부를 가지고 가려 했다. 그래서 "그것은 내 것이고 지금은 이사 가는 중"이라고 말해도 그 사람은 이삿짐을 가지고 가더라는 것이다. 그래서 못 가지고 가게 옥신각신 하던 중 그 사람이 총을 꺼내 그 유학생을 쏘아 죽였다고 한다.

이외에도 사건은 많다. 한 번은 미국에 유학 중인 한국 유학생이 뒷타이어가 펑크가 나서 비상타이어로 갈기 위해 뒷바퀴를 교체하고 있었다고 한다. 그런데 한 흑인이 와서 앞 타이어를 빼더라는 것이었다. 그래서 왜 그러냐고 물었더니, "뒷타이어는 네가 갖고 앞 타이어는 내가 갖고"

라고 하더란다. 분위기가 험악해서 무슨 일을 당할지 모르니 그냥 뺏어가도록 내버려뒀다고 한다. 그러한 미국의 밤 분위기를 알고 있는 막내가 밤늦게 다니는 나를 걱정해주는 것은 당연한 것이다. 하지만 캐나다에서는 적어도 미국에서와 같은 그런 일은 일어나지 않는다.

자연과 더불어 살아가는 나라

유학 초기의 어느 날, 수도원에서 마실 물을 찾으니 수사님이 따라오라고 했다. 수사님은 수도꼭지에 자신의 입을 대고 벌컥벌컥 마시는 모습을 시범으로 보여주었다. 수돗물을 그냥 먹을 수 있는 수준이었는데도 수돗물에는 석회가 약간 있었다. 한동안 나는 유리잔을 양치 컵으로 사용하였는데 몇 개월이 지나자 하얀 석회가 유리잔에 흡착되어 조금씩 끼기 시작했다. 하지만 이는 유럽의 수돗물에 비하면 아무것도 아니고 인체에 전혀 해롭지 않은 수준이라고 한다.

그런데도 어느 날 식수공급 문제가 공론화 되었다. 물론 석회가 조금 있어도 인체에는 큰 문제가 없고 토론토 사람들도 수돗물을 불평 없이 먹어왔지만 시에서는 이를 충분히 검토한 후 식수 문제를 해결하기 시작했다. 그래서 현재 토론토에서는 석회가 전혀 끼지 않는 수돗물을 먹을 수 있다. 상수도 문제를 시정한 내용은 신문에 아주 상세히 보도되었다. 즉 토론토 앞 온타리오 호수의 깨끗한 물(호숫가에서 호수 안쪽으로 3km 들어가 30m 아래에 있는 물)을 끌어들여 정수한 후 상수로 쏜다는 것이다. 또한 그러한 상수가 하수가 될 때에는 물의 온도가 높아지게 되므로, 그대로 온타리오 호수로 방류하면 호수의 생태계에 영향을 주기 때문에 정화처리가 된 하수를 다시 온도를 낮추어 방류한다고 한다.

상, 하수 시스템에 드는 막대한 비용에도 불구하고 아낌없이 세금을 사용하는 것을 보면 환경을 생각하는 캐나다 사람들의 의식수준을 엿볼 수 있다. 자연환경을 지켜나가는 것도 시민들의 의식적인 자각과 지지가 없으면 불가능할 것이기 때문이다. 캐나다에서는 나무를 하나 베더라도 시에 신고를 해야 하고, 신고를 하면 시에서는 '이 나무가 베어져서는 안

캐나다의 자연환경

캐나다는 자연환경의 보존에 큰 가치를 부여하고 있다. 그래서 환경생태학(Ecology)의 창시자인 토머스 베리(Tomas Berry)와 그의 사상을 따르는 사람들(Family)이 1년에 한 번 캐나다에서 모임을 갖는 것도 우연한 일이 아니다.

캐나다에는 모든 주와 지역에 걸쳐 남한 면적의 두 배 정도인 18만km²에 달하는 40개의 국립공원과 국립공원 보호지역이 있다. 뿐만 아니라 각 주에는 주립공원과 생태 자연 보존지역을 선정하여 30만km² 야생지역을 보호하고 있다. 국립공원 중 몇 개는 유네스코(UNESCO)의 세계 문화유산으로 지정되어 있다.

캐나다에 가면 캐나다가 세계에서 가장 아름다운 자연 환경을 지닌 나라라는 사실을 쉽게 알 수 있다. 시내에서는 대기오염을 방지하고자 전기버스나 전차를 운행하며, 대중교통수단인 일반버스들도 천연가스를 사용하여 자동차 배기가스로 인한 환경오염을 줄이고자 노력한다. 또한 도심 내에 수백 년이 되었음직한 나무들이 울창하게 우거진 공원이 있어서 시민들이 쉴 수 있는 충분한 휴식공간을 조성해주고 있다. 어린이 공원과 주변 시설물들이 잘 배치되어 아이들이 안심하고 재미있게 뛰어 놀 수 있다.

캐나다는 가급적 자연을 그대로 둔다는 보존원칙을 적극적으로 적용하고 규제한다. 자연경관과 역사적, 문화적 요소들은 모두 후세를 위해 손상되지 않는 상태로 인계되어야 할 유산자원(heritage resource)이라는 기본사상이 적극적인 보존대책으로 이어지고 있다. 국립공원에서는 보존의 목적에 부합되지 않는 시설이나 야영, 취사 등은 금지되며, 특별보호지역에서는 차량통행도 통제되고 제한된다. 따라서 관광의 나라이기보다는 휴양의 나라이며 환경교육의 나라라고 할 수 있다.

캐나다에서는 공원 지역뿐만 아니라 일반 산림지역의 도로를 통과할 때에도, 야생동물들이 자주 출현하는 지점에서 속도를 줄여야 한다. 물론 야생동물들에게 먹이를 주는 것은 법으로 금한다. 야생동물에게 먹이를 주면 동물의 야생에 대한 적응력이 떨어지기 때문이다. 대신 동물들에게 충분한 서식공간의 확보해주어 자연을 있는 그대로 보존시키고자 노력하고 있다. 우리가 잘 알고 있는 영화 〈아름다운 비행(Fly away home)〉은 캐나다 사람들의 자연에 대한 태도를 나타내고 있다.

될 이유가 있으면 연락하라'는 공고를 나무에 한동안 붙여둔다. '나무 하나', 나무도 많고 자연이 풍부한 나라에서 참 쓸데없는 짓을 하고 있는 것처럼 보일 수도 있겠지만 그런 작은 일 하나에도 마음을 쓰는 것을 읽을 수 있다.

정의가 보장되고 실현되는 평화로운 사회, 더욱이 천혜의 자연환경을 가지고 살아가는 캐나다! 비록 물질적 가치의 기준에서 보면 후진국 같아 보일 수 있지만 우리나라의 일부 무지한 이민자들을 제외하고는 어느 나라도 캐나다를 후진국이라고 하지 않는다. 아무리 물질적인 풍요로움을 누리고 고도성장의 선봉에 서 있어서 국민총생산(GNP)이 높더라도 정신적인 가치가 빛을 잃으면 영원히 후진국이 될 수밖에 없다. 아무리 부와 권력을 얻어도 그 사회가 정의롭지 못하고 부패해 있으면 언젠가는 개인뿐만 아니라 그가 속한 사회도 무너지고 말 것이기 때문이다.

반면에 비록 물질적으로는 풍요롭지 않아도, 그로 인해 약간의 불편함을 느끼더라도, 정의와 평화라는 정신적 가치가 보장되면 그 사회는 안정되고 미래가 있다. 캐나다가 비교적 정의롭고 자연과 더불어 평화롭게 살아갈 수 있는 데에는 여러 가지 원인이 있겠지만, 나는 그들의 영성에 근거를 두고 싶다. 영성을 바탕으로 형성된 캐나다 사람들의 정신적 가치는 사회 구석구석에 면면히 흐르고 있다. 캐나다 사회 전반에 걸쳐 그러한 모습들을 소개하기에는 이 책 한 권으로는 부족하기에, 그들의 사상과 교육에 대해서만 좀 더 말하고 싶다.

4. 캐나다의 사상과 교육을 이해하자

캐나다인들의 사상적 배경을 말하기 위해서는 그리스도교 사상을 말하지 않을 수 없다. 그런데 그리스도교라는 용어를 한문으로 표기하면 기독교다. 그러나 그리스도교, 즉 기독교는 개신교(Protestant)만을 의미하는 것은 아니다. 이것을 굳이 언급하고 넘어가고자 하는 것은 아직도 기독교라는 용어를 개신교(Protestant)와 혼용해서 사용하고 있기 때문이다. 심지어는 상식이 부족한 신문기자까지도 그러하다. 그리스도교는 2000년 전 팔레스타인 지역에서 태어난 역사적 인물 예수가 그리스도라는 사실을 고백하는 모든 종교를 총칭한다. 따라서 개신교만 기독교(그리스도교)가 아니고 천주교(혹은 가톨릭), 그리스정교회, 동방정교회, 성공회 등등 모두가 다 기독교(그리스도교)다.

그리스도교인 가톨릭 사상의 핵심 중 하나는 '사랑'이고 그것은 자아증여(Self-Giving)로 드러내고 실현한다. 그런데 분명히 밝혀둘 것이 있다. 나는 이 책을 통해 신학적 논쟁을 벌이거나 특정 그리스도교의 교의를 서술할 마음은 없다. 자아증여의 핵심은 2000여 년 전 팔레스타인 지역에서 태어난 예수라는 한 인물이 자신의 존재를 이웃(타인, 특히 소외되고 가난하고 버림받은 이들을 비롯해서 죄인들까지)을 위해 내어놓고 봉사하며 심지어는 목숨을 바쳐 죽음으로써 인류를 구원에 이르게 했다는 것이다. 그리스도교, 특히 가톨릭 신앙 안에서의 자아실현은 그러한 그리스도 예수를 본받고 따르는(Imitatio Christi : 그리스도를 본받는다는 뜻의 라틴어) 것으로 구현된다.

종교 교육을 의무화하고 있는 캐나다, 특히 가톨릭 교육이 우세한 캐나다에서는 이러한 그리스도교적 자아실현을 어려서부터 가르치고 삶을 통해서 구체적으로 실현하도록 교육하고 있다. 이것은 이미 앞에서 언급한 캐나다의 영성(Spirituality)과 맥락을 같이하면서 그들의 사상 안에 깊게 침투되어 있다. 자아증여, 즉 '자신을 내어준다'는 것은 다른 말로 '베푼다'는 것으로도 표현될 수 있다. 그래서 타인을 위해 배려하는 것도 미국과는 동기부터가 사뭇 다르다. 예를 들면 미국에서는 늘 나이스(Nice)한 태도로 살아야 한다고 사회적으로 강요받고 있으나 나이스 해야 한다는 강박감에서 오는 스트레스가 이만저만이 아니라고 한다. 하지만 내가 보기에 캐나다인들은 강박감을 느끼기보다는 자연스러운 태도로 살아가려 한다.

어느 날 나는 캐나다에서 영하 20도(체감 온도는 영하 40도)를 내려가는 추운 날씨에 행인에게 길을 물었다. 그는 가던 길을 멈추고 가방에서 필기구를 꺼내 손이 얼어서 잘 써지지도 않는데도 손을 호호 불어가며 열심히 약도를 그리며 설명해주었다. 또 한 번은 길가는 사람에게 길을 물으니 따라오라고 했다. 그는 자신이 왔던 길을 되돌아가면서, 내가 찾는 건물이 눈에 보일 때까지 한참을 걸어간 다음, 싫은 기색 전혀 없이 아주 기쁜 마음으로 왔던 길을 되돌아갔다. 사람마다 개인의 차이가 있겠지만 나는 대부분의 캐나다 사람들에게서 친절한 느낌을 많이 받았고 그들이 타인에 대해 배려하고 있음을 느낄 때가 참 많았다. 그들이 이웃을 배려하고 함께 나눌 수 있는 마음으로 세금을 통한 재화의 재분배를 가능하게 했을 뿐만 아니라 그들의 마음, 관심, 애긍, 시간까지도 이웃과 나눌 수 있게 된 것이다.

캐나다 사람들은 그리스도교 사상의 핵심인 '사랑', '자아증여'를 통하여 자신을 실현하는 길을 알고 있는 듯했다. 그렇기 때문에 똑같이 사회주의를 실행하고 있어도 스칸디나비아반도의 여러 사회주의 국가들과는 차이를 보이고 있는지 모르겠다. 사회보장제도가 잘되어 있다는 스칸디나비아반도의 여러 국가들이 노인 자살률이 높은 까닭은 그들이 삶의 의미를 발견하지 못하기 때문이다. 존재론적 공허감이 그들의 노후를 좌절시킨 것이다. 하지만 의미와 가치를 추구하는 사회에서는 자아실현이 존재론적 공허감을 상대적으로 약화시키기 때문에 노인 자살률이 낮을 수 있다. 캐나다 사람들의 영성은 캐나다 사회를 형성하는 데 밑거름이 되어왔고, 정의와 평화를 사랑하는 사회주의 국가로 꽃을 피우게 되었다고 나는 요약하고 싶다.

삶의 목표가 성공이 아닌 자아실현에 있다

우리나라 사람들은 삶의 목표는 대부분 성공(Success)에 있다면 캐나다 사람들의 삶의 방식은 자아실현(Self-realization) 또는 자아개발에 있다. 우선, 먼저 밝혀두고 싶은 것이 있다. 나는 이 책에서 자아실현과 성공이라는 두 단어를 자주 사용할 것이다. 내가 사용할 성공이라는 말은 소위 말하는 출세의 의미를 포함한 단어라고 미리 밝힌다. 즉, 부와 명예 권력과 같은 인생의 목표에 사로잡혀 살아가는 삶의 형태를 성공지향적이라고 표현하고자 한다.

어떠한 삶을 지향하느냐에 따라서 교육 자체에도 엄청난 차이가 있을 것이다. 다시 말하면 한국의 교육은 부모가 요구하든 자신이 결정하든 무엇이 되어야 하겠다고 목표를 세우고 그것을 향해서 돌진한다. 성공을 목표로 하기 때문이다. 반면에 캐나다 사람들은 자기가 재미있어 하고 즐거워하며 좋아하는 것을 찾아서 한다. 자아를 실현하는 방식의 교육을 지향하기 때문이다. 해야 하기 때문에 하는 것과 하고 싶기 때문에 하는 것에는 능률면에서도 상당한 차이를 보인다. 하고 싶어서 하는 일이라면 능률도 오를 뿐만 아니라 지속적으로 하다 보면 뭔가가 되어 있는 것이다.

캐나다에는 올림픽경기의 수영종목에서 금메달을 딴 의사가 한 명 있었는데 어떻게 의사가 금메달을 딸 수 있었는지 우리를 놀라게 한 적이 있다. 왜냐하면 우리의 경우에는 한 선수가 금메달이라는 목표를 정해놓고 태릉선수촌에서 피나는 연습을 하는 것이 일반적인 경우이기 때문이다. 하지만 그 의사는 어려서부터 수영을 재미있어 했고, 좋아하는 수영을 즐기다 보니 자연스럽게 실력이 향상되었다고 한다. 주변에서는 그의 수영실력을 지켜보면서 지도를 한 번 받아보라고 권했고, 자연스럽게 수영선생이 그를 지도하게 되었다. 다시 말하면 선수가 훌륭한 수영선생을 찾아서 금메달을 목표로 맹훈련을 한 것이 아니라 선생이 우수한 선수를 찾아온 것이다. 실력은 점점 향상되었고 결국 올림픽까지 나가게 되어 금메달까지 따게 되었다. 그는 의사이면서 자신이 즐겁게 즐길 수 있는 것을 꾸준히 하다보니 어느 순간, 세계의 정상까지 가게 된 것이다.

이민 온 지 20여 년이 훨씬 넘었으며 현재 와샤고 비치(Washago beach)로 가는 길 부근에 살고 있는 미스터 공의 딸도 이와 비슷한 경우였다. 미스터 공의 딸은 피아노를 너무 좋아해서 그것을 계속 하다보니 자연스럽게 실력이 향상되었다. 나중에는 학교 선생님이 딸의 실력을 쫓아가지 못하게 되자 자신보다 더 뛰어난 실력의 선생님을 소개해주었다고 한다. 딸은 점점 실력이 향상되었고 나중에 소개받은 선생님의 실력을 능가하게 되자 그 선생님은 자신보다 더 월등한 실력을 갖춘 선생님을 소개해주었다고 한다. 이런 방식으로 레슨을 받다 보니, 어느 날 미스터 공의 딸은 피아니스트로 굉장한 명성을 얻게 되었다. 그런데 미스터 공의 딸은 피아니스트가 되는 것이 목표가 아니었다. 단지 자신이 즐거운 것을 하다보니 유명하게 된 것이다. 하지만 뜻밖에도 피아니스트보다 의사가 되는 것이 더 좋다고 하며 의과대학을 진학하면서 피아니스트로서의 명성을 포기했다. 미스터 공은 단 한 번도 딸에게 강요(Push)한 적이 없었고, 자녀가 자신의 삶을 실현하도록 격려하는 것으로 부모의 역할을 다했다고 한다. 그들은 이미 캐나다에서 자아실현을 교육하는 방법을 깨닫고 있었던 것이었다.

그런데 웃지 못할 일이 일어났다. 그렇게 피아니스트로 유명세를 떨치다 보니, 어느 날 한국에서 새로 이민 온 어떤 사람이 소문을 듣고 미스터 공 부부를 찾아온 것이다. 그리고 대뜸 "당신의 자녀가 누구에게 레슨을 받았는지"를 물었으며 "그 선생을 소개해달라"고 했다. 이미 캐나다식의 교육방식에 익숙하고 적응하고 있었던 미스터 공 부부는 새로 이민 온 부모들의 태도를 이해할 수가 없었다. 설령 레슨선생을 소개해준다고 해도 별 의미도 없고 소용없는 일일뿐만 아니라 인건비가 비싼 캐나다에서 엄청난 사교육비만 들 것이 뻔했기 때문이었다. 실제로 이민자들은 캐나다의 사교육비가 한국에 비해 더 많이 든다고 울상이다. 그러나 캐나다 사람들 중에서 한국 사람들처럼 사교육비를 쓰는 부모는 아무도 없다. 자신이 좋아하는 것을 꾸준히 하다보면 실력이 향상되고 그러면 자연스럽게 훌륭한 선생이 따라오기 때문이다.

이러한 상황을 미스터 공 부부가 설명해주자 그 이민자는 실망과 원망의 눈빛으로 돌아갔다고 한다. 다시 말하면 목표를 정해놓고 그것을 성취해야만 하는 "성공지향"의 교육방식에 익숙한 부모로서는 자아실현 방식의 교육태도를 이해할 길이 없었는지 모른다. 우리의 성공, 또는 출세지향은 어쩌면 "이등은 아무도 알아주지 않는다"는 말에서도 알 수 있듯이 우리의 왜곡된 가치관 때문일 것이다. 일등만 알아주는 사회는 공존의 원리보다는 치열한 경쟁과 약육강식 논리가 우세한 사회이다. 하지만 자아실현의 방식이 지배적인 캐나다는 일등만 알아주지 않는다. 오히려 약자를 더 알아주고 배려해준다.

우리는 올림픽 메달 집계를 할 때 은메달이 아무리 많아도 금메달 하나를 당하지 못한 것을 보았을 것이다. 올림픽 순위는 금메달 수를 집계해 정한다. 이러한 집계는 모든 나라에서 그럴 테지만 캐나다는 그렇지 않다. 캐나다는 금, 은, 동 모두를 합친 수를 기준으로 순위를 정한다. 우리가 정한 순위하고 캐나다가 정한 올림픽의 국가별 순위는 다르다. 다음의 표는 이번 아테네 올림픽의 메달 수에 따른 순위이다.

		금	은	동	계
1	미국	35	39	29	103
2	중국	32	17	14	63
3	러시아	27	27	38	92
4	호주	17	16	16	49
5	일본	16	9	12	37
6	독일	14	16	18	48
7	프랑스	11	9	13	33
8	이탈리아	10	11	11	32
9	대한민국	9	12	9	30
10	영국	9	9	12	30

		금	은	동	계
1	미국	35	39	29	103
2	러시아	27	27	38	92
3	중국	32	17	14	63
4	호주	17	16	16	49
5	독일	14	16	18	48
6	일본	16	9	12	37
7	프랑스	11	9	13	33
8	이탈리아	10	11	11	32
9	대한민국	9	12	9	30
9	영국	9	9	12	30

왼쪽의 표가 우리가 알고 있는 순위라면 오른쪽의 표는 캐나다에서 집계한 순위이다. 왼쪽의 집계대로라면 중국은 2위이지만 캐나다의 집계에 의하면 러시아가 2위이다.

나는 그것이 이상해서 한 캐나다인에게 물었다.

"당신들은 메달 집계를 왜 그렇게 합니까?"

"일등과 이등이 뭐가 다르죠? 그들은 최선을 다했고 세계 최고의 무대에 선 것으로 충분합니다. 금, 은, 동메달에 무슨 차이가 있어요?"

캐나다는 1등뿐만 아니라 2등, 3등까지도 알아주는 나라였다. 그런데 우리나라에서는 올림픽 금메달을 따면 정부는 우리가 낸 세금으로 선수들의 삶을 보장해준다. 그래서 우리 선수들은 최고의 금메달을 따기 위해 운동에 자신의 모든 것을 바치는지도 모른다. 그러나 캐나다 사람들에게 그것은 자아를 실현하는 한 방법일 뿐이다.

어느 날 나는 나이아가라폭포 근처에 있는 갈멜 수도원에서 며칠을 보낸 적이 있다. 그 수도원 옆에는 조그마한 체육관이 있었는데 꼬마들이 모여서 기계체조를 즐겁게 하고 있었다. 그래서 나도 그들이 즐기는 것을 재미있게 구경하고 있었다. 그때 내 옆에 있던 사람이 말했다.

"이렇게 작은 마을에서 금메달이 나오는 거야. 이 아이들은 그냥 자신의 삶을 즐기고 그것으로 행복해하면 그게 금메달이 되기도 하지."

성공을 위해서냐, 자아실현을 위해서냐, 어떤 관점에서 교육하느냐에 따라 크나큰 차이가 나타난다는 사실을 나는 캐나다에서 알게 되었다. 캐나다에서는 자아실현을 추구하는 의식이 교육의 각 영역에 깊게 침투해 있다. 대학도 취업을 위한 관문으로 생각하기보다는 자아실현을 위해, 말 그대로 진리를 탐구하기 위해서 진학한다는 인상을 주었다. 이미 앞에서 언급한 바와 같이 대학에서 학위를 받지 않더라도 인건비가 비싸기 때문에 살아갈 만큼 벌 수 있어서 수입에는 큰 차이가 없고, 혹 대학을 나온 것이 고액연봉의 계기가 되었다 하더라도 그만큼 세금을 많이 내야 하기 때문에, 대학을 졸업하거나 졸업하지 않거나 수입에 별 차이가 없다. 이처럼 캐나다에서는 어느 정도 생활수준이 평준화 되어 있기에 대학 진학을 하려는 강박관념이 상대적으로 약하다. 그러니 참으로 공부할 마음이 있는 사람만 대학을 진학하게 되고 일단 진학을 하면 무섭게 공부를 한다.

한국의 학제로 치면 고등학교 2학년인 다이엔은 글 쓰는 것을 무척 좋아해서 글짓기 상을 많이 받았다고 한다. 다이엔은 저널리스트가 되는 것이 자아를 실현하는 길이라고 생각했다. 그런데 그 학생은 한국의 입시생들처럼 별로 공부를 하는 것 같아 보이지 않았다. 어느 날 남자친구를 만나러 간다고 하기에 나는, "너 저널리스트가 되고 싶다며? 그러면 대학을 가기 위해서 공부를 해야지 그렇게 남자친구나 만나러 다니고 그러면 되느냐?"고 물었다. "대학 가면 공부를 많이 해야 하기 때문에 놀 시간이 없잖아요. 그래서 대학 가기 전에 실컷 노는 거예요."라고 대답했다. 캐나다의 고등학교에서는 자신의 관심분야만 학점을 따면 된다. 놀

캐나다 학교의 교과 과정

캐나다는 교육의 비중을 상당히 높게 두고 있으며 자부심도 대단하다. 공교육은 주 정부가 관할하기 때문에 주마다 제도상의 차이가 있다. 하지만 공공교육기관들은 주 정부로부터 재정을 지원받아 운영되기 때문에 평준화 되어 있다. 캐나다의 의무교육은 만 18세까지로 전액 무료이다. 학교는 공립과 가톨릭계의 학교로 나누어진다. 그리고 몇 안 되는 사립재단의 학교도 있다. 하지만 사립학교를 다니려면 영주권자나 시민권자들도 많은 학비를 내야 한다.

캐나다의 교과 과정은 유치원을 포함한 초등학교(Elementary, Primary School), 중·고등학생들을 위한 중등학교(Secondary School), 종합대학교(University)와 단과대학(College)과 기타 교육기관(Institution)을 포함한 고등학교(Post-Secondary School)로 나뉜다. 학제는 우리나라 학교처럼 1년을 2학기로 하고, 1학기는 9월에, 2학기는 1월에 시작된다. 수업일수는 등급에 따라서 다소 차이가 있지만 190일에서 200일 가량이다. 12월에는 성탄방학(Winter break)과 3~4월에 부활방학(Easter Break)이 몇 주 주어진다. 성탄방학이 짧기 때문에 여름방학은 대학교의 경우 5월 말에 시작하여 8월 말까지 이어진다.

캐나다는 의무교육으로 유치원부터 대학 예비과정까지 공립과 사립학교 모두를 포함한다. 대체로 만 4~5세의 캐나다 어린이는 자발적으로 1~2년 동안 유치원에 다니게 되며, 만 6세가 되면 초등학교에 진학한다. 학기는 대부분 9월에 시작하여 다음해 6월까지 운영된다. 중등교육은 주에 따라 11학년이나 12학년까지 이루어지며, 이를 마치고 나면 대학, 전문대학 또는 직업학교 과정으로 이어진다.

1) 종합대학교(University)

종합대학교는 캐나다 전 지역에 설립되어 있다. 대부분의 캐나다 대학은 공립으로서 어느 지역에 위치했는가, 어느 영역의 학문인가에 상관없이 공히 높은 교육의 질을 보장하고 있으며, 모두 학문적으로 높은 자율권을 보장하고 있다. '전 시간 학생(Full-time Student)'이 대부분을 이루고 있기는 하지만 대부분의 대학에는 시간제 학생(Part-time Student)과 평생교육원에서 공부하는 학생들도 많이 있다. 상다수의 대학들은 다양한 학과와 학부를 갖추고 있으며, 학사 학위에서 박사 학위까지 다양한 학위를 제공한다. 교육비용은 각 주별, 학교별, 프로그램별로 차이가 있다.

대학의 학기는 대개 9월에 시작하여 5월에 끝난다. 어떤 대학은 2학기제를, 또 어떤 대학은 여름에 일부 계절학과를 개설하여 3학기제를 채택한다. 계절학기의 과목들은 대부분 기초과목(Basic Course)들이다. 그리고 캐나다 전 지역에서 통용되는 대학입학시험은 없다.

캐나다 대학에서 수여되는 학위는 일반적으로 미국이나 기타 영연방 선진국 대학의 학위와 동등하게 인정받는다. 캐나다는 영어와 불어를 공용어로 사용하기 때문에 유학생은 영어 또는 불어로 수업하는 교육기관의 학위 과정 중에서 선택할 수 있다. 그리고 토플(TOEFL)을 공통적으로 받아들이고 있고, 만약 불어 사용 대학에 유학생들이 입학하기를 희망한다면 개별적으로 대학에게 심사받아야 한다. 학생의 불어 능력이 불확실할 경우 대학의 자체 필기시험을 치러야 한다.

2) 종합-단과대학

종합-단과대학은 특정한 전문 과정과 학위 과정을 개설하는 종합대학과 전문대학의 장점을 모두 가진 교육기관이다. 이 대학은 학사 학위와 전문대학의 수료증 및 졸업장 모두를 받을 수 있는 교육기관이다. 캐나다 고유의 대학교육인 종합-단과대학은 학생들에게 교육의 질을 보장할 뿐만 아니라 학문을 목적으로 하는 학사 과정은 물론 전문적인 훈련을 바탕으로 하는 수료증 과정도 선택할 수 있게 한다. 또한 종합-단과대학은 우수한 학생을 위한 후원 서비스나, 소규모 수업, 활발한 캠퍼스 활동이 가능하다는 장점을 가지고 있다.

3) 전문대학

캐나다에는 지역사회 전문대학 협회(ACCC : Association of Canadian Community Colleges)에 소속되어 있는 175개의 지역사회 전문대학이 있다. 공식명칭은 'Institute University-College' 또는 'CEGEP'이라 부른다. 10개의 주(Province)와 2개의 준주(Territory)를 포함한 12개 교육 관할 구역 내에 구성된 이 교육기관들은 다양한 목적과 경영형태 및 정책을 가지고 있다. 이 학교들은 고등학교 졸업자에게 이론 학습보다는 실질적인 훈련 과정을 통해 전문기술을 습득하도록 하고 있다. 이 학교를 졸업하면 바로 특정분야에서 전문인으로 활동할 수 있다. 예전에는 이와 같은 학교에서는 학위가 아닌 졸업증서만을 수여했으나 지역사회에서 더 많은 고등교육을 필요로 함에 따라 ACCC 내의 전문대학 중에서 5개 학교는 학위 과정도 공부할 수 있다.

전문대학은 2~3년 또는 이보다 더 단기간에 전문적이고 직업 지향적인 교과 과정과 일반 교양과목을 제공한다. 그래서 종합대학 졸업자 중에도 적지 않은 학생들이 직업을 위한 전문기술을 습득하기 위해 전문대학에 입학한다. 소규모의 반 편성, 캠퍼스 밖에서의 프로그램, 충분한 실험실의 여건 등으로 종합대학보다 실용적으로 더 많은 학문을 배울 기회를 누릴 수 있는 장점이 있다. 전문기술과 평생교육 과정이 취업과 연관된 프로그램을 포함하고 있어서 단순 기술직에서 전문직까지 다양한 수준으로 교육받을 수 있다.

캐나다 대학의 특징은 다양한 능력의 인재양성 교육을 지향하면서 고용을 중심으로 하는 교육 과정의 통합에 있다. 전문대학들은 끊임없이 변화하는 지역사회의 경제, 사회의 요구에 능동적으로 대처하고 있어서 새로운 프로그램들이 고용의 필요성에 맞춰 개발된다. 하지만 일단 고용의 필요성에 부합되면 프로그램 개발을 멈춘다. 사회에서 필요로 하는 교육의 요구는 계속 변화하므로, 캐나다 대학들도 함께 변화하는 것이다. 수요와 공급을 비교적 맞추는 교육은 전문대학뿐만 아니라 종합대학교도 마찬가지이다.

4) 직업 전문학교

사립기관인 직업 전문학교는 일정기간에 집중적인 교육을 받고 직업을 가지기를 희망하는 학생들을 위한 학교이다. 이곳에서는 다양한 종류의 실무기술 교육에 주력한다. 경영, 컴퓨터, 비서 능력과 같은 특별한 능력을 얻을 수 있는 이런 직업 전문학교는 사립기관임에도 불구하고 주 정부의 인가를 받아야 설립 가능하다. 프로그램의 질적인 유지를 위해 주 정부의 통제, 관리, 규제를 받는 것이다. 교육비도 저렴하여 높은 경쟁력을 갖고 있다.

5) 영어, 불어 어학원

캐나다는 영어와 불어 2개의 공용어를 가진 국가이기 때문에 어학원이 잘되어 있다. 캐나다의 영어는 훌륭한 언어학자들로부터 검증을 받은 가장 표준적인 영어이기 때문에 사투리나 지방 특유의 발음이 없다. 대부분의 종합대학과 전문대학들은 영어연수 과정을 채택하고 있다. 예를 들면 토론토 대학교는 평생 교육원(Continuing School)에서 어학원을 운영한다. 불어는 캐나다의 또 다른 공용어이므로 많은 불어연수기관들을 대학뿐만 아니라 사립기관에서도 찾을 수 있다. 퀘벡 주에 위치한 불어연수 학교들은 영어연수와 마찬가지로 연중 자유로이 입학 가능하다.

때 놀더라도 자신이 좋아하는 분야를 공부하기 때문에 그만큼 학업에 능률이 오르고, 어렵지 않게 성적을 받아 대학을 진학하게 되는 것이다. 현재 다이엔은 고등학교를 졸업하고 토론토에 있는 저널로 유명한 라이어슨 대학교에 입학했다.

　캐나다의 학생들은 일단 대학교에 진학하면 엄청나게 공부를 한다. 때로는 대학교의 학업에 대한 중압감에 못 이겨 자살을 하는 학생들도 있다. 그래서 대학생 자살률이 가장 높은 시기인 2학기 중간쯤에 독서주간(Reading-week)이라 하여 1주일을 쉬게 한다. 하지만 독서주간은 사실 스트레스 너무 받고 있으니 좀 쉬라는 취지에서 만들어진 것이라고 토론토 대학교의 교수 한 명이 말했다. 유학 시절, 나는 사실 학업 따라가기가 벅차서 독서주간에는 부족한 학업을 보충했지만 대부분의 학생들은 충분히 쉬며 재충전하여 학업에 매진한다. 여하튼 대학 진학의 동기와 학업에 정진하는 태도부터 우리나라와는 큰 차이를 보이고 있다.

　우리나라도 많이 버는 사람들은 더 많이 내고 적게 버는 사람들은 적게 내는 그러한 세금으로 사회가 운영된다면 어떨까? 캐나다에서는 모두에게 공평한 혜택을 받을 수 있기 때문에 공부하고자 하는 학생들이라면 그 혜택을 동등하게 받으며 대학에서 학업을 할 수 있다. 또한 대학을 진학해도 단시일 내에 학위를 따지 않아도 되기에 대학생들은 스스로 돈을 벌어 학교를 계속 다닐 수 있다. 높은 임금이 그것을 가능하게 하기 때문이다.

　반면에 진리탐구에 대한 관심이 없으면 굳이 대학을 가지 않아도 살아가는 데 지장이 없다. 캐나다 사회주의는 노동의 대가만큼 임금을 지불하도록 제도화 되어 있기 때문이다. 그런데 최근 한국의 대학은 직업훈련소의 기능도 제대로 못 하는 것처럼 보인다. 직업훈련소를 졸업하면 적어도 취업이라도 보장되겠지만 대학을 졸업하거나 석사, 박사의 학위를 받아도 일자리를 못 구하는 젊은이들이 많기 때문이다. 하지만 캐나다 사람들은 취업보다는 진정으로 공부하고자 하는 사람들이 대학을 진학하기 때문에 대학을 진리탐구의 도장이라 해도 손색이 없어 보인다.

캐나다와 한국 대학의 현실은 다르다

　캐나다와 한국의 교육방식의 차이는 요리하는 것으로 비유하면 쉬울지 모르겠다. 예를 들어 꿩 요리를 만들어 먹는다고 했을 때 우리의 교육방식은 선생이 꿩 요리를 해서 학생 입에 쏙 넣어주는 것에 비유할 수 있다. 학생은 그 요리를 맛있게 씹어서 삼키면 된다. 하지만 갑자기 선생이 꿩을 잡아와서 방금 먹었던 요리를 만들라고 주문하면 비록 그 요리를 만들 수는 있다 하더라도 꿩 잡는 방법을 모르기 때문에 주문한 요리를 만들 수 없을 것이다. 반면에 캐나다의 교육방식은 꿩을 잡는 법을 가르치고 꿩 요리를 해오라고 주문하는 것에 비유할 수 있다. 꿩 잡는 법을 배운 학생들은 꿩을 잡아와 요리를 하여 선생 앞에 내놓는다. 그 요리가 샤브샤브이든 볶음요리이든 백숙이든 간에 상관없이 다만 꿩 요리가 되기만 하면 된다. 다시 말하면 논리만 있으면 모두 맞는 답이 된다. 그런데 우리는 선생이 꿩 찜을 원하면 학생은 반드시 꿩 찜을 만들어야 맞는 답이 된다.

　한국의 일반적인 교육방식에 익숙한 한국 학생들은 이민이나 유학을 와서 처음에는 높은 성적을 받는다. 특히 수학과목은 누구나 전교에서 일등을 한다. 공식을 암기하고 푸는 방식에 익숙한 한국 학생들은 공식에 척척 대입하여 수학문제를 푸는데, 그 실력은 선생들도 놀랄 정도다. 그런데 수많은 이민자들이 어느 날 서서히 실력이 바닥이 나기 시작하면서 성적이 곤두박질치기 시작하는 것을 경험했을 것이다. 그리고 부모들은 그 이유를 모르고 단지 자녀들이 공부를 열심히 하지 않은 탓으로 돌린다.

　하지만 아무리 열심히 해도 성적이 잘 오르지 않는 이유는 꿩 잡는 법을 한국에서 배우지 않았기 때문이다. 캐나다에서 꿩 잡는 방법을 선생이 알려주어도 그것을 배우기보다는 익숙한 방식대로 계속 공부하므로 해서 성적은 더 이상 오르지 않게 된다. 다시 말하면 이미 잡아놓은 꿩을 가지고 자신이 먹어본 것만 계속 만들어내다가, 어느 날 선생이 "이제 나가서 꿩 잡아서 요리해 와."라고 주문하면 꿩 잡는 법을 배우지 못한 한국 학생은 그만 주저앉고 마는 것이다. 나는 그러한 한계가 대학교 2학년쯤에 나타난다고 보고 있다. 토론토 대학교에 진학하고도 2학년이나 3학년에 재학할 쯤에는 학교를 그만둔 학생들이 많기 때문이다. 학생들이 중도 포기한 이유는 "공부를 따라가기가 너무 힘들다"는 것이다. 그런데 토론토에 있는 경희 미용실에서 이발을 하면서 이런 이야기를 하고 있는데, 그 이야기를 듣고 있던 한 학생이 말했다.

"난 토론토 대학교 2학년인데 그렇지 않은데요. 학교 잘 다니는데요."

그래서 유학 온 지 몇 년 되었냐고 물었더니 5년 되었다고 한다. 물론 이런 학생들처럼 문제없는 학생들이 없다는 것은 아니다. 그 학생은 의식적이든 무의식적이든 유학 초기부터 자신의 공부방법을 고집하지 않고 학교에서 가르쳐주는 대로 잘 따라갔을 것이다. 그러나 대학교 2학년 마치고 중퇴하는 한국인들의 대부분은 꿩 잡는 법을 배우지 못해 결국 낙오한 경우라고 생각한다. 이것이 소위 주입식 교육의 한계인 것이다. 그러니 우리 교육의 국제적 경쟁력이 떨어질 수밖에 없다. 유학 전에 한국의 한 대학교에서 2년 동안 출강했던 경험이 있는 나 역시 주입식 교육방식으로 가르쳐왔다. 시험 답안지에 대해서 내가 기준을 정해놓고 그 기준에 따라 성적을 주었는데 지금 와서 생각해보자면 얼마나 학생들에게 얼마나 미안하고 후회스러운지 모른다.

캐나다로 떠나기 전에 한국에서 학사 학위 2개와 석사 학위를 받았고 수석을 한 경험도 있었던 나였지만 난생 처음으로 "아! 공부는 이렇게 하는 거구나." 하는 느낌을 캐나다에서 받았다. 그리고 토론토 대학교에서 학위를 받은 것보다 더 소중한 소득은 바로 한국에서 배울 수 없었던 공부법을 배우고 왔다는 사실이다. 여하튼 캐나다에서 공부를 마치고 돌아온 나는 공부법을 달리하게 되었다.

그런데 그런 교육방식을 전혀 알 리 없는 학부모들은 아이들이 암산을 안 하고 손가락으로 셈을 하거나, 선생이 계산기로 수학 과제를 하도록 시키면 불만을 토로한다. 꿩을 잡기 위해서 때로는 손가락을 써야 하고, 계산기를 써야 할 때가 있는 것이다. 그래서 선생이 그것을 적절하게 조정하면서 숙제를 내주더라도 그것을 전혀 알지 못한 학부형은 "어떻게 애들이 암산을 안 하고 손가락으로 숙제를 하도록 해! 왜 계산기로 산수 숙제를 하도록 시키는 거야!"라고 언성을 높일 것이다. 한국식 교육만 받은 엄마로서는 당연히 이해가 가지 않을 것이다.

나는 학부형들에게 욕을 먹더라도 한마디하고 싶다. 교육방식에 대해 이해 못 하시겠다면 판단을 유보해야 한다. "캐나다에서 교육을 시키다가는 애들 다 망쳐놓는다"고 섣불리 판단하지 말아야 한다. 교육에 대한 전문가가 아니라면 교육자를 신뢰하고 맡기면 된다. 한국에서 하던 대로 치맛바람을 일으켜서는 안 된다.

우리나라 대학의 현실을 캐나다 대학과 비교하더라도 심히 염려가 된다. 캐나다에서 박사 과정의 학생들은 연구를 하는 데 있어 교수들과 동반자 관계가 형성되어 있어, 교수들과 동등한 대우를 해준다. 왜냐하면 박사 학위를 가지고 있는 교수들도 선생이지만 석사 학위 이상이면 어디서든 선생을 할 수 있고, 박사 과정의 학생들은 언제라도 교수의 이론을 바꿀 수 있다고 생각하기 때문이다. 그리고 교수는 자신의 지식을 늘 개방하여 학생들과 함께 공유한다. 한 번은 미국에서도 유명한 한 교수가 토론토 대학교로 왔는데, 대학원 세미나에서 학생이 물어보는 말에 대해서 여러 번 "나도 몰라(I don't know)!"라고 하는 것을 보고 나는 놀란 적이 있다. 그러한 정직함이 있어야 학문이 발전한다. 물론 모두는 아니겠

토론토의 가장 핵심부인 영(Yonge)과 블루어(Bloor) 근처에 위치한 토론토 대학교. 도시의 중심에 대학교를 세웠으니, 캐나다가 교육을 얼마나 중요하게 생각하는지 알 수 있다.

지만 적지 않은 한국의 교수들이 자신의 지식을 공유하는 데 인색하고, 교수로서 권위의식을 가지고 자신도 잘 모르는 것도 아는 것처럼 처신하는 것은 문제이다. 그리고 교수의 권위 앞에 위축된 학생들도 문제이다. 그러한 풍토에서라면 학문이 자유롭게 탐구되기를 기대하기 힘들지도 모르겠다.

한국의 박사 과정 학생들은 교수와 학문적 동반자라는 인격적 관계보다는 스승과 제자간의 관계로 통하기 때문에 학생은 교수에게 머리를 조아려야 하는 경우가 일반적이다. 실력보다는 교수와의 인간적 관계에 따라서 자신의 미래가 좌지우지되는 학문적 분위기에서라면 자신의 앞날에 영향을 미칠 수 있는 교수들의 눈치를 볼 수밖에 없을 것이다. 그리고 교수가 어떤 프로젝트를 수주받게 되면 대학원생들이 이를 대신 해주고 그 대가는 교수가 차지하는 것도 문제이다. 교수가 할 일을 대신 해주는 것이 한국의 학계라는 것을 한국의 대학원 과정에서 공부를 해본 사람들은 누구나 아는 사실이다. 한국의 대학교에서 수십 년을 가르쳐온 한 외국인 교수가 그의 저서에서 '왜 한국이 학문적으로 발전할 수 없는지'에 대해서 소상이 밝히고 있다고 하니 여기에서는 더 이상 언급하지 않겠다. 여하튼 한국 대학의 경쟁력을 높이기 위해서는 캐나다 대학을 본받을 필요가 있다.

캐나다에서는 대학을 진학하는 사람들이나 진학하지 않는 사람들이나 삶의 질에 있어 큰 차이가 없다. 말 그대로 대학이 인생의 전부는 아니기 때문이다. 하지만 우리나라에서도 "대학이 인생의 전부가 아니다."라고 말할 수 있으려면 사회구조부터 바꾸어야 할지 모르겠다. 대학을 가지 않아도 자아실현을 할 수 있고, 대학을 간 사람이나 안 간 사람이나 큰 차이 없이 노동한 만큼 대가가 주어지고, 비슷한 경제적 수준의 삶을 누릴 수 있다면 많은 젊은이들이 입시지옥에서 해방되고, 부모는 막대한 사교육비의 부담으로부터 자유로워질 수 있을 것이다. 그렇게 되어야 대학을 가는 목적이 사회적 지위상승이나 고수입의 직업을 얻기 위해서가 아닌 오직 진리의 탐구를 위한 것이 될 수 있고, 국제적 경쟁력을 갖춘 대학이 될 것이다.

이처럼 한 사회가 물질적 가치보다는 정신적 가치를 추구하는 사회가 될 때, 그리고 의미와 가치를 추구하는 사회를 지향할 때, 모두가 더불어 살아가는 정의롭고 평화로운 사회를 만들 수 있다. 이러한 나의 주장이 마치 이상처럼 들릴지 모르겠지만 캐나다 사회의 현주소를 생각하자면 시사하는 바가 크다. 물질적 가치를 추구하는 것에서 정신적 가치를 추구하는 것으로 궤도를 수정한다면 사회는 건강해질 수 있다. 영성이라는 정신적 가치를 기초로 한 캐나다의 교육은 소위 출세나 성공을 위한 수단이 아니라 자아실현의 한 방법으로 이루어지기 때문에 나는 높게 평가

해주고 싶다.

5. 캐나다는 후진국 같아 보이는 선진국이다

흔히 사람들은 캐나다를 선진국이라고 말한다. 하지만 선진국이라는 캐나다의 토론토에서 유학을 마치고 서울로 돌아올 때 나는 마치 시골에서 처음 상경한 촌사람이 된 느낌을 받았다. 외적으로만 보면 우리나라의 70~80년대를 연상할 수 있는 토론토에 비하면 서울은 너무나 화려했기 때문이었다. 캐나다에서는 "사업(Business)을 하려면 토론토로 가라"는 말이 있다. 토론토는 캐나다에서 인구가 가장 많고 가장 큰 도시이며, 일단 시장이 크고 일거리를 구하는 것도 다른 도시보다 상대적으로 수월하기 때문이다. 그래서 캐나다를 잘 모르는 사람이라면 토론토를 마땅히 번화하고 화려하며 물질적으로 풍요로운 도시일 것이라고 생각하기 쉽다.

그러나 토론토는 우리가 기대한 것과는 정반대이다. 한국에서 토론토로 갓 이민 온 사람들이나 여행 중에 토론토를 다녀온 사람들 중 이구동성으로 "캐나다가 선진국인줄 알았는데 우리나라보다 더 후진국이네."라고 말하는 사람들은 상당히 많다. 토론토는 캐나다의 수도인 오타와보다 고층빌딩이 더 많고 경제활동도 활발하며 인구가 많은 도시인데도 왜 한국 사람들에게는 후진국처럼 보일까? 매년 유엔 조사 결과 토론토는 '세계에서 가장 살기 좋은 도시'로 밴쿠버와 1, 2등을 다투는데 한국 사람 눈에는 왜 서울보다도 촌스러워 보이는가? 왜 우리나라 사람들 눈에는 서울이 토론토보다 더 선진국 같아 보이는가? 우리나라가 캐나다보다 더 세련되고 풍요롭고 잘사는 것처럼 보이는데도 왜 우리나라를 선진

간판만 보더라도 그 나라의 문화가 엿보인다. 단순해 보이는 캐나다 간판은 복잡하게 보이는 여러 개의 한국 간판과 비교된다.
'이모네 칼국수'의 음식 맛은 기가 막히다. 칼국수, 특히 멸치칼국수는 정말 맛있다.

국이라고 부르지 않는가?

선진국의 기준은 경제적 부만 가지고 세울 수 없다

전 세계 사람들은 촌스럽고 낙후해 보이는 캐나다를 선진국이라고 인정한다. 그리고 나는 군사독재 시절부터 꿈꾸어왔던 이상적인 사회를 캐

제2장_ 캐나다는 어떤 나라인가? | 123

나다에서 발견했다. 하지만 캐나다에 실망한 사람들이 적지 않다. 캐나다 이민자들 중 힘들어 하는 사람이 많고, 심지어는 '캐나다 이민 절대 오지 말라'고까지 말하는 사람들이 있기 때문이다. 그렇다면 캐나다에서의 이민 생활에 대한 꿈을 접고 한국으로 역 이민을 생각하고 있거나 캐나다에서 미국으로 이민하는 사람들도 적지 않은데, 어째서 캐나다 사회를 이상적이라고 말할 수 있는가?

나는 유학을 마치고 토론토를 떠나기 전에 몬트리올에 다녀온 적이 있다. 그곳에서 이민 온 지 30년이 다 되어간다는 정 암브로시오 씨와 캐나다에 관해 대화를 나누었다. 내 이야기를 한참 듣고 있던 그분은 "저는 이민 온 지 30년이 다 되어가는 지금, 이제야 조금 알겠습니다. 그런데 신부님께서는 짧은 시간 동안 많은 것을 알게 되셨군요. 지금 말씀하신 내용을 책으로 내시는 것이 어때요?"라고 말해주었다. 그분의 격려에 힘입어 집필을 결정했지만 몇 년의 이민 생활로는 도저히 알 수 없는, 경우에 따라서는 이민 생활 수십 년이 지나서야 조금씩 알 수 있는, 아니 어쩌면 평생을 살아도 캐나다에 대하여 잘 모를 수 있는 것들이 있다.

아무리 캐나다가 한국 사람 눈에 촌스럽고 낙후해 보이며 후진국같이 보여도 세상 사람들은 캐나다를 선진국으로 여기는 것은 틀림이 없다. 이 책을 읽고 있는 독자들은 이쯤 되면 미국이나 유럽의 제1세계의 국가들도 캐나다를 결코 무시할 수 없는 데 이유가 있음을 짐작할 수 있을지 모르겠다.

나는 1999년 1월 25일 토론토에 첫 발을 내딛으면서 영화 속에서만 봤던 화려한 외국의 거리를 연상했다. 그러나 토론토는 나의 기대와는 전혀 딴판이었다. 물론 어느 대도시 안에서도 보기 힘든 여유로움, 넓은 뜰을 가지고 있는 주택가, 곳곳에서 볼 수 있는 넓은 공원들이 토론토의 첫인상이었다.

캐나다에서 유명한 백화점에는 상품도 그리 많지 않고 디스플레이도 어설퍼 보여 우리나라의 80년대 백화점을 보는 듯하다. 캐나다에서의 쇼핑관광은 포기하는 것이 어떨까 싶다. 아마 100% 후회할 것이기 때문이다.

하지만 물질적으로 누리고 사는 사회의 관점에서 바라보니 도시의 촌스러움이 시간이 지날수록 더욱 두드러졌고 구체적으로 눈에 들어왔다. 도시의 간판들도 화려하지 않고 단조로우며, 사람들의 옷차림도 맵시 있어 보이지 않고, 백화점 매장에 진열된 상품들은 투박해 보이고, 여성들은 화장도 별로 하지 않고, 도심을 달리는 차들만 봐도 미국과는 다르게 큰 차가 별로 안 보였다. 심지어는 우리나라 같았으면 폐차를 했어도 벌써 했었어야 했을 차들도 가끔 눈에 들어왔다. 한국 같았으면 공짜로 준다고 한다면 욕이나 안 들으면 다행일 그런 차들, 바로 내버리기에도 충분한 낡고 녹슨 차들을 그 도시에서는 아무렇지도 않게 타고 다녔다. 나는 우리나라에서 예전에 생산이 중단된 현대자동차에서 만든 '포니'를 최근까지 토론토에서 수차례 봤다. 70년대를 배경으로 했던 드라마 '모래시계'에서나 볼 수 있는 그런 차를 한국에서 보려면 차량 수집을 취미로 하는 사람이나 차량 전문가를 찾아가야 할지 모르겠다.

어느 날 나는 수업시간에 강의내용을 녹음하기 위해 소형 녹음기가 필요해서 전자제품 매장을 찾아갔다. 그런데 가까스로 찾은 전자제품 매장에는 진열되어 있는 소형 녹음기가 몇 개 되지 않아 어떤 것을 사야 할지 고민할 필요가 없었다.

우리가 사용하고 있는 작고 귀여우며 다기능을 갖추고 있는 휴대폰을 캐나다 사람들이 본다면 기절초풍(?)할지 모르겠다. 캐나다 백화점이 전시해놓은 상품들을 보면 가관(?)이다. 소위 가장 잘나간다는 '이튼(Eaton)'이나 '배이(Bay)' 백화점을 보더라도 인테리어나 디스플레이의 상태는 서울 변두리의 가게만 못하다. 백화점에서는 살 물건도 별로 없어서 쇼핑을 목적으로 토론토를 관광하면 100퍼센트 실패라고 보면 된다. 가라지 세일(Garage Sale)이나 앞마당 세일(Garden Sale)에서는 자신이 쓰던 물건들을 내다파는 사람을 흔히 볼 수 있다. 그곳에서도 안 팔리면 'goodwill(donation) info goodwill.org'에 내다파는데, 그곳에서는 빛바

캐나다 사람들이 자신이 쓰던 물건을 집 앞에 내놓고 사고파는 가라지 세일에서는 저렴한 가격으로 무엇이든지 살 수 있다. 무엇이 필요하신가? 가라지 세일에 가면 의류, 책 등을 비롯한 각종 생활 용품을 장만할 수 있다.

랜 옷들, 꼬질꼬질한 구두, 낡은 액자 등등 우리나라 사람들은 줘도 안 가질 만한 물건을 내놓은 것을 볼 수 있고, 또 그것을 싼 가격에 가져가는 사람들이 있다. 한국에서는 1970년대에 없어졌을 것 같은 엄지와 검지발가락 사이만 끼워서 신는 스펀지 슬리퍼가 캐나다 달러로 1달러(850~900원 정도)에 아직도 팔리고 있다. 토론토 대학교에 다니는 한 아리따운 백인 여대생은 부푸러기가 마구 일어난 낡은 옷을 입고, 가방은 끈이 떨어질 것 같아 보이는데도 아무렇지 않게 어께에 메고 학교를 가기 위해서 집을 나섰다. 한 신사는 끊어진 가방 끈을 스카치테이프로 칭칭 동여매묶은 가방을 어께에 메고 버스를 탔다. 이외에도 캐나다, 특히 토론토에서는 촌스럽고 빈궁해 보이기 짝이 없는 장면을 수도 없이 볼 수 있다.

 캐나다에 비교하면 우리나라는 모든 것이 세련되고 화려하기 그지없다. 나는 캐나다에서 공부를 마치고 한국으로 돌아와 우연히 소형 녹음기를 진열한 곳을 지나게 되었다. 온갖 회사 제품에다 수없이 다양한 제품들, 갖가지 디자인은 물론 멀티 기능까지 두루 갖춘 엄청난 소형 녹음기들을 보면서 도대체 어떤 것을 사야할지 모를 정도로 토론토의 전자제품 매장과 비교되었다. 휴대폰만 해도 그렇다. 당시 토론토에서는 비즈니스를 하는 사람이나 들고 다니는 정도이고 그나마 크기가 벽돌(?)만한 것을 들고 다녔다. 그런데 한국에 돌아와 보니 애나 어른, 노인 할 것 없이 손바닥보다도 더 작은 휴대폰을 가지고 있었다. 물론 이런 풍경은 토론토에서 본 적이 없었다.

 겉보기에는 틀림없이 우리나라가 캐나다보다 선진국이다. 한국에서는 산골과 같은 아주 외진 곳을 빼고는 낡고 녹슨 차를 타고 다니는 것을 보기 힘드니 말이다. 게다가 대중교통이 서울처럼 잘되어 있는 도시는 세계적으로 그렇게 많지 않을 것이다. 좁은 땅을 가지고 있으면서도 누구나 차를 가지고 있고, 번쩍거리는 차를 가지고 있어야 하니 겉만 보고는 한국이 캐나다보다 더 화려하고 선진국 같아 보인다. 여성들의 옷차림이나 외모만 보더라도 한국 여성이 더 선진국 사람들 같아 보인다. 우스갯소리를 하자면, 캐나다에서 젊은 동양 여성을 만나면 그 여성이 한국계인지 중국계인지 일본계인지 식별할 수 있는 지표가 있다고 한다. 화장을 얼마나 하고 있는지를 보면 한국 여성임을 알 수 있다는 것이다. 어느

캐나다의 정보통신 산업

캐나다는 1969년에 통신부가 설립되었으며, 1972년 세계 최초의 정지궤도위성인 아니크를 발사하였다. 인더스트리 캐나다는 통신정책을 수립하고, 통신사업자를 위한 주파수 할당, 면허발급 등의 업무를 수행한다. 통신사업자인 스텐트는 1931년 7개 주요 지역전화 사업자들의 연합인 트랜스 캐나다 텔레폰 시스템(TCTS)이 1983년 텔레콤 캐나다로 개칭되었다. 텔레콤 캐나다는 캐나다 국내 통신제품 및 서비스를 개발·공급하며, 국제기구와의 관계를 담당하는 업무를 수행하고 있다.

벨 캐나다 엔터프라이즈(BCE)는 1983년 설립되어 벨 캐나다와 노르텔을 거느리고 있는 최대의 통신 관련 회사다. 미국을 제외한 국제통신 서비스는 텔레글로브 캐나다 사(社)의 통신망을 통해 접속이 가능하다. 텔레글로브는 몬트리올에 2개, 토론토에 1개, 밴쿠버에 1개씩 총 4개의 국제 교환센터를 두고 있다. 1999년 현재 디지털화 된 본회선 수는 1,850만 회선이며, 100% 디지털화 되어 있다.

셀룰러전화 서비스는 1999년 현재 300여 만 명이 가입하였으며, 모빌리티, 칸텔, 클리어넷, 마이크로셀 등이 제공하고 있다. 1998년 현재 모빌리티가 가입자 수 2,932,000명으로 가장 많다. 고정위성 서비스는 텔레샛과 캔콤이 제공하고 있다.

최초의 디지털 텔레비전 방송은 1998년에 실시되었다. 1998년에 조사한 결과 라디오 채널 수는 1,867개고 텔레비전 채널 수는 1,491개다. 전국 방송을 실시하는 방송사는 유일한 민영방송사인 CTV 텔레비전 네트워크와 정부 소유의 소시에테 라디오-캐나다가 있다. 지역방송사는 액세스 네트워크, 애틀랜틱 텔레비전 네트워크, TVA 텔레비전 네트워크 등이 있다. 1998년 현재 라디오 방송국은 594개가 있으며, 텔레비전 방송국은 154개가 있다. 1999년 현재 인터넷서비스 제공사업자(ISP)는 750개다.

날 나는 화장을 한 젊은 한국 여성에게 말했다.

"그 나이에는 화장을 하지 않아도 예쁠 나이야. 그러나 화장을 해야만 예쁠 나이가 오거든. 그때 가서 화장을 해. 지금은 있는 그대로가 예쁠 때야."

그랬더니 그 여성은 말했다.

"한국 사람들은 화장을 안 하면 여성으로서 예의가 없다고 생각하기 때문이에요."

화장을 한 여성들, 남녀 할 것 없이 세련된 옷차림, 들고 다니는 첨단 전자제품, 화려하고 고급스러운 것만 보면 우리나라가 캐나다보다 더 선진국처럼 보인다. 그래도 우리나라를 아무도 선진국이라 하지 않는다. 캐나다는 우리에 비하여 누리고 사는 것이 형편없어 보이는데도 엄연히 선진국 대열에 서 있고, 선진국으로의 자부심이 대단한 것은 무엇 때문인가? 도대체 고급스럽고 화려한 온갖 물질을 풍요롭게 누리고 있는 우리나라를 왜 선진국이라 하지 않는가? 첨단산업인 IT산업 세계 1위라고 하는데도? 대답은 의외로 간단할 수 있다. 아무리 산업이 발전하고 물질적인 풍요로움을 누리고 있다고 하더라도 그것만으로는 한 나라를 절대적인 선진국으로 평가하지 않는다는 것이다. 그러면 무엇이 선진국이라고 할 수 있는 기준인가? 그렇다면 이제 후진국 같아 보이는 캐나다, 그러나 선진국으로 통하는 캐나다에 대해 알아보자.

캐나다가 선진국으로 통하는 이유

사회의 발전단계를 크게 세 단계로 나눌 수 있을 것이다. 첫째는 생존의 단계다. 둘째는 먹고 놀고 즐기는(Enjoy) 단계, 마지막으로는 의미와 가치를 추구하는 단계다. 후진국이 첫째 단계와 둘째 단계를 맴도는 사회라고 한다면, 선진국은 이 두 단계를 모두 지나 셋째 단계로 넘어가는 사회로 접어든 나라다. 결론부터 이야기하면 우리나라에서 대부분의 민초들은 그동안 치열한 생존의 단계를 살아왔다. 그리고 근래에 와서는 이 첫째 단계를 거쳐 즐기며 살아가는 둘째 단계에 접어들었다. 하지만 캐나다는 셋째 단계인 의미와 가치를 추구하는 사회이기 때문에 선진국이라고 나는 생각한다.

첫째 단계는 가장 기본적인 삶의 단계이며 삶의 고통을 면하는 것이 우선이기 때문에 철학이니, 정신문화니, 삶의 의미나 가치를 묻는 것을 사치로 여길 수 있는 단계다. 우리나라의 경우에는 일제시대와 6.25전쟁을 겪으면서 뼈저리게 생존의 첫 단계를 살아왔다. '잘살아보세'를 외치면서 많은 사람들이 희생을 치러야 했다. 배우지 못하고 가진 것도 없는 사회의 주변인들은 '공돌이', '공순이' 소리를 들어가며 라면에 눈물의 찬밥을 말아 먹으며 배고픔을 이겨야 했다. 그리고 인간답게 살게 해달라고 외치던 사람들에게는 '빨갱이'라는 명칭을 달아주었다. 그래도 그만한 희생이 있었기에 우리나라는 고도성장의 문턱에 들어서게 된 것이다. 이제는 동남아의 많은 노동자들이 우리나라에 몰리는 것을 보면 우리나라가 절대빈곤을 어느 정도 퇴치한 듯 보인다. 그리하여 이제 겨우 두 번째 단계로 들어선 듯하다.

생존이 어느 정도 해결되면 치열하게 살아왔던 시대에 대한 보상심리가 맞물려서 누구나 삶을 즐기고 싶어 할 것이다. 우리나라는 고도성장의 기치 아래 뼈 빠지게 일하고 입을 것 못 입고 먹을 것 못 먹으며, 허리띠 졸라매서 겨우 둘째 단계까지 가까스로 올라갔다. 그래서 아무리 살기 힘들다고 아우성쳐도 소비성향은 예전과 비교가 안 되게 높아졌다. 물론 아직도 하루하루 끼니 잇기도 어려운 도시빈민이 많이 있긴 하지만 그래도 절대빈곤은 어느 정도 퇴치되었다고 할 수 있다. 아주 쉬운 예로, 주말이나 연휴가 되면 아무리 바쁘고 살기 힘들어도 많은 사람들이 차를 타고 교외를 찾기 때문에 고속도로는 주차장을 방불케 하고 있다. 우리나라 어디를 가도 온갖 다양하고 특이한 고급스런 음식점을 쉽게 발견할 수 있는 것을 보면 알 수 있다.

나는 사람들이 유명하다는 음식점을 찾아다니는 모습을 보면서 "어쩌면 아직도 못 먹던 시절의 한을 다 못 풀었는지 몰라."라는 생각이 들곤 한다. 혹시 소위 선진국이라고 하는 나라들을 자주 다녀본 독자들이라면 아실지 모르겠다. 선진국을 주의 깊게 관찰해보면 참 재미있는 사실을 발견할 것이다. 선진국이라고 하는 어느 나라를 가더라도 한국처럼 음식점이 많은 도시는 없을 것이기 때문이다.

물론 요즈음은 상황이 달라지긴 했다. 국가경제가 곤두박질치면서 가계의 빚을 감당할 능력이 없어서 가족동반자살을 기도하는 사건들이 비일비재하기 때문이다. 이러한 열악한 경제적 상황으로 음식점도 분명 타격을 받을 것이다. 가계가 어려우면 외식부터 줄일 것이기 때문이다. 그래서인지 지금 우리나라는 먹고 놀고 즐기는 둘째 단계에서 생존의 첫 단계로 떨어지는 듯하다. IMF사태를 맞은 이후에 상당수의 국민들이 생계유지에도 급급한 첫 단계로 떨어졌기 때문에, 우리나라에 중산층이 없어졌다는 말이 과장되게 들리지 않는다.

소위 중산층 이상의 부유층은 별 탈 없이 두 번째 단계를 누리고 있는 듯이 보인다. 금융위기의 타격이 그들의 생존을 위협하지는 않았기 때문이다. 그러나 일부 특권층에서 누릴 수 있는 부나 권력만으로 인간은 절대 행복해질 수 없다. 아무리 잘 먹고 즐기고 자신이 가지고 있는 엄청난 돈을 맘껏 쓸 수 있다 하더라도 그것만으로 인간은 행복해질 수 없다. 인간에게는 결국 채워지지 않는 것이 있기 때문이다.

예를 들면 차가 없을 때는 차를 갖고 싶었고 집이 없을 때는 내 집 하나 갖고 싶었다고 치자. 그래서 죽기 살기로 돈을 모아서 하고 싶었던 것을 다 해보았다고 해도, 삶이 허무한 것은 피할 수 없을 것이다. 비록 자신이 목표했던 모든 것을 다 이루었다 하더라도 자신이 무엇 때문에 살고 있는지 회의가 드는 것은 건강한 정신을 가지고 있는 사람이라면 누구나 느끼는 것이다. 만약에 그러한 것을 느끼지 못하는 사람이라면 정신적으로 건강하다고 말할 수 없을지 모르겠다. 왜냐하면 의미와 가치를 묻는 것이 건강한 정신을 가진 인간의 본성이기 때문이다. 그래서 인간은 두 번째 단계에서 만족할 수 없다. 두 번째 단계를 누려본 사람이 정신적으로 건강하다면 자신의 삶의 의미를 묻고 좀 더 높은 가치를 추구하는 세 번째 단계로 넘어가기 마련이다.

세 번째 단계에 들어서서 삶의 의미와 가치를 추구한다면 물질의 풍요로움은 큰 의미가 없을지 모르겠다. 먹고 살기 힘들었던 가난한 시절에는 텔레비전의 드라마에 나오는 근사한 장면을 보고는 "나도 언젠가 돈을 많이 벌면 저렇게 넓은 거실이 있는 집을 살 거야. 그리고 저렇게 화려한 소파에 길게 앉아 최고급 프랑스 와인을 맑고 투명한 소리를 내는 크리스털 잔으로 근사하게 마시겠다."라는 꿈을 꿀 것이다. 그래서 결국 돈을 많이 벌어 갑부가 되었다면 모든 것을 값지고 비싼 것부터 구입할 것이다. 그리고 그렇게 꿈꿔왔던 최고급 크리스털 와인 잔을 살지 모르겠다. 크리스털 와인 잔이라는 물질적 풍요로움이 그에게는 큰 의미가 있기 때문이다.

하지만 반대로 한 번도 배고픈 적이 없거나 생존문제로 치열하게 살아보지 못한 사람들이라면 와인 잔이 유리 잔이든 크리스털 잔이든 아무런 상관이 없을지 모른다. 물론 좋은 와인을 마시는데 기왕이면 크리스털 잔이면 좋겠지만 그에게는 큰 의미가 없을 것이다. 그리고 의미와 가치를 추구하는 사람들이라면 크리스털 잔으로 최고급 프랑스 와인을 마시는 것이 자신의 인격이나 품위를 말해주지 않는다는 것을 이미 알 테니

가라지 세일에서 50년 이상된 이 사진기와 또 다른 사진기 2개를 10달러에 주고 샀다. 그 중 한 개는 대학생인 동혁이에게 선물로 줬다. 이 사진기를 살 때 나는 골동품의 가치도 있겠지만 한 번 찍어보고 싶어서 잘 나오는지 물어봤더니 "It works well~"이라는 대답을 들었다. 그러나 아직 안 찍어봤다. 골동품의 가치가 있으니까. 이 사진기는 코닥이다. 렌즈가 달린 주름을 접고 뚜껑을 덮도록 되어 있다.

말이다.

　우리나라 국민들 중에서 특권층을 제외하고는 대부분이 첫 단계에 있고, 일부 부유층은 둘째 단계를 누리고 있지만 캐나다는 이미 세 번째 단계로 접어든 것 같다. 물론 이 세 단계를 엄밀히 구분할 수는 없다. 사회적 분위기에 관계없이 삶의 방식에는 개인차가 있기 때문에 그것을 일반화시키기에는 무리가 있기 때문이다. 첫 단계에서 허덕이고 살고 있지만 언제나 의미나 가치를 추구하며 살아가는 사람들도 있을 것이고, 두 번째 단계를 삶의 목표로 생각하여 평생을 배고픈 소크라테스보다 배부른 돼지로 살아가는 사람도 있을 것이고, 이 세 단계를 수시로 왔다 갔다 하는 사람들도 있을 것이기 때문이다.

　생존의 단계를 살아가거나 물질적 풍요로움만 즐기는 단계에 머물러 있으면서 살아가는 사람들이 이해하기 힘든 세 번째 단계를 어느 정도 실현하는 사회가 있다면, 그것은 바로 캐나다 사회라고 나는 보고 있다.

나는 토론토에서 대학원 과정을 공부하면서 그들의 내면세계를 깊게 들여다볼 기회가 많이 있었는데 그때마다 감동적이었다. 그러나 잘살아보자는 것이 고도성장, 산업발달, 물질적 풍요로움이었고, 그것을 국시로 삼아 질주해온 우리나라 사람들의 눈에 캐나다는 후진국처럼 보이고 촌스럽게 보일지 모른다.

하지만 나는 군사독재 시절부터 꿈꿔왔던 이상적인 사회로 캐나다를 거론하고 싶다. 우리에게 캐나다가 후진국 같아 보이는 것은 자본주의 노선을 포기하고 사회주의 노선을 가고 있기 때문이다. 캐나다 사회주의에서는 대부분의 자본주의 사회에서 볼 수 있는 물질적 풍요로움이나 화려함을 볼 수 없기 때문에 우리 눈에는 상대적으로 후진국 같아 보일 수 있다. 하지만 삶의 질이 평준화 되어 있다는 사실을 생각해보면 결코 후진국이라고 말할 수 없다. 그들은 이미 물질적 가치보다 정신적 가치를 추구하는 데 더 높은 비중을 두고 있기 때문에, 물질적 가치를 추구하여 얻을 수 있는 화려함은 그들에게는 별 의미가 없어 보였다.

때때로 나는 캐나다 사람들이 순박하고 순수해 보일 때가 자주 있다. 그들은 작은 것으로도 기뻐하고 만족할 줄 알기 때문이다. 많은 것을 가지고 있으면 거기에 하나를 더한다 하더라도 표가 나지 않는다. 그래서 별로 기뻐하거나 감사할 줄 모른다. 반면에 가진 것이 적은 상태에서 어쩌다가 하나를 더 얻게 되면 그만큼 기쁨도 커지고 감사한 마음도 갖게 될 것이다. 크리스털 잔이 없어도 좋다. 그러나 누군가에게 그것을 선물 받으면 너무나 기쁘고 감사한 마음을 갖게 될 것이다. 집에 크리스털 잔이 널려 있으면 혹시 선물로 받더라도 그렇게 기뻐하지는 않을 것이다.

여러분은 아무 색깔도 장식도 없는 아주 단순한 방 안에 있는 한 송이 장미가 얼마나 아름다운지 상상해보라. 캐나다 사람들은 방 안에 온갖 꽃으로 화려하게 장식되어 있는 것보다는 아무 것도 없는 단순한 방에

놓여진 단 한 송이 장미의 풍요로움과 아름다움을 즐길 줄 아는 사람들 같다. 그들이 그렇게 순수하고 단순해 보이는 것은 바로 이러한 이유에서일 것이다. 비록 그들이 가난한 후진국의 사람들로 보이기도 하지만 아무도 그들을 후진국 사람들이라고 하지 않는 이유가 바로 여기에 있지 않을까? 그러한 사회적 풍토와 분위기는 그들의 영성이 바탕이 되었고, 그 바탕 위에 형성된 그들의 의식수준이 캐나다식의 사회주의라는 사회적 합의를 이루었다. 그래서 캐나다를 선진국이라고 말하는 것이다.

물질적 부만 보려 한다면 캐나다를 볼 수 없다

마음이 가면 눈도 가기 마련이다. 차가 없었을 때에는 토론토의 도로에서 경찰관을 거의 볼 수 없었지만 차가 생기니 나는 온통 경찰관만 보였다. 그리고 수도원이나 예수회에서 살 때만 하더라도 그 큰 도시에 아파트가 안 보이는 것을 이상하게 생각했다. 그런데 막상 자취를 하려고 아파트를 구하러 다니다 보니 온 천지가 아파트였다. 이와 같이 물질적인 것에 마음을 두면 물질적인 것이 보이고 정신적인 것에 마음이 가 있으면 정신적 가치들이 보인다. 자신의 마음 안에 있으면 보이고 마음 안에 없으면 안 보이는 것이다. 아무리 소중한 것도 소중함을 아는 사람에게나 소중함이 보인다. 자신이 어떠한 마음을 가지고 있느냐에 따라 그 사회는 달리 보이기 마련이다.

캐나다의 영성은 정신적 가치를 보게 해주는 그들의 마음이며, 그로 인해 캐나다 사회가 보편적 시민정신을 이루고 있는 것처럼 보였다. 만약에 부나 권력에만 마음을 두고 있으면 돈이나 지위를 얻기 위한 방법들이 눈에 보일 것이고 물질적 관점에서만 사회를 바라보게 될 것이다. 하지만 정의와 평화를 사랑하는 마음이 있으면 함께 더불어 살아가는 사회를 만들어가는 것이 보일 것이다. 그래서 사회에 정의롭지 못하거나 평화를 위협하는 요소들이 있으면 현실을 개선하려 할 것이며, 그러한 갈망은 사회의 모든 구조나 제도적 장치들을 만들어가는 데 영향을 미칠 것이다.

물질적 가치를 추구해온 우리나라의 경우에는 물질적 이익 앞에서 정의의 이름이 너무나도 무력할 때가 많이 있다. 혹 자신의 불이익을 감수하면서 사회의 정의를 부르짖어도 큰 영향을 미치지 못한다는 것을 누구나 경험했을 것이다. 심지어는 온몸에 휘발유를 붓고 분신을 하며 몸 바쳐도 고쳐질까 말까 한 나라가 아니었던가. 어떠한 사안이 타당성이 있고 합리적이며 정의로운 것이라면 수용되는 캐나다를 보면, 왜 사람들이 캐나다를 선진국이라 하는지 쉽게 이해가 된다.

나는 비록 우리나라 사람들에게 캐나다가 후진국 같아 보이고, 우리나라만큼 놀랄 만한 고도성장을 이루지 못했더라도 그 나라를 낮게 평가하지 않는다. 반대로 우리나라의 놀라운 경제성장에 대해 "우리나라가 이

캐나다 사회가 인디언 문화를 존중하고 있음을 보여주는 유적이다.

렇게 잘살게 되었네." 혹은 "우리나라가 이렇게 발전했네."라고 전혀 감동하지도 않는다. 물질적 풍요로움만이 선진국의 지표가 될 수 없기 때문이다. 그렇다고 해서 캐나다 사람들에게 물질적 풍요로움을 전혀 누리고 살 마음이 없는 것은 아니다. 하지만 그들이 무엇에 가치 우위를 두고 있는지 생각하자면 선진국이라 할 수 있을 것이다.

6. 캐나다 사회에도 해결해야 할 과제가 있다

나는 캐나다 전문가가 아니기 때문에 캐나다가 안고 있는 정치, 경제, 사회 전반적인 문제점과 과제들에 대하여 전문적이며 학술적인 지식을 갖고 있지 못한 게 사실이다. 그러나 가톨릭 사제가 바라볼 수 있는 수준에서 캐나다의 주요한 과제들에 대해 짐작할 수는 있다. 그래서 몇 가지 중요한 사안들 세 가지만 짚어보고자 한다.

가치관이 서로 다른 문화를 가진 이민자들과 함께 살아가야 한다

흔히 미국 이민을 용광로 방식에 캐나다 이민을 모자이크 이민에 비유하곤 한다. 다시 말하면 미국은 이민자들이 가지고 있는 언어나 문화 등이 존중되어지기보다는 미국 사회에 흡수되어 한 덩어리가 되도록 하는 방식의 이민정책을 가지고 있다. 반면에 캐나다는 다민족을 수용하면서도 각 민족의 고유함을 유지하며 다양성 안에서 일치를 추구하는 이민정책을 가지고 있다. 모자이크는 각각의 조각 하나하나가 다 소중하며 전체 그림 안에서 고유한 역할을 하게 된다. 몇 개의 조각만 없어도 모자이크의 전체그림이 완성될 수 없기 때문이다. 따라서 다양함이 존중되면서도 어떻게 캐나다만이 간직해온 고유한 영성이 사회 전체에 영향을 미칠

퀘벡과 분리운동

퀘벡을 처음 방문하면서 프랑스어를 전혀 몰랐던 나는 도저히 의사소통이 되지 않아 캐나다와 전혀 다른 나라에 와 있는 느낌을 받았다. 나는 유학 초기에 언어학교(ESL)를 다닐 때 상급반(Advance Course)에서 캐나다 청년과 같이 수업을 들었다. 나는 청년에게 왜 캐나다 사람이 영어를 배우냐고 물었더니, 그는 자신이 퀘벡 사람이라고 대답했다. 그는 고등학교 때 영어를 배우기는 했지만 다 잊어버려서 영어 어학연수를 토론토로 온 것이었다. 이렇게 한 나라에서 두 가지 언어를 사용한다는 것이 참으로 재미있게 여겨지기도 했다. 하지만 캐나다에서는 앞으로 국가의 미래에 큰 변수로 작용할지 모르는 일이다. 그것은 바로 퀘벡의 분리 문제 때문이다.

캐나다 건국 이래 퀘벡 분리 문제는 세계의 이목을 집중시켰던 캐나다의 가장 큰 문제가 되어왔다. 퀘벡은 1763년의 파리조약에 의해 영국이 프랑스로부터 양도받은 옛 프랑스 식민지였다. 그래서 퀘벡 주에는 캐나다 전체 인구의 약 23%에 해당되는 프랑스계가 전체 주민의 4분의 3을 차지하고 있다. 영국계(약 65%)에 비해 상대적으로 소수인 프랑스계는 자신들을 보호하려는 움직임을 건국 초기부터 내재해왔다. 물론 중앙 정부는 영어는 물론 프랑스어도 공용어로 정하고 각종 융화정책을 취하고 있지만 민족문제는 여전히 남아 있게 되었다.

1970년, 주 의회 선거에서 연방 정부로부터 퀘벡을 분리하고 독립하자는 주장을 해왔던 퀘벡 당이 승리하였다. 르네 레베스크 퀘벡 당수의 주도하에 프랑스어를 공용어로 하자는 '프랑스어 헌장'이 반포되기도 했다. 1981년, 주 의회 선거에서 또다시 퀘벡 당이 승리하자 이 기세를 몰아 퀘벡 주를 포함한 8개 주의 총리들이 수도인 오타와에 모여 회합을 갖게 되었다. 그리고 각 주의 권리를 제한하려는 연방 정부의 개헌조항에 대하여 헌법 개정을 받아들이는 문제는 각 주가 독자적으로 결정할 것에 합의하였다. 그러나 1987년, 퀘벡 주가 새로운 헌법을 받아들이기로 결정하자 전체 10개 주가 새로운 헌법을 승인하고 통일된 하나의 캐나다를 확정하였다.

1992년 10월, 퀘벡 주를 캐나다 연방의 일원으로 남게 하려던 헌법 개정안이 반대 55%로 부결됨으로써 퀘벡 분리 독립운동은 가속화 되었다. 1994년 12월, 퀘벡 주지사인 작 파르조가 퀘벡 주 독립초안을 발표하였지만 1995년 선거에서 50.5%가 퀘벡의 독립을 반대해서 퀘벡 분리가 또다시 부결되었다. 하지만 1999년, 퀘벡 주지사인 보차르드는 퀘벡 독립을 위해 주민설득에 필요한 기금을 준비하기 시작했다. 그리고 아직도 퀘벡 문제는 중요한 국가적 변수로 남아 있다.

퀘벡은 독립이 아직 해결되지 않은 복잡한 문제가 남아 있다. 퀘벡 주에 거주하는 영어 사용자들은 위기의식을 느끼고 영어를 사용하고 있는 대도시로 몰리는 경향을 낳기도 하였다. 토론토가 근래에 들어와서 인구가 급증한 것도 그러한 이유와 무관하지 않을 것이다.

수 있을까 하는 과제가 남아 있다.

그리고 캐나다는 적은 인구를 가지고 있다. 방대한 국토와 경제활동을 유지하기 위해서는 절대적으로 인구가 부족한 현실이다. 캐나다는 노동력이 부족한 데서 생긴 문제를 대부분 이민으로 충당하고 있다. 토론토만 하더라도 토론토 출신인 사람들은 이제 50%도 채 안 되며 앞으로 이민자들의 비율은 점점 늘어날 전망이다. 이민자들은 전 세계에서 모여든다. 그 사람들은 각기 다른 문화를 가지고 살아왔을 것이다. 특히 그들은 가톨릭 문화가 우세한 캐나다와는 다른 다양한 종교적 가치관을 가지고 이민을 온다. 뿐만 아니라 이민자들 중에서 많은 사람들이 사회주의보다는 자본주의 방식의 경제활동을 하다 온 사람들일 것이다. 그러한 다양한 사람들을 존중해주면서도 어떻게 그들을 캐나다의 영성에 융화시킬 것인가 하는 것이 문제이다. 결국 이민자들이 캐나다 문화에 흡수되어가는 과정에서 일어나게 되는 여러 가지 시행착오와 갈등들을 어떻게 풀어나가느냐 하는 것이 문제이다.

또한 캐나다 사람들은 이민자들에게 부정적인 것들을 배우기도 한다. 나는 우리나라 부모들의 촌지에 캐나다 선생들이 서서히 물들어가며 맛을 알기 시작했다는 우려를 들은 적이 있다. 급할 것이 없고 여유롭게 살아온 사람들이 그동안 치열하고 각박하게 살아온 사람들에 의해 전염되어갈 수도 있다. 운전할 때에도 늘 여유롭게 기다려주며 경적 사용을 거의 안 하던 캐나다 사람들도 거칠게 운전하며 틈만 나면 끼어들고 빵빵거리는 운전자들을 짜증스러워 하면서도 그들을 닮아가고 있다. 더욱이 캐나다 사람들의 영성은 더불어 살아가는 것인데, 자신만 잘살면 된다는 방식에 익숙해진 사람들로 인해 삶의 방식이 변할 수도 있다. 혹시 내가 여태까지 손해만 보며 살아간 것이 아닐까 하고, 자신의 삶의 방식에 회의를 갖지 않을까 우려된다.

결국 캐나다가 본래 지니고 있었던 그들만의 삶의 방식을 다양한 이민자들의 틈바구니에서 어떻게 유지되고 발전시킬 것이며, 그들의 고유한 영성이 변질될 가능성들을 어떻게 차단해나갈 수 있을까 하는 과제가 남아 있다.

캐나다 사회주의를 지속시켜야 할 과제가 남아 있다

캐나다식의 사회주의를 어떻게 지속할 수 있을까 하는 과제도 문제다. 사회주의 국가의 가장 큰 모순은 삶에 대한 적당한 긴장이 부족한 것이다. 물론 그로 인해 사회 발전이 더딜 수도 있다. 그리고 이러한 문제에 대해 캐나다가 고민하고 있는 것은 사실이다. 땀 흘려 일해봐야 세금으로 다 내야 하니 일해서 돈버는 재미도 없고, 학문을 해서 학위를 받고 취직을 해봐야 경제적 수준은 공장에서 일하는 것과 큰 차이가 없으니, 삶의 도전의식이나 긴장이 상대적으로 부족할 것이다. 그래서 의식이 있는 젊은이들을 제외하고는 땀 흘려 일하거나 공부하려 하지 않으려는 경향이 있을 수도 있다.

뿐만 아니라 자본주의의 맛을 본 젊은이들은 돈을 벌기 위해 미국으로 자꾸 건너가는 추세다. 몇 년 전, 미국은 약학대학의 학제를 4년에서 6년으로 늘였다. 결과적으로 매년 배출되던 약사들이 2년간 배출이 안 되면서 약사의 부족현상이 일어났다. 그러한 사실을 알게 된 캐나다의 약사들이 대거 미국으로 떠났고, 지금은 그 영향으로 캐나다에 약사가 부족한 현상이 일어났다. 나는 캐나다를 떠나 미국으로 건너간 약사들이 노후에는 몰라도 젊을 때 다시 캐나다로 돌아올 것 같다고 보지는 않는다. 왜냐하면 미국은 캐나다와 비교하여 상대적으로 세금이 적고 환율도 높기 때문에 돈을 얼마든지 모을 수 있는 나라다. 일단 자본주의의 돈맛을 본 그들이 과연 캐나다로 다시 돌아올까 의심스럽기 때문이다. 캐나다 학부모들에게는 개념조차 없는 촌지를 한국 부모들로부터 배워서 그것에 물들어가는 선생들처럼 캐나다의 인재들이 언제라도 미국 자본주의에 물들 가능성은 있다. 그동안 사회주의 경제 시스템 안에서 별 불편함이나 불만 없이 살아왔다 하더라도 바로 곁에 미국이 있고, 언제라도 미국의 자본주의 경제 시스템에서 느낄 수 있는 매력, 즉 돈맛을 볼 수 있는 것이 그들이다.

초창기 캐나다가 형성될 당시의 캐나다 이주자들은 주로 영국과 프랑스와 같은 유럽 본토의 사람들이었다. 그 이후부터 근래까지는 초창기 유럽이주자들의 친인척들을 비롯한 유럽의 제1세계 국가들, 즉 G7에 들어 있는 나라들이 대부분 캐나다로 건너왔다. G7 국가들인 영국, 프랑스, 독일 등의 나라는 현재 사회주의 경제 시스템을 가지고 있어서 세금의 징수나 그 쓰임새가 캐나다와 비슷하다. 나는 경제 전문가가 아니라서 캐나다가 유럽 본토의 영향을 받은 것인지, 유럽 본토가 캐나다의 영

캐나다의 이민 정책과 이민의 역사

캐나다 이민의 역사는 대체로 다음과 같이 다섯 시기로 구분할 수 있다.

1) 제1기 (건국~1896년 이민법 제정)
초창기에는 이주에 제한이 없었기 때문에 영국과 프랑스뿐만 아니라 유럽 각지에서 다양한 이민자들이 캐나다로 유입되었다. 다만 중국인은 인두세를 부과하는 등 제한을 받기도 했다. 중국인은 태평양 철도의 건설을 위한 노동자로서 받아들여졌으나 1885년 철도가 완성되면서부터 이민에 제한을 두기 시작한 것이다.

2) 제2기 (1896~1차 세계대전)
서부지역의 개척을 위해 이민자들의 유입이 이루어졌으며, 유럽대륙의 농민이 다수 이주해왔기 때문에 영국계와 프랑스계가 많았다. 그 밖에도 아주 소수의 중국인이나 일본인도 있었고 독일, 스칸디나비아국가, 네덜란드, 우크라이나, 헝가리, 폴란드계 등 북유럽이나 동유럽 사람도 많이 이주했다. 20세기에

들어오면서 농민 및 노동자의 이주도 증가하면서 1913년에 이민자들은 40만 명 이상에 달하기도 했다.

3) 제3기(1차 세계대전~2차 세계대전 종전)

캐나다 정부는 전쟁으로 인하여 이민을 크게 제한하였다. 1923년에는 중국인의 이민을 금지했으며, 1928년에는 일본인의 이민도 제한하였다. 캐나다에 들어온 당시 영연방 시민이었던 인도인 4백 명 가량이 입국 거부되기도 했고, 나치에 의해 추방된 9백 명 이상의 유대인이 다시 프랑스로 추방된 일도 있었다.

4) 제4기(2차 세계대전 종전~1960년대 초반)

2차대전이 끝나자 전후 캐나다 경제발전을 위해 더 많은 노동력이 필요했다. 이때 이민자들의 대부분은 유럽인이었고 남유럽이나 동유럽인들도 많았다. 특히 이탈리아인의 이민이 두드러져 1957년에는 캐나다 이민 사상 처음으로 이탈리아인 이민이 영국계와 프랑스계를 넘어서기도 했다.

5) 제5기(1960년대 중반~현재)

캐나다 이민정책은 점수제로 바뀌게 되었다. 이민의 기준은 인종이나 민족이 아니라 연령, 학력, 직업이나 능력 등으로 바뀌었다. 그로 인해 유럽 이외의 이민, 즉 유색 인종의 이민이 증가되었다. 1960년대는 인도계 이민이 많았고 1970년대 들어와서는 캐나다로의 이민국 상위 10개국 중 6개국이 아시아, 아프리카, 중남미의 나라들이 차지하기도 했다. 그 이후 월남 난민의 유입과 홍콩 탈출자 등 아시아계 이민이 특히 많았다. 유럽 이외의 국가에서 들어온 이민자들이 유럽계 이민을 상회하게 된 것 역시 점수제의 도입과 무관하지 않다.

1960년대 초까지 캐나다는 기본적으로 북유럽으로부터의 이민이 바람직한 이민이라고 여겼으나, 이후 자유당 정권이 들어서면서부터 대대적인 정치, 경제, 행정 개혁이 이루어지면서 종래의 이민정책이 시대적 요구에 부합하지 않는다고 판단하였다. 그래서 1967년에는 이민 대상자를 연령, 교육수준, 직업이나 능력, 언어능력 등을 포함한 10개 항목에 관한 '점수제'로 평가하는 새로운 방식이 도입된 것이다. 다시 말하면 캐나다 사회의 질적 향상을 위한 이민정책으로 수정된 것이다. 오늘날에는 약간의 기준이 재조정되긴 하였지만 이민에 대한 이러한 정책은 현재까지도 지속되고 있다.

결과적으로 1980년대 이후 유색인종 가운데서 특히 아시아 지역의 이민이 급증하여, 1981년부터 1986년까지 5년간의 통계를 보면 전체 이민 인구 중 43%를 차지하게 된다. 이는 29%의 유럽인을 압도하는 수치다. 이와 같이 다민족으로 이루어진 캐나다는 제1세계의 국가 중에서 가장 인종차별을 느낄 수 없는 다민족국가로 거듭나게 되었다.

향을 받은 것인지 알지 못한다. 하지만 미국과 달리 유럽의 G7 국가들과 캐나다는 현재 비슷한 사회구조를 가지고 있는 듯하다. 그래서 유럽에서 건너온 과거의 이민자들은 캐나다 사회주의를 쉽게 받아들이고 잘 적응하면서 사는 것 같다.

하지만 최근에 이민을 오는 사람들의 경우에는 양상이 다르다. 최근에는 주로 아시아, 아프리카, 남미, 중동, 동유럽 등의 제2, 제3세계 국가에서 캐나다로 이민을 오는 추세다. 제2, 제3세계의 국가들은 주로 개발도상국이거나 경제적으로 아주 열악한 환경이다. 이러한 나라에서 살던 사람들은 보다 나은 삶의 질을 찾아 캐나다로 이민을 온다. 캐나다는 베트남 난민과 같은 오갈 곳 없는 사람들을 받아주기도 했지만 제2, 3세계 국가에 살 때 적어도 엘리트들이거나 그 사회의 주류에 들어간 사람들이 캐나다에 이민 올 수 있다. 그러므로 대부분 자본주의 경제체제를 가지고 있는 제2, 제3세계 국가에서 살다 온 이민자들이, 사회주의 시스템에 적응하고 살아갈 수 있는지도 문제이다.

멀리 볼 것 없이 우리나라 이민자들만 봐도 그렇다. 대부분 이민 생활에서 오는 불만과 고통을 호소하는 사람들은 캐나다 사회주의를 잘 알지 못하는 사람들이다. 나는 한국인 이민자들의 40%가 캐나다에서 극빈자로 내몰리고 있다는 말을 들은 적 있다. 물론 그들의 통장이 비어있다는 뜻일 것이다. 그렇다면 번듯하고 큰 집을 가지고 있으나 대부(Loan)통장을 서너 개쯤 가지고 있어도 아무런 걱정이 없이 살아가는 캐나다 사람들을 어떻게 받아들여야 할까? 설령 캐나다 사회주의 방식을 잘 알고 있다 하더라도 여태까지 한국에서 살아왔던 미국식 자본주의의 방식으로 사회주의 국가에서 살아가려는 사람들은 그 사회에서 살아가기가 여간 힘든 일이 아닐 것이다. 마치 하늘을 날던 새가 물속에서 살 수 없는 것과 똑같은 원리이다.

다행히 캐나다 사회에서는 아직까지 큰 문제가 없어 보인다. 자본주의에 익숙한 사람들의 비율이 그렇게 높지 않기 때문이다. 하지만 그러한 사람들의 비율이 50% 이상 넘어가는 시점에서는 어떻게 할 것인가? 캐나다가 새로운 이민자들을 어떻게 끌어안을지도 하나의 과제가 될 수 있다.

재정적자와 경기침체를 피해야 한다

마지막으로 캐나다에 과제가 하나 더 있다면 계속되는 재정적자와 경기침체, 노동력과 고용 등의 가장 현실적인 문제이다. 캐나다의 전체 인구는 이제 겨우 3,000만 명을 넘었다. 그러나 내수시장에 의한 자력경제가 돌아가기 위해서는 1억의 인구가 필요하다고 한다. 다시 말하면 내수시장을 활성화하기 위해 필요한 인구의 3분의 1도 미치지 못하는 인구를 가지고 있기 때문에 수출에 의존할 수밖에 없다. 그러나 이렇다 할 수출 사업체 하나 제대로 갖추고 있지 않은 캐나다로서는 수출로 인한 경기 활성화에 큰 기대를 걸기 힘든 것 같아 보인다. 설령 수출 사업체를 육성한다 하더라도 그 사업체에서 일할 수 있는 노동력도 부족한 형편이다. 그렇다고 해서 갑자기 출산률을 높일 수도 없고 이민자들을 더 많이 수용할 형편도 없어 보인다.

상식적으로 생각해도 캐나다의 재정적자와 경기침체는 예측 가능하다. 재정적자와 경기침체라는 이 두 가지 문제는 어떻게 보면 기술적인 문제라기보다 물리적인 문제일 수도 있다. 물론 비옥한 땅과 풍부한 천연자원을 엄청나게 가지고 있으니 하다못해 물 부족국가에게 물을 팔아서라도 국민들을 먹여 살릴 수 있어서 미래에 대해 걱정하지 않아도 될지도 모르겠다. 하지만 캐나다는 당장 그러한 자원들을 개발할 기미를 보이지 않는다. 그렇다면 캐나다 정부가 당장 겪고 있는 만성적인 재정적자를 어떻게 해결해나갈 수 있을 것인가?

2002년 여름 캐나다의 일간지 토론토스타(Toronto Star)는 캐나다의 고용문제를 심각하게 다루었다. 그 기사의 요점은 매년 들어오는 이민자들의 수에 비해 고용이 따라주지 않는다는 지적이었다. 정확한 수치는 기억이 나지 않지만 고용 대 새로운 이민자 비율의 편차는 여간 심각한 것이 아니었다. 이는 곧 캐나다에서 새로운 이민자들이 일자리를 구하기가 그만큼 어렵다는 이야기가 된다. 하지만 나는 그렇게 비관적으로 생각하지는 않는다. 캐나다 사회는 어떤 문제이든 한 번 이슈가 되어 논란이 되면 시정이 되는 나라이기 때문이다. 조만간 이민자들의 고용창출을 위해 정부가 대책을 세우리라 기대하기 때문이다.

  이외에도 캐나다는 자력경제를 지향하고 있지만 풍부한 자원의 개발과 그것의 분배를 둘러싸고 각 주마다 의견의 차이를 보이고 있고, 미국에 대한 경제의존도가 심화되는 것은 앞으로 캐나다가 풀어야 할 과제이기도 하다. 하지만 나는 캐나다 사회는 모든 것이 비교적 투명하다고 보고 있고, 정의와 합리성을 추구하는 사회라고 생각하기 때문에 문제들은 해결되리라 믿는다.

3

캐나다로 이민 가서는
안 될 사람, 가도 될 사람

1. 캐나다와 한국의 차이를 알아야 한다

나는 이민을 식물의 이식(Transplant)에 비유하고 싶다. 한 식물을 이쪽 토양에서 저쪽 토양으로 옮길 때 뿌리만 뽑아서 옮기면 죽는다. 뿌리는 흙과 같이 떠서 다른 토양에 심어야 한다. 그러면 처음에 뿌리는 옮기기 전의 흙에 있던 양분으로 살아가다가 천천히 다른 토양과 적응하면서 나중에는 옮겨간 곳의 다른 토양에서 양분을 흡수하여 뿌리를 내리고 자라게 된다.

그런데 옮길 때 뿌리와 흙을 쌌던 비닐을 꽁꽁 묶어서 옮겨 심은 다음, 그 비닐을 열어놓지 않으면 식물은 뿌리를 내리지 못하고 죽기 마련이다. 나는 이민 생활을 이러한 이식과정에 비교한다. 이민을 갔으면 그 사회에 적응하고 살아야 하는데 이민 전의 방식으로 계속 살아가면 마치 비닐 안에서만 양분을 흡수하면서 살겠다고 하는 것과 똑같다. 20년 전에 이민 온 사람들은 20년 전의 사고방식에 머물러 있고, 10년 전에 온 사람은 10년 전의 사고방식에서 머물러 있다고 이민자들이 이구동성으로 말하는 이유가 여기에 있다.

사람의 사고방식이 멈춰 있어서는 곤란하다. 세월은 계속 흐르고 있어서 멈춰 있다는 것은 정지가 아니라 곧 퇴보를 의미하기 때문이다. 이민 온 뒤에도 변화와 적응을 하지 못하고 살아간다면 이민 생활이 만족스럽지 못하고 심한 경우 고통스러울 수도 있을 것이다. 그래서 한국에서의 삶의 방식을 캐나다에서 그대로 연장시키는 것은 스스로를 질식시키는 일이다.

> **캐나다와 한국의 시차**
>
> 서부 밴쿠버 지역은 동부 오타와 수도권 지역보다 3시간이나 늦다. 오타와(토론토)는 서울보다 14시간(서머타임 시에는 13시간) 늦다. 예를 들면 오타와(토론토) 시간으로 오전 10시는 서울 시간으로 오후 12시(서머타임 시에는 오후 11시)다.

문화, 사회 시스템, 경제활동, 교육방식, 생활방식 등등의 모든 분야에서 캐나다가 한국과 다르다는 것을 모르는 사람이 없을 것이다. 그러나 다른 것이 구체적으로 무엇이며 어떻게 적응하며 살아야 할지는 여전히 과제로 남아 있다. 이러한 과제를 해결할 수 있는 사람이라면 이민을 가도 만족스러울 것이지만 그렇지 못한 사람이라면 차라리 이민을 가지 않는 것이 좋을 것이다.

사회주의를 이해할 마음이 없으면 캐나다 이민 가지 말라

사회주의에 대해 이해하고 있거나 그것을 배울 마음이 있으면 캐나다 이민이 바람직할 것이다. 그러나 그렇지 않으면 차라리 미국으로 이민 가는 것이 좋을지 모르겠다.

미국은 우리나라 사람들에게 편안한 나라다. 왜냐하면 우리나라가 근대화된 이후 사회의 모든 시스템이 미국을 따라가기 때문이다. 보고 배운 것이 그렇고 살아가는 방식도 그러하다. 이미 알 만한 사람들은 다 알고 있는 내용이지만 미국은 '약육강식'의 자본주의 논리를 무의식적으로 교육하고 정당화해왔다. 캐나다는 약한 자들을 우선적으로 배려할 줄 안다면 미국은 강한 것을 좋아한다. 일례로 미국 방송국의 〈동물의 왕국〉이라는 프로그램을 들 수 있다. 미국은 〈동물의 왕국〉을 통해 강한 동물이 약한 동물을 잡아먹는 장면을 보여줌으로써 약육강식을 정당화한다. 하지만 다른 나라에서 제작한 동물 관련 방송을 관찰해보면 아무리 사나운 맹수도 배가 부르면 다른 동물을 잡아먹지 않는다는 사실을 알 수 있다.

인간은 자신에게 충분한 만큼을 취해도 그 이상을 계속 가지려고 한다. 그래서 인간에게 요구되는 것이 윤리성인데 이것이 인간과 동물이 다른 점 중 하나다. 하지만 미국의 자본주의는 인간이 동물과 다른 점을 강조하기보다는 동물과 다를 바가 없다는 윤리적 혼란을 야기하면서 그들의 사회체제를 유지해왔다. 그리고 미국화 된(Americanized) 우리나라도 미국의 자본주의 교육을 받아 그와 같이 생각해온 것이 사실이다. 나 역시 학교 다닐 때 약육강식을 배웠고, 우리나라 사람들의 대부분은 그렇게 살아야 하는 것으로 알고 있는 것 같다.

미국 자본주의는 절대로 손해 보는 일은 하지 않는다. 한국전쟁 때에도 자국의 이익과 연관되지 않았다면 미국의 젊은이들이 한국에서 피를 흘리지 않았을지 모르겠다. 한국을 빼앗기면 냉전의 교두보를 빼앗기게 되어 태평양이 위험해지기 때문에 파병하였다는 것을 이제는 누구나 인정하는 정설이 되었다. 그런데 우리나라 사람들은 한국전쟁이 끝나고 전쟁 복구 당시 밀가루, 강냉이가루 등과 같은 대부분의 물자들을 미국이 보내준 것으로 생각한다. 하지만 그것은 미국 정부가 해준 것이 아니라 미국에 있는 가톨릭 신자들이 모금하여 미국 정부를 통해 정부의 이름으로 보낸 것이다. 나는 그 사실을 캐나다 유학 시절 알게 되었다. 미국 자본주의는 자본의 축적을 위해서라면, 즉 돈 되는 일이라면 무엇이든 할 수 있는 나라이다. 가난하고 약한 이들을 우선적으로 배려하며 함께 살아가려는 정신을 반영하고 있는 캐나다의 사회주의와는 너무나 대조적이다. 따라서 사회주의에 대한 이해나 그것을 배울 마음이 없으면 캐나다 이민은 부적합하다고 생각한다.

미국식 자본주의 경제활동 방식에 익숙한 한국 사람들은 통장에 돈이 늘 있어야 마음이 편하고 든든하다. 반면에 캐나다 사회에서는 아무리 잘 벌어도 버는 만큼 세금을 많이 내야 하기 때문에 도저히 돈을 모을 수가 없다. 그래서 한국의 이민자들은 돈을 모으려면 어쩔 수 없이 자신이 버는 것보다 세금을 덜 내는 방법밖에 없다.

그러나 그렇게 돈을 모아도 그 돈을 캐나다 안에서는 쓰는 것도 조심스럽다. 하다못해 당장 자신이 벌어놓은 돈으로 사업을 확장하고 싶어도 세금의 기록이 있어서 정부에서 바로 세무조사가 나올 것이다. 세금을 적게 냈다면 그만큼 수입도 적었을 텐데 어떻게 사업을 확장했는지에 대한 조사가 나오는 것이다. 또한 캐나다 사회에서는 현금보다는 카드를 주로 사용하는데 탈세를 하면 카드 사용도 어렵게 된다. 나는 한국으로 귀국할 때 여행사에서 비행기표를 샀다. 그런데 내 바로 앞의 한 중년의 한국인 이민자 여성도 표를 샀는데, 현금을 한 뭉치나 지불하는 것을 보았다. 이미 캐나다의 경제활동에 익숙했던 나였지만 그렇게 많은 돈을 현금으로 지불하는 것이 어색해 보였다. 캐나다 사람들 중에는 현금을 무더기로 지불하는 경우를 못 봤기 때문이다. 그래서 그 이민자에게 물었다.

"왜 카드를 사용하지 않아요? 여기 사람들은 다들 카드를 쓰거나 수표(Check)를 쓰잖아요."

"우리는 카드 없어요. 생각해보세요, 카드를 어떻게 써요?"

왜 그런지는 독자들의 상상에 맡기겠다.

공적인 일이나 사업을 확장하기 위해서도 쓰기 쉽지 않은 현금을 그나마 쓸 곳이 있다면 바로 자녀들에게 쓸 때다. 일반적으로 자녀들에 대한 집착이 큰 한국 사람들은 자녀들에 대해서는 아낌없이 투자한다. 그래서 차도 사주고 용돈도 캐나다 사람들보다 훨씬 많이 준다. 모두가 그렇다고 말할 수는 없으나 때로는 그것이 나중에 자녀들을 망가뜨려 놓기도 한다. 자녀들의 문제는 나중에 다시 언급하겠지만 자녀들도 어른 못지않게 이민 사회에서의 스트레스가 이만저만이 아니다.

그런데 부모가 자녀에세 무엇이든지 해주면 부모에 대한 의존도가 높아지고 자립심도 약해진다. 심지어는 생활이 망가지기도 한다. 부모로부터 돈을 많이 받으니 비싼 담배를 쉽게 사서 피울 수 있고 심하면 마약도

구할 수 있을 것이기 때문이다. 공부를 안 해도 부모가 주는 돈 받아서 즐기다가 정 할 것 없으면 부모가 하던 가게 물려받으면 된다고 생각할 수도 있다. 따라서 열심히 살아가려는 동기가 상대적으로 약해져서, 결국 아이들이 망가지게 되는 경우가 많다.

그렇다면 세금을 안 내고 돈을 모아봐야 부정적인 결과만 얻는데도 왜 돈을 모아야 한다고 생각하는가? 그것은 미래에 대한 불안감과 자녀교육 때문일 것이다. 미래의 안정적인 생활에 대한 보장도 없고 그나마 있는 재산도 불의의 사고를 당하면 하루아침에 날려버릴 수 있는 것이 한국 사회이다. 재산을 모아서 불안한 미래에 대해 대처하지 않으면 불안할 수밖에 없다. 그러한 경제습관 때문에 캐나다에 와서도 돈을 모으지 않으면 늘 불안할 수밖에 없어서 돈을 모으게 되는 것이다. 그러나 절대로 돈을 많이 모을 수 없는 캐나다라는 나라가 늘 불만일 수밖에 없다.

따라서 재산을 모으고 싶은 사람들은 캐나다로 절대 이민 가서는 안 된다. 그런 사람들은 비록 위험부담은 있지만 차라리 미국 이민을 권하고 싶다.

한국식의 자녀교육을 원한다면 캐나다 이민 가지 말라

캐나다의 교육방식은 출세나 성공이 아닌 자아실현을 지향하고 있다. 따라서 자녀의 사교육을 포기하고 자녀가 하고 싶어 하고 즐기는 것을 하면서 자아를 실현하도록 격려하는 방식으로 자녀들을 교육해야 한다. 한국에서 하던 대로 사교육을 하려고 한다면 비닐봉지에 뿌리를 싸서 다른 토양에 옮기려고 하는 것과 같다. 그리고 인건비가 엄청난 캐나다에서 자녀들의 엄청난 사교육비를 마련하기도 힘들다. 하지만 식물을 이식할 때 뿌리를 쌌던 비닐봉지를 개봉하면 새로운 토양에서 양분을 흡수하여 편안하게 잘 자라듯이 교육방식도 캐나다의 방식을 다르면 편안해진다. 자녀교육의 문제와 왜 사교육비가 전혀 필요 없는지에 대한 이유는 뒤에 나오는 이 책의 '자아실현을 추구하는 교육'을 참고하기 바란다.

한국의 부모들은 아이들이 대학을 졸업할 때까지는 마땅히 모든 것을 마련해주어야 한다고 생각한다. 그리고 자신은 타지에 와서 고생하는 만큼 자녀들은 그 고생을 대물림하지 말아야 한다고 생각한다. 물론 그 생각은 옳다. 그러나 한국적 기준을 가지고 있기 때문에 자신의 캐나다 생활이 기대에 미치지 못할 뿐만 아니라 삶을 스스로 힘들게 한다. 캐나다는 소위 일류대학을 졸업해도 취업과 전혀 상관이 없을 수 있다. 그런데 한국적인 기준으로 생각해 무조건 최고학부를 나와야 취업도 쉽고, 취업을 잘해야 자녀들이 고생을 면할 것이라고 보는 것은 큰 실수이다. 한국에서는 교육의 혜택을 충분히 받아야 취업도 잘되고(요즈음은 꼭 그렇지만 않지만) 삶이 편안하다. 그러나 캐나다는 우리나라와 다르다.

캐나다에서는 자녀가 대학을 졸업할 때까지 모든 것을 다 제공(Support)해줄 필요가 없다. 그러나 한국의 부모들은 대부분 그렇게 생각한다. 그래서 캐나다에서는 비즈니스를 하는 사람들이나 스스로 돈을 벌어 학교를 다니는 학생들이나 간혹 들고 다니는 휴대폰을, 한국에서 그랬던 것처럼 자녀들에게 다 사줘야 하고, 나이가 들면 차도 사줘야 하고, 얼른 졸업해야 하니까 중간에 휴학한다는 것은 상상도 못하고, 등록금도 전부 대줘야 한다고 생각한다. 그러나 탈세를 하지 않고는 도저히 돈을 모을 수 없는 나라인데 어떻게 돈을 모아서 그런 것들을 다 해줄 수 있단 말인가? 자녀교육을 이유로 돈을 벌려고 하면 재산을 많이 모을 수 없도록 되어 있는 캐나다 사회에서 살아가기가 얼마나 힘들겠는가?

하지만 캐나다 사람들의 삶의 방식을 따른다면 자녀에 대한 부담은 줄어들 수 있다. 하지만 우리 한국 사람들은 그것을 하지 못한다. 이민 와서도 종전의 자신의 삶의 방식을 고집하는 것은 이식한 식물의 뿌리에

싼 비닐봉지를 더 칭칭 감는 것과 같다. 캐나다 사회에서는 고등학교를 졸업할 때까지는 정부가 학생을 책임지고 대학에 진학하면 학생 스스로가 책임을 지는 게 일반적이다. 캐나다에서 부모의 역할은 자녀들에 대한 재정지원이 아니라 가정교육뿐이다.

직업의 귀천을 따지려면 캐나다 이민 가지 말라

내가 아는 LG전자의 연구계발 팀장을 지낸 이민자는 캐나다의 전자회사에 취업이 되어 이민을 오게 되었다. 그러나 캐나다 전자회사에서 1년을 넘기지 못하고 나와야만 했다. 문제는 언어 때문이었다. 물론 그 사람도 이민 오기 전에 영어 준비를 많이 하고 왔지만 어려서부터 배운 것이 아니라 한계가 있었다. 예를 들어 조그마한 실수를 하거나 오해가 생겼을 때 그것을 변명하거나 설명할 수 있으면 큰 문제없이 넘어갈 것이다. 하지만 언어 능력이 부족하면 실수를 그대로 뒤집어 써야 하는 경우가 생길 것이다. 고용주의 입장에서도 같은 능력을 가진 사람이라면 의사소통이 잘되는 사람을 뽑을 것이기 때문에, 어지간한 영어실력을 가지고 캐나다 회사에서 버티기는 쉬운 일이 아니다. 그래서 캐나다 회사에 입사를 하더라도 오래 다니지 못하거나 아예 취업을 포기하고 자영업을 하는 경우가 있다.

전문직에 종사하던 사람들도 마찬가지이다. 한국에서 의사로 활동을 해왔어도 캐나다에서는 의사자격을 인정을 해주지 않기 때문에 의사면허를 다시 취득해야 한다. 캐나다 이민자 중에는 의사, 변호사, 약사, 변리사, 회계사와 같은 전문직을 가지고 있는 사람들도 더러 있지만 그러한 직업을 가지고도 캐나다 사람들과 어깨를 나란히 하면서 일하기가 쉽지 않은 것이 캐나다 사회의 현실이다.

이민자들 중에는 KAIST 출신의 박사도 있고 대학 교수 출신도 있다.

하지만 그들 중 자영업을 하면서 살아가는 사람이 많다. 내가 아는 박사 출신 이민자는 "아주 외진 곳에서 조그마한 가게를 하면서도 한국에서 박사 학위를 가지고 사는 것보다 더 행복하고 평화롭게 살고 있다"고 한다. 몇몇 전문직 이민자들을 제외하고는 그 박사와 같이 가게나 세탁소, 주유소, 음식점 같은 자영업을 하는 경우가 대부분이다. 언어의 장벽 때문에 어쩔 수 없이 외국어가 크게 필요하지 않은 업종이나 본토인들이 하지 않는 일을 할 수밖에 없다. 게다가 고용이 적은 캐나다에서는 그런 자리조차 많지 않아서 한국인들끼리 가게를 사고파는 것이 잦다.

그러나 캐나다에서는 무슨 일이든 가리지 않고 하면서 세금만 제대로 내기만 하면 나머지는 정부가 책임져준다. 캐나다는 직업의 귀천이 없다는 사실이 분명한 나라다. 따라서 한국에서 살 때의 사회적 지위를 생각하지 말고 비록 3D업종이라 하더라도 기꺼운 마음으로 일하려는 마음을 가지고 있지 않으면 캐나다 이민 생활은 지옥이 된다.

생활방식을 바꾸지 않으려면 캐나다 이민 가지 말라

한국에서의 생활방식을 바꿀 마음이 없으면 캐나다를 택하지 않는 것이 좋다. 한국에서 일하던 방식대로 여유 없이 일하고자 한다면 원래 이민의 목적과는 동떨어진 생활로 늘 불만스러울 수밖에 없다. 캐나다에서 한국인들이 하는 일을 예를 들어보자. 한국인들은 주유소를 거의 24시간 문을 열어놓아야 한다고 생각한다. 그러기 위해서 도우미(Helper)를 구하지 않으면 자기의 시간을 갖기가 어려울 것이다. 하지만 도우미들을 구하기가 힘들 때도 있고 그나마 구했어도 근무시간에 나타나지 않는 경우도 가끔 생겨 애를 먹는 경우가 흔하다. 물론 가게의 안정적인 유지를 위해서 문을 장시간 열어놓아야만 할 것이다. 24시간 영업을 안 해서 문이 닫혀 있을 때에는 단골이나 고객들이 왔다가 다른 가게를 가게 될 테니 말이다.

　나는 생각을 바꿀 것을 부탁하고 싶다. 내가 살던 이사벨라 거리에는 24시간 영업을 하는 '랍바'라는 슈퍼가 있다. 그리고 랍바의 바로 맞은편에는 인도 사람이 운영하는 아주 작은 가게가 있다. 내 생각에는 그 가게가 큰 슈퍼 근처에 있어서 장사가 안 될 것 같았다. 우리나라에서는 슈퍼가 들어서면 그 일대의 구멍가게는 모두 문을 닫게 되는 경우를 많이 보았기 때문이다. 늘 대자본이 소자본을 먹어가는 한국의 상황에 익숙한 나는 그 가게의 주인이 자주 바뀌거나 곧 폐점을 해야 할 것으로 예상했다. 그러나 내 예상과는 달리 가게의 주인은 5년이 넘은 지금도 바뀌지 않았고, 아직도 그럭저럭 가게가 잘되고 있는 것을 보고 놀랐다.

　분명 가게는 큰 슈퍼 바로 앞에 위치하고 있어서 사람들이 그 가게로 들어가는 것을 그렇게 자주 볼 수 없었다. 그리고 24시간 운영하는 것도 아니라서 문이 자주 닫혀 있었다. 나는 가게가 잘될 수 있는 이유를 생각해보았다. 우선 가게의 주인이 캐나다에서 살아가는 방법을 아는 사람이라고 생각했다. 가게 주인은 돈을 많이 벌 생각을 하고 있는 것이 아니라 그냥 일을 하고 있는 것으로 만족하고 집세 내고 밥 먹을 수 있으면 만족했으리라. 그는 세금만 충실히 내면 정부가 미래를 책임져준다는 사실을 알고 있는 듯하다. 또한 캐나다 사람들은 함께 살아가려는 마음을 가지고 있기 때문에 큰 슈퍼에 가다가도 가끔씩은 그런 작은 구멍가게도 이용해주기 때문에 굶지 않고 살아갈 수 있는 것이다.

　우리나라 사람들이 가게 문을 닫지 못하는 이유는 손님을 빼앗길 것을 염려하기 때문이다. 캐나다에서 한국인들이 운영하는 사업은 대부분은 시간을 들여야 하는 업종이기 때문에 도우미를 쓰거나 가게 문을 닫지 않으면 도저히 개인의 시간을 가질 수가 없다. 캐나다에서 삶을 여유 있게 살기 위해서는 도우미를 잘 써야 되겠지만 과감하게 문을 닫을 수 있어야 한다. 정기적으로 가게 문을 닫는 시간을 미리 손님에게 지속적으로 알리면 손님들이 그 시간을 피해서 올 것이므로 큰 문제가 안 될 것이다. 그리고 돈 벌 생각보다는 세금 내고 먹고 사는 것으로 만족하면 삶이 편안해진다. 그것이 어려운 것은 자본주의 사회에서 재화를 축적하면서 살아왔던 방식에 익숙해 있고, 미래에 대한 불안감을 떨쳐버릴 수 없기 때문이다. 이사벨라 거리에서 구멍가게를 하는 가게 주인처럼 과감하게 문을 닫기 바란다. 삶의 방식을 바꾸지 않으면 늘 시간이 없고 여유 없는 이민 생활이 된다.

자기만 잘살려고 한다면 캐나다 이민 가지 말라

자기만 잘살자고 하는 마음을 버릴 생각이 없으면 캐나다 이민을 안 가는 것이 현명할 것이다. 캐나다는 함께 살아가는 방법에 익숙한 사람들이 모여 사는 곳이다. 자신만 잘살려고 한다면 자신도 못살고 다른 사람마저 못살게 하기 때문이다.

세탁소를 하고 있는 한 이민자는 어느 날 자신의 세탁소 맞은편에 새로운 세탁소가 들어서는 것을 보았다. 그런데 불행하게도 새 세탁소의 주인은 잘 아는 한국인이었다. 그리하여 그들은 친교가 아닌 경쟁관계에 놓이게 되었다. 자신의 단골고객을 새 세탁소가 빼앗을 가능성이 얼마든지 있기 때문이다.

세탁소 주인은 새 세탁소 주인이 얄미웠다. 자신의 세탁소보다 30분이 더 빠른 6시 30분에 문을 열기 때문이었다. 그래서 더 일찍 일어날 수밖에 없었고 그만큼 일이 힘들게 되었다. 이처럼 서로 손님을 끌려고 무리하게 경쟁하면 서로를 힘들게 할 것이다. 같은 업종의 가게 바로 앞에 개업하는 것도 문제지만 상대방의 단골을 빼앗아야 한다는 경쟁방식도 문제다. 만일 불가피하게 근처에서 동일업종을 할 수밖에 없는 상황이었다면 문 열고 닫는 시간을 협의해서 정당하게 경쟁을 했어야 했다. 협의가 이루어져 같은 조건으로 일을 하게 되면 서로가 편해질 것이다. 이처럼 자신의 이익만 생각하면 타인도 못살게 만들고 자신도 힘들어진다.

2. 한국의 정체성을 살려내면서 더불어 살아가야 한다

캐나다 사회는 모자이크 같다. 모자이크의 조각들이 각자 독특한 정체성을 유지하면서도 전체를 이루는 방식의 사회다. 따라서 캐나다에서 다양한 민족들과 함께 살더라도 우리 것의 우수성에 대한 자부심을 가지며 국제화시켜야 한다. 우리 것이라고 할 수 있는 것이 가장 국제적인 것이 될 수 있기 때문이다.

우리가 우리 것을 세상 사람들에게 알리는 일(Presentation)에 소홀히 하는 동안 일본 사람들은 자기 것뿐만 아니라 남의 것조차 자신의 것으로 만들었다. 스시, 사시미 등과 같은 말들은 이미 고유명사가 되어 영어사전에도 나온다는 사실을 누구나 다 알 것이다. 그런데 우리는 일본인 덕분에 알려진 김치 외에 영어로 고유명사가 된 음식이 별로 없다. 예를 들면 비빔밥, 불고기, 갈비, 잡채는 서양인들도 좋아하는 음식이지만 그 이름들이 엉망진창이다.

정체성이 없다면 캐나다 이민 가지 말라

어느 날 내게 태권도를 배우던 캐나다 사람들에게 한국 음식을 사준 적이 있다. 그중 한 사람은 비빔밥을 시켰는데 얼마나 좋아했는지 모른다. 그래서 그날 이후 그는 자신이 살고 있는 아파트 근처에 있는 한국 음식점에 가서 비빔밥을 찾았다. 그런데 아무리 비빔밥을 찾아봐도 없는 것이 아닌가. 그래서 나는 그 음식점을 찾아가 확인해보았다. 그 결과 비빔밥을 영어로 'Mixed Vegetable'이라고 써놓은 것이다. 훌륭한 한국 음식인 '비빔밥'은 'Mixed Vegetable'이라는 이름을 가지고 국적 없는 음식이 되어버리고 말았다. 더 많은 예를 들 수 있지만 여러분은 다음의 음식 이름이 어떤 음식을 가리키는지 알아맞히기 바란다.

1) Spicy rice cake	(해답) 1) 떡볶이
2) Miso-Stews	2) 된장찌개
3) Mixed rice	3) 비빔밥
4) Vermicelli rice	4) 잡채밥
5) Mixed noodle	5) 비빔국수
6) Fried rice	6) 볶음밥
7) Spicy soup	7) 매운탕
8) Pork cutlets	8) 돈까스

이것은 캐나다에 있는 한 한국 음식점의 차림표를 그대로 인용한 것이다. 여러분이 몇 문제를 맞혔는지 모르지만 위의 음식들은 국적이 없는 음식 이름들이다. 그래서 나는 그 음식점의 주인에게 한국 음식 이름을 그대로 사용하는 것이 어떻겠느냐고 제안을 했다. 그러자 음식점 주인은 "한국 손님들을 위해서 만든 차림표가 따로 있다"고 하면서 조그맣게 만든 차림표를 내놓았다. 내 말을 알아듣지 못한 것이다.

일본 사람들이 자기네 말을 그대로 사용해 국제적인 것으로 만든 것을 우리는 생각해보아야 한다. 물론 우리말로 음식 이름을 붙인다면 당장은 매상이 안 오를 수 있다. 하지만 장기적인 안목으로 보아야 우리 것을 국제화시킬 수 있을 것이다. 일본은 일식의 우수성을 서방세계에 알리는 데 오랫동안 꾸준히 노력했기에, 음식의 가격도 만만치 않을 정도로 높아져 캐나다 사람들이 특별한 날에나 일식을 먹을 수 있게 되었다. 그렇게 되기까지 수십 년이 걸렸을지 모르고 초기에는 매상이 오르지 않는 상황까지 감수해왔을지 모르겠다.

반면에 우리는 당장 수입이 오르지 않는다고 음식의 이름마저도 국적 없는 이름을 사용하고, 심지어 고유의 맛을 상실한 채 판매하는 경우도 많다. 예를 들어 잡채를 식용유나 올리브오일 같은 기름으로 볶는다면 그것은 한국의 고유한 잡채가 아니다. 잡채는 약간의 참기름에 버무려야 고유의 맛을 낼 수 있다. 그래야 잡채가 가지고 있는 원래의 담백한 맛을 낼 수 있고, 외국인들도 담백한 잡채 맛에 매력을 느끼게 될 것이다. 그런데 잡채를 기름에 볶고 'Mixed vermicelli'라고 이름 붙여 국적이 없는 음식을 판매하는 한국 음식점은 무엇이란 말인가. 우리의 맛을 살려 우리의 이름을 그대로 사용하지 않으면 국제적인 음식이 될 수 없다. 당장 수입이 적더라도 우리 음식의 맛을 살리고 그 이름을 그대로 사용하여 고급화시키면, 우리의 음식을 보는 서방세계의 관점이 달라질 것이다.

서양인들도 우리 음식에 매력을 느낄 수 있다는 것을 나는 예수회 공동체에 살 때 경험했다. 그 공동체에서 나는 교수들을 포함한 예수회 회원 6명과 함께 살고 있었는데, 하루는 파출부가 아파서 취사를 못 하니 알아서 해결하라는 말을 들었다. 나는 예전에 건축을 공부할 때 작업실을 운영하면서 1년 동안 음식을 직접 만들었던 경험이 있었고, 서양인들이 좋아하는 우리 음식을 알고 있었다. 그래서 "파출부 대신 내가 직접 음식을 해도 좋겠냐"고 물었다.

허락을 받은 나는 그들이 좋아할 만한 음식을 만들기 시작했다. 캐나다 사람들이 미소 스프를 좋아하는 것을 알았기 때문에 큰 거부감이 없을 배추된장국을 만들었다. 멸치로 국물을 내서 배추를 넣고 두부를 잘게 썰어 넣었다. 간장은 왜간장을 쓰지 않고 조선간장으로 간을 하였다. 그리고 그들이 좋아할 것 같은 잡채를 만들고, 불고기는 양념이 된 것을 한국 마켓에 가서 사왔다. 또한 불판도 빌려왔다. 예수회 공동체에 있는 점성이 없는 쌀 대신 한국 쌀을 사다가 밥도 지었다. 다행이 물 조절, 불 조절이 잘되어 하얀 쌀밥이 쫀득쫀득하게 잘 지어졌다. 혹시나 그들이 안 먹더라도 남기면 내가 두고두고 먹을 생각으로 배추된장국을 많이 끓였다.

결과적으로 반응은 엄청났다. 모두들 그냥 인사치레로 감탄을 하는 것이 아니었다. 심지어는 환상적(Fantastic)이라는 표현과 함께 두고두고 한국 음식을 만들어준 나를 칭찬하였다. 그 많은 배추된장국도 삽시간에 눈앞에서 사라졌다. 그래서 나는 물었다.

"한국 쌀 어때요?"

"아주 맛있는데요!"

"그럼, 우리 앞으로 저 쌀 말고 이 쌀로 바꿀까요?"

"좋죠, 하지만 파출부에게 만드는 법은 알려줘야 해요."

"물론이죠."

그날 이후 예수회 공동체의 쌀은 우리 쌀로 바뀌었다.

또 하나 재미있는 이야기를 곁들이고 싶다. 나는 이때다 싶어서 몰래 감춰두고 먹던 고추장을 내 방에서 가지고 내려왔다. 그리고 그들에게 냄새가 어떠냐고 물어보았다. 모두들 괜찮다고 하자, 나는 그 고추장을 식탁에 올려놓고 먹을 수 있도록 동의를 구했다. 얼마나 신나는 일인가. 양식만 먹다가 하얀 쌀밥에 고추장과 마가린을 비벼 먹으면 그것은 꿀맛이다. 그날 나는 배추 된장국에 불고기, 잡채뿐만 아니라 쫀득한 쌀밥에 고추장과 마가린을 비비며 즐거워했다. 그런데 고추장의 빨간색과 마가린 색이 뒤섞인 밥이 맛있어 보였는지 미국인 교수 스티브 씨가 나를 따라한 것이 아닌가. 매운 음식에 익숙하지 않은 미국인에게는 큰일 날 것 같았다.

"그러지 마세요. 날 따라하면 안 돼요."

"왜죠?"

"이거 무진장 맵거든요."

"나는 강해요. 먹을 수 있어요."

강한 것 좋아하는 전형적인 미국인이었다. 미국인 교수는 한술 뜨자마자 곧 얼굴이 빨개지기 시작했다. 그러나 자신이 강하다고 이미 말했으니 미국인의 자존심을 상하고 싶지 않았나 보다. 땀을 뻘뻘 흘리면서 얼굴은 온통 빨갛게 변했어도 그는 밥을 다 먹어 치웠다. 나는 속으로 말했다.

'내가 경고했잖아, 이 바보야!'

다음날 아침 불타는 똥구멍 때문에 고생할 그를 상상하면서 정말 자지러질 뻔했다.

잡채뿐만 아니라 배추 된장국, 이미 많이 알려진 불고기 등과 같이 우리나라 음식들 중에는 국제화시킬 수 있는 음식들도 많이 있을 것이다. 나는 어학연수를 하던 시절에 모국에서 식품영양학을 전공한 남미의 한 여학생과 같은 교실에서 영어를 배웠다. 그 학생은 자신이 식품영양학을 공부하면서 여러 나라 음식을 알게 되었다고 했다. 그러면서 "나는 한국 음식을 많이 안다. 한국은 특히 발효 음식이 가장 많은 나라이다. 아마 한국 음식만큼 탁월한 음식은 세계 어느 곳에 가도 없는 것 같다"고 말했다.

그 외에도 우리 음식을 좋아하는 사람들이 의외로 많다. 수도원의 노인 수사님 죠지는 내가 물어보지도 않았는데 먼저 나에게 "김치를 먹고 싶으면 블루어(Bloor) 거리 근처에 핫도그를 파는 곳을 찾아가라"고 일러

죠지 수사님이 알려준 포장마차는 못 찾았지만 이 포장마차도 비슷한 곳이다. 왼쪽부터 무채, 피망, 양파, 오이, 베이컨가루, 옥수수가 보인다. 소스로 사용되는 이것들처럼 김치를 넣고 파는 포장마차가 있었다. 내 배가 작은지 모르겠지만 핫도그 하나만 먹어도 점심으로 든든했다. 싼 것은 캐나다 달러로 1달러, 비싼 것은 2달러다. (2004년 기준)

주기도 했다. 캐나다 사람들 중에서 핫도그를 먹을 때 그 안에 김치를 소스로 넣어 먹는 사람이 있기 때문에, 그 핫도그 집에서 김치를 준비하고 있다는 것이다. 나는 그 집 주인이 한국인이냐고 물었더니 아니라고 대답했다.

내가 알고 지내던 백인 영어선생 수잔은 김치가 없이는 식사를 못 했다. 하루는 "한국인 친구가 있는데, 그 친구가 저녁초대를 하여 김치를 처음 맛보았다"고 했다. 처음에는 조금 이상한 맛을 느꼈지만 서서히 맛을 알게 되어 나중에는 아예 그 한국인이 매번 김치를 대주기도 했다는 것이다. 그런데 그 한국인이 아주 멀리 이사를 가면서 김치를 얻을 수가 없게 되었다. 백인 영어선생은 김치가 너무너무 그리워져 김치 없이 식사하는 것이 너무나 힘든 일이 되었다. 그러던 어느 날 동네에 가게가 하나 생겼는데 한국인 주인이 김치를 만들어 팔고 있다는 사실을 알고는 얼마나 기뻤는지 모른다고 했다. 그리고 지금도 식사 때에는 반드시 김치와 같이 먹는다는 것이다.

그런데 김치는 어떻게 서양인들에게 알려졌는가? 일본 사람들이 김치를 '기무치'라는 이름으로 상품화하면서 국제적 소송이 일어났다는 사실은 누구나 알고 있을 것이다. 다행히 김치는 영어의 고유명사가 되어 영어사전에도 등록이 되었다. 김치의 경우처럼 비빔밥은 그냥 '비빔밥(Bibimbap)' 잡채도 그냥 '잡채(Jap-chae)'라고 부르면 얼마나 좋을까? 눈앞에 보이는 당장의 이익보다는 우리 민족이 다함께 잘살 수 있는 미래를 생각해야 하지 않을까? 모자이크 사회인 캐나다에서 우리의 정체성을 가지는 것, 이 점을 잊지 말아야겠다.

안타깝게도 캐나다 사람들에게 한국 음식점을 소개시켜주려 해도, 대부분의 음식점에서는 스시를 함께 팔고 있어서 장식도 일본 장식을 하고 있다. 그래서 한국 음식점인지 일본 음식점인지 구분이 안 되니, 소개해주기 부끄러운 적이 한두 번이 아니었다. 고유함이 존중되는 캐나다에서는 이도저도 아닌 퓨전음식 같은 것은 인기가 없다. 일본 식당도 아니고 한국 식당도 아니라면 캐나다에서는 큰 인기를 얻지 못할 것으로 생각된다. 물론 일본을 등에 업지 않으면 장사가 잘 안 된다는 이유에서 일본 음식을 같이 할 수밖에 없는 처지는 이해가 간다. 하지만 그렇게 되면 그런 음식점은 국적을 상실한 음식점이 될 것이다.

그런데 문제가 더 있다. 캐나다에는 한식 전문 음식점이 있지만 문을 닫아야 하는 경우를 더러 보았다. 하지만 새로운 한식 전문 음식점이 생겼을 때 그 음식점을 경쟁상대로만 볼 것이 아니라 문을 닫지 않도록 도와준다면 사정은 달라질 것이다. 교민들이 자신이 알고 있는 외국인들에게 계속 소개하며 우리의 것을 알려준다면 말이다. 결국 자신만 잘살면 된다고 생각하는 사람들은 캐나다로 이민 가지 말아야 한다. 자신도 못 살고 같은 처지의 한국 사람들도 죽일 것이기 때문이다. 잘되면 잘될수록 오히려 잘되는 일을 도와주어야 한다. 그래야 함께 잘살게 될 것이다.

토론토에 처음 도착하여 바로 이 음식점에서 저녁식사를 하였다. 'IL BUN JI'는 음식이 깔끔하고 맛있는 식당이다. 하지만 일식과 같이 하고 있어서 캐나다 사람에게 한국 음식점이라고 소개하기엔 부끄럽다.

다시 강조하건대 시간이 걸리더라도 장기적인 안목에서 자기 것을 알려야 미래가 있다. 오늘날 일식이 고급화 된 것은 이민 첫 세대의 그런 희생(?)이 있었기에 가능했다. 같은 일식점이라도 중국인이나 한국인이 운영하는 일식점보다 일본인이 직접 운영하는 일식점이 훨씬 비싸고, 그렇게 비싸도 사람들이 모여든다는 사실은 시사하는 바가 크다. 우리 캐나다 이민자들은 시장이 상대적으로 작은 한국인 이민자들을 상대로 하지 말고 시장이 큰 본토인을 상대로 해야 한다. 당장 눈앞의 이익을 기대하기보다는 한국적인 것이 국제적인 것이 될 수 있다는 신념을 가져야 우리 것을 세계화할 수 있을 것이다. 그래야 다음 세대의 이민자들에게 보다 좋은 조건을 만들어줄 수 있을 것이다. 결론적으로 말하자면 캐나다에 이민 가서 잘 살아갈 수 있는 사람은, 더불어 살아가는 방법을 알고 있는 사람들이다.

한국에서 생활비를 가져다 쓰려면 캐나다 이민 절대로 가지 말라

캐나다 본토에서 일을 하지 않고 계속해서 한국에서 생활비를 가져다 생활하려 한다면 캐나다로 이민 가지 않았으면 좋겠다. 혹시 그런 사람들이 있다면 나는 지금이라도 당장 도시락 싸가지고 쫓아다니며 말리고 싶다. 물론 "내 돈 가지고 내가 쓰는데 당신이 무슨 상관이야."라고 할지 모르지만 그들로 인해 우리나라의 경제에 해가 될 것이다.

캐나다에서는 그들의 뜻대로 살아가는 것이 쉽지 않다. 사회주의의 경제구조를 가지고 있는 캐나다에서 돈을 벌어 부를 축적한다는 것은 어려운 일이다. 매달 수입과 지출이 비슷한 것이 일반적인 캐나다 사람들의 경제생활이다. 그러나 이민을 갔으면 그 나라에 적응해 새롭게 살아야 한다. 비록 일자리를 구하기 힘들거나 큰 돈을 벌지 못하더라도 그 나라에서 벌어서 그 나라에서 써야 한다. 다시 말하면 이식한 나무의 뿌리에 묶었던 비닐을 풀어야 한다. 만약 한국에서 번 돈을 캐나다에서 쓴다면 가뜩이나 자본이 없는 나라에서 자본을 해외로 빼돌리는 셈이니, 심하게 말하면 나라를 파는 것과 같다. 자신의 이익을 위해 국가에 손실을 끼친다면, 일제에 협조했던 자들과 크게 다르지 않을테니 말이다.

내가 다소 심하게 말하는 이유는, 그런 사람들을 한두 명 본 것이 아니기 때문이다. 지금 우리나라에는 자녀를 조기 유학 보내기 위해 영주권을 받아 부인과 아이들을 캐나다에 보내고, 기러기아빠가 되어 한국에서 열심히 번 돈을 캐나다에 꼬박꼬박 송금하는 아버지들이 한둘이 아니다. 물론 그 자체를 나쁘다고 보지는 않는다. 그러나 경제위기에 처한 우리의 현실에서 자본이 외국으로 빠져나가는 것은 문제 있다. 만약 우리나라가 빈털터리가 되어 도산했다고 가정하자. 그러면 이 나라는 누가 지키겠는가? 부유한 사람인가? 영주권이나 시민권을 가지고 있는 부자들이 모두 해외로 빠져나가고, 돈 없고 가난한 사람들만 남게 되면 누가 이나라를 지킬 것인가? 자신만 잘살자고 떠난 사람들이 희생을 감수하고 돌아와서 이 땅을 지킬 것인가?

캐나다에서 사업을 하지 않고 한국에서 생활비를 가져와 캐나다에서 쓰는 사람들을 매국노라고 해도 과언이 아니다. 우리나라가 망한다면 그들이 우리나라에 돌아와 나라를 일으켜 세우지는 않을 것이기 때문이다. 비록 캐나다에서 큰돈을 벌지 못하더라도 일단 한국을 떠났으면 현지에서 벌어서 현지에서 써야 한다. 캐나다 사람들의 경제활동 방식대로 살아간다면, 크게 못 벌더라도 세금만 성실히 내면 미래는 정부가 알아서 책임져주니 마음 편하게 살 수 있을 것이다.

캐나다에서의 생활을 한국에서 해왔던 방식대로 하게 되면 늘 불만스러울 수밖에 없다. 이식한 나무의 뿌리를 묶었던 비닐을 풀 수 있는 사람은 캐나다에 이민 가도 좋을 듯하다. 그러나 그렇게 하지 못하겠다면 이민을 말리고 싶다. 캐나다 같은 투명하고 정의로운 사회에서 편법이 통

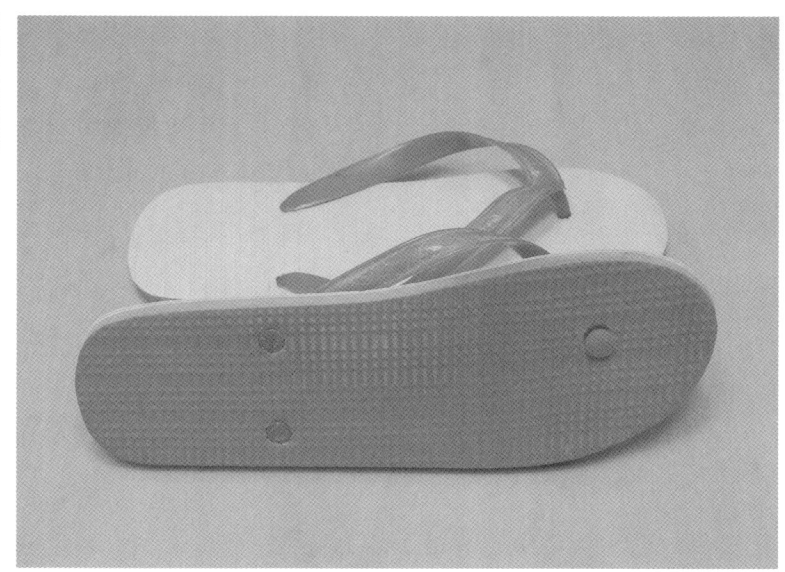

우리나라에서는 80년대에 멸종(?)한 슬리퍼. 줘도 안 신을 만한 이것을 필자는 캐나다에서 1달러에 샀다. 이것이 닳으면 구멍이 헐거워져 고리가 빠져서 신을 수 없게 될 것이 염려되어, 나에게는 그저 추억을 위한 관상용이다.

할 리가 없다. 혹시 통했다 하더라도 나중에 그에 따른 결과를 감당해야 한다는 것을 이민 생활을 오래한 사람들이라면 한두 번은 다 경험했으리라 생각한다. 더러는 한국에서 통했던 편법이 그곳에서 통하지 않는다고 불만을 나타내는 사람들을 보았지만 그보다는 편법을 쓰지 않도록 자신을 바꾸어야 캐나다에서의 삶이 편해진다. 그리고 시간이 지나면 오히려 투명하고 원칙이 통하는 사회가 자신에게 얼마나 편하고 유익한지 알게 될 것이다.

나는 더불어 살아가기보다는 치열하게 경쟁하며 살아가는 한국 사회를 보며, 우리도 캐나다 사회처럼 된다면 어떨까 생각해보았다. 비록 한국의 상황이 캐나다의 상황과는 다르더라도, 더불어 살아가려 할 때 밝은 미래를 보장받을 수 있게 되지 않을까 싶다.

4

무엇이 캐나다 이민자들을 힘겹게 하는가?

1. 자신의 문제

캐나다 이민, 어떻게 하면 갈 수 있을까? 이민의 형태는 투자이민, 취업이민, 단독이민 등등 다양하지만 캐나다 이민을 가기 위해서는 캐나다 정부가 설정한 기준치인 70점을 넘어야 한다. 즉 학력, 나이, 직업, 재산 정도 등에 따라 점수를 부여받고, 그 총합이 70점을 넘어야 이민 비자를 받을 수 있다.

그럼 70점은 어떤 사람들이 받을 수 있는 것인가? 내가 아는 이민자를 예로 들자면, 한국에서 소위 일류대학을 나와서 모 항공사의 부장까지 지낸, 수억을 가지고 있는 사람은 73점을 받았다고 한다. 다시 말하면 캐나다 이민을 가기 위해서는 난민이나 취업이민과 같은 특별한 경우를 제외하고는 비교적 높은 사회적 지위나 재산이 있어야 가능하다. 즉 초창기 캐나다 이민자들을 제외하고 근래의 대부분 이민자들은 이민 전에 한국에서 어느 정도 사회적 지위를 누린 것으로 생각해도 큰 무리가 없을 듯하다.

그런데 아무리 한국에서 잘나가던 사람들도 이민을 와서 언어의 장벽 때문에 본토인들이 꺼리거나 잘 안 하려는 일에 종사할 수밖에 없다. 따라서 자신이 캐나다 사회의 밑바닥으로 들어갔다고 생각하기 쉽다. 그래도 한국에서는 나를 알아줬는데, 나도 한동안 잘나갔는데 하는 생각이 이민자들을 괴롭힌다. 직업에 귀천이 있고 학벌에 따라서 대우가 달라지는 것에 익숙한 한국 이민자들은 새로운 직업에 의해 자신의 체면이나 명예가 하루아침에 손상되는 느낌을 받게 된다. 비록 구멍가게를 한다고 해도 아무도 그를 무시하지 않는 사회적 분위기(이 경우 캐나다 사람들은 'Who cares?'라고 한다)에도 불구하고, 자신의 처지를 부끄러워하는 사람들(한국 사람들은 'I care!'라고 한다)이 많이 있다. 한국에서와는 다르게 아무도 자신을 알아주지 않는 것을 못 견뎌 하는 것이 이민 초기의 일반적인 현상이다. 이 장의 끝에서 구체적으로 언급하겠지만 이러한 사회적 욕구는 사람들끼리 서로 반목하는 원인으로 작용할 뿐만 아니라 자신을 괴롭히는 원인이 되기도 한다.

이민자들은 자신과 화해해야 한다. 신분, 지위, 직업, 명예나 재력 같은 것은 서로 존중하며 살아가는 캐나다 사회에서는 아무런 의미가 없다. 캐나다 사회가 모든 사람이 존중될 수 있는 사회라는 것은 캐나다 사람들의 영성을 통해서도 잘 알 수 있다. 화이트칼라와 노숙자가 친구가 될 수 있는 사회가 캐나다 사회인데, 이민자들은 최소한 노숙자는 아니지 않는가. 따라서 어떤 지위에 있든 무슨 일을 하든 의사소통만 되면 얼마든지 캐나다 사람들과 좋은 친구가 될 수 있다. 자신이 하는 일을 부끄럽다고 말하면 친구가 된 캐나다 사람은 말할 것이다.

"무슨 상관이야(Who cares)?"

아무도 상관하지 않는 일을 가지고 혼자서 열등의식을 가질 필요 없다. 사실 캐나다에 이민 온 제3국의 사람들 중에는 대부분 한국에서 이민 온 사람들과 큰 차이 없는 이민 기준을 통과한 사람들이다. 그들 역시 나름대로 모국에서는 한동안 잘나가던 사람들이다. 캐나다에서 가게를 넓히기 위해서 잡부나 인부를 불러본다면 알게 될 것이다. 잡부나 인부들 중에는 이민 오기 전에 모국에서 대학교수를 했거나 박사 학위를 가지고 있는 사람들이 흔하다.

또한 캐나다에서는 한국처럼 인종차별이 심하지도 않다. 인종차별로 말하자면 한국만큼 심한 나라가 있을까 싶다. 나는 흑인들을 '깜둥이'라고 하고 심한 경우 '가죽잠바'라고까지 비하하는 말을 들은 적이 있다. 그리고 우리나라 사람들에게 '짱깨'라고 불리는 중국인들이 차이나타운을 세우는 데 유일하게 실패한 나라가 우리나라가 아닌가. 자신이 인종

《빨간 머리 앤》은 저자인 몽고메리 자신의 이야기라고 한다. 그녀가 어떻게 그렇게 풍부한 감성을 가질 수 있었는지는 그의 생가를 가보면 알 수 있다. 생가 주변의 자연은 소설에서 나오는 그대로였다. 자연은 사람을 풍부하게 만든다.

차별을 안 한다고 생각하는 사람이더라도, 자신의 딸이 애인이라고 인사시키는 사람이 흑인이라면, 백인을 데리고 온 것과는 다른 기분이 들 것이다. 특히 우리가 동남아 사람들을 어떻게 대하는가 생각해보면 얼마나 인종차별을 심하게 하는지 알 수 있다.

 선진국 중에서 가장 인종차별이 적은 나라는 캐나다다. 나는 박사 학위를 가지고 있는 베트남 출신 이민자가 토론토에서 막노동을 하는 것을 보았다. 자기 못지않은 사람들도 허드렛일을 하고 있는 경우가 많다는 사실만 알아도 스스로 자격지심을 가지고 자신을 괴롭히는 일은 없을지 모르겠다. 비록 자기와 비슷한 처지에서 허드렛일을 하고 있는 사람들이라 하더라도 캐나다 기준의 70점을 받고 온 사람들이다. 그리고 그런 사람들이 모여 사는 곳이 캐나다다. 그래서 신분, 지위, 직업이 자신의 인격이나 체면을 대변한다고 생각해왔다면, 생각을 바꾸지 않는 한 캐나다 이민 생활은 언제나 불만일 수밖에 없다. 삶의 질은 무엇을 얼마나 이루었는가, 그리고 얼마나 물질적으로 풍요롭게 누리고 살았는가 하는 데 있지 않다. 그리고 사회보장제도가 모든 것을 대변할 수 없다. 그 사회에 면면히 흐르는 정신문화를 바탕으로 모두가 존중되는 평준화 된 사회를 만들 수 있어야, 비로소 삶의 질을 말할 수 있다. 따라서 이민자들은 먼저 자신의 권위의식을 포기하고 자신과 화해하지 않으면, 자기 자신을 괴롭힐 것이다. 행복하게 살고자 한다면 내가 먼저 변화되어야 한다. 그리고 자신의 직업이 가져다주는 신분과 지위의 무의미함을 깨닫고 사회에서 할 수 있는 일은 무엇이든지 할 수 있어야 캐나다 이민에 잘 적응할 것이다.

캐나다의 인물들

루시 모드 몽고메리(Lucy Maud Montgo-mery : 1874~1942)

몽고메리는 《빨강머리 앤》으로 더 잘 알려진 소설 《초록색 지붕의 앤(Anne Of Green Gables)》의 작가이다. 그녀는 1874년에 캐나다 프린스 에드워드 섬(PEI : Prince Edward Island)의 클리프턴에서 태어났다.

몽고메리가 채 두 달이 되기 전인 1876년에는 어머니가 세상을 떠났다. 그 뒤로 몽고메리는 카벤디시의 외가에서 자랐다. 6세에 카벤디시 초등학교에 들어가 10세에 이미 〈가을〉이라는 시를 지었고 일기를 쓰기 시작했다. 1890년, 16번째 생일을 맞이하기 바로 전에 〈루퍼스 곶에 대하여〉라는 시가 샤럿타운에서 발행되는 〈데일리 퍼틀리엇〉 신문에 실려 처음으로 활자화 되었다. 샤럿타운의 프린스 오브 웨일즈 대학과 핼리팩스의 댈하우지 대학을 졸업한 뒤 몽고메리는 교단에 섰다.

그러나 24세 때인 1898년에 외할아버지가 세상을 떠나 몽고메리는 카벤디시로 돌아갔다. 외할아버지는 그곳에서 3급 우체국을 경영하고 있었는데, 외할머니 혼자 힘으로 사무를 감당할 수 없어 도우러 간 것이다. 그 즈음 그녀는 이미 여러 신문, 잡지 등에 글을 발표하여 어느 정도 이름이 알려져 있었다.

3년 뒤, 그녀는 핼리팩스에서 발행되는 클로니클 사의 석간 〈데일리 에코〉의 기자로 일하게 되어 다시 카벤디시를 떠났다. 그리고 틈틈이 많은 작품을 써서 지방신문 및 교회 관계 출판물에 발표했지만 그리 신통치 않았다. 그러던 1908년 어느 날, 그녀는 하루아침에 유명해졌다.

그녀가 첫 책 《빨강머리 앤》을 쓰기 시작한 것은 30세 때인 1904년 봄이었다. 이듬해 10월에는 집필을 마쳤으나 출판사들이 모두 외면하여 영원히 빛을 볼 수 없는 운명에 놓였다. 3년 뒤, 다락방에서 우연히 그 원고를 발견한 몽고메리는 시간 가는 줄 모르고 읽었다. 그 작품의 가치를 새삼 깨달은 그녀는 용기를 내어 미국 보스턴의 한 출판사로 보냈다. 그리고 얼마 뒤, 5백 파운드에 사겠다는 회답을 받았다. 이리하여 발표된 《빨강머리 앤》은 곧 세상을 들끓게 했으며, 《톰 소여의 모험》으로 널리 알려진 마크 트웨인은 앤 셜리를 "《이상한 나라의 엘리스》 이래로 드물게 보는 귀여운 아가씨"라고 극찬했다.

1935년, 그녀는 온 세계 젊은이들에게 희망과 꿈을 심어준 영예의 대가를 받게 되었다. 영국학사원 회원, 캐나다 프레스 클럽 회원, 프랑스 예술원 회원이 되고, 프랑스 예술원에서 주는 은메달을 수상하였다. 1942년, 제2차 세계대전이 한창일 때 그녀는 68세로 세상을 떠나 프린스 에드워드 섬에 묻혔다. 그녀의 작품 《초록색 지붕의 앤》은 작가의 소녀 시절 체험과 프린스 에드워드 섬, 연인의 길 (Lover's Lane), 자작나무 오솔길과 함께 문학의 향기를 도처에 뿌리고 있는 자연환경, 시골 생활 및 관습을 바탕으로 하고 있다. 이 소설은 일본 교과서에 실려 있어서 수많은 일본인들은 몽고메리가 어린 시절을 보냈고 묻힌 이 섬을 지금도 끊임없이 찾고 있다.

《초록색 지붕의 앤》 이외의 작품으로는 1917년에 출판된 《험난한 길, 몽고메리 자서전 (The Alpine path, The story of my Career)》이 있다.

셀린 디온(Celine Dion)
셀린 디온은 영화 〈타이타닉〉의 주제가 〈My Heart Will Go On〉를 부른 세계적인 가수이다. 타이타닉호는 캐나다의 동쪽 노바스코샤 앞바다에서 침몰하였다. 타이타닉호 침몰 사건은 아직도 TV에서는 다큐멘터리로 방영하고 있을 정도이며 유물발굴이 계속되고 있는 중이다. 그런데 캐나다 사람들은 영화 〈타이타닉〉의 사랑 이야기에 관심을 갖지 않는다. 타이타닉호 침몰 사건은 문명의 반대급부가 얼마나 큰 재앙을 가지고 올 수 있는지를 상기시키는 역사적 사건으로 캐나다 사람들에게 기억되고 있다.

셀린 디온은 몇 년 전에 결혼하여 아이를 낳았으며, 몬트리올의 한 가톨릭 교회 성당에서 아이의 세례식을 받는 기사가 신문에 나기도 하였다.

신나는 지옥과 지루한 천국

캐나다에서 살고 있는 사람들은 흔히 한국은 신나는 지옥(Exciting hell)이고 캐나다는 지루한 천국(Boring heaven)이라고 이야기한다. 이 말의 의미를 사회심리적인 관점에서 바라보면 '이민자들에게 캐나다 이민 생활이 지루할 수 있다'는 것이다. 그 지루함은 이민자들을 때로는 힘들게 하기도 한다. 치열하게 살았던 생활에서 탈출하고 싶은 동기에서 캐나다를 찾아왔지만 과거의 그러한 생활에 너무나 익숙해진 나머지 갑자기 평화로운 삶을 받아들이기 힘들어 하기 때문이다.

한국과 달리 캐나다에서는 각박하게 살아갈 필요가 없다. 그래서 갑자기 주어진 시간들을 어떻게 써야 되는지 헤매는 경우도 많다. 이민자들은 한국에서 사는 동안 무의식적으로 일에 중독이 되어 있었고 치열한 경쟁에 익숙해져 있었다. 그리고 캐나다에서 살면서 그러한 삶이 자신에게 살아 있다는 느낌을 주고 있었다는 사실을 의식하기 시작한다. 특히 젊은 아빠들은 캐나다가 상대적으로 경쟁도 없고 도전도 없는 행복한 상황에서 살아간다는 느낌을 받기보다는 마치 젊음을 낭비하는 듯한 느낌을 갖기 쉽다. 그래서 자칫 우울증에 빠지기도 한다. 하지만 치열한 경쟁에서 자신의 존재를 확인할 수 있었고 일중독에서 삶의 의미를 찾아왔다면 자신의 내면이 아닌 외부를 향해 삶의 여정을 찾은 셈이다.

한국 사회에서는 바쁜 생활을 하는 것이 일반적이다. 직장에서 일을 마치더라도 온갖 모임과 회식으로 자신을 돌아볼 시간조차 없이 정신없이 시간을 보낸다. 동창모임에도 가야 하고, 술도 마셔야 하고, 사람도 만나야 하고, 볼링이나 당구도 쳐야 하는 등등. 정신없이 살아오다가 인생의 귀로에 설 때가 되서야 비로소 '내가 무엇 때문에 살아왔는가?', '왜 살아야 하는가?', '나는 누구인가?' 하는 자아에 대한 물음을 던지는 것이 일반적이다.

하지만 캐나다에서는 자신이 의도적으로 그런 상황을 만들지 않는 한 한국에서와 같이 정신없이 바쁜 상황은 일어나지 않는다. 그래서 한국에서는 훗날 나이가 들고 늙어서야 하게 될 삶에 대한 실존적이며 존재론적 물음, 내적성찰이 이민을 통하여 앞당겨지게 된다.

좋은 해답을 얻기 위해서는 좋은 질문을 던질 수 있어야 하고, 좋은 질문을 하기 위해서는 선지식이 충분해야 한다. 그런데 한국에서는 좋은 질문을 던질 만큼 충분한 선지식을 가질 수 있도록 해주는 여유가 시간적으로나 정신적으로 없다. 앞만 보고 정신없이 살아온 까닭에 삶에 대한 물음이나 성찰에 익숙해 있지 않으면 여유로운 삶은 그저 답답하고 지루하게만 느껴질 수 있다. 그렇다면 차라리 예전과 같이 정신없이 살아가는 편이 더 나을지 모르겠다고 생각하기도 한다.

다행히 캐나다의 생활에 만족한다면 좋겠지만 그렇지 못하면 "한국이 지옥 같지만 그래도 신나게 살아오지 않았는가. 캐나다가 아무리 천국 같다고 하지만 이렇게 지루한 나라에서 젊은 시절을 낭비하며 살 수 없다"는 생각이 자신을 괴롭히기도 한다. 기껏 찾아온 평화는 지루한 시간 낭비 같기 때문이다. 이러한 문제를 해결하지 않으면 캐나다 이민은 또다시 지옥이 되고 말 것이다. 이제 이 문제를 어떻게 바라보고 해결할 수 있는지 생각해보자.

시간을 어떻게 보내느냐가 중요하다

정신없이 산다는 것은 그만큼 자신을 개발할 마음이나 시간적 여유가 없다는 것이고, 지루하다는 것은 상대적으로 자신을 개발할 여유가 있다는 뜻이 되기도 한다. 물론 내가 말하고자 하는 자기개발은 성공이 아니라 자아실현을 의미한다. 캐나다에서는 자신이 관심을 갖고 있거나, 하고 싶은 일을 즐기면서 자기개발을 할 마음만 있다면 얼마든지 할 수 있다. 그것은 자신이 내고 있는 세금으로 정부가 여건을 만들어주기에 가능하다.

예를 들면 어른학교(Adult School)에서는 사진이나 그림 등을 약간의 수강료만 지불하면 쉽게 배울 수 있다. 물론 학교를 유지하기 위해서 정부는 강사료와 같은 부대비용을 세금에서 제공해준다. 하지만 수강료를 받지 않는 것보다 약간의 수강료를 받는 것이 배우는 사람으로 하여금 더욱 적극적으로 배울 수 있게 한다는 점에서 합리적인 방법 같다. 다양한 프로그램을 가지고 세금으로 운영하는 어른학교에서는 자신의 관심 분야에 대한 지적 욕구를 얼마든지 충족시킬 수 있다. 조금만 부지런하면 자기를 개발하기 위한 도움을 얼마든지 받을 수 있다. 또한 마을마다 공공 수영장이 있어서 무료로 수영을 즐길 수 있을 뿐만 아니라 수많은 공공 도서관이 있어서 읽고 싶은 책을 가까운 곳에서 쉽게 구할 수 있다. 도심 한복판에는 도시의 허파라고 할 수 있는 공원이나 습지, 숲길(Trail)이 있고, 눈이 오면 자녀들과 눈썰매를 즐길 수 있는 곳을 집 근처에서도 찾을 수 있다. 나는 토론토 돈 벨리(Don Valley)에서 눈썰매를 탈 수 있는 곳이 널려 있는 것을 보았다. 나는 그곳에서 조깅할 때 공짜로 눈썰매를 즐기는 가족들을 많이 보았다.

밴쿠버를 제외한 캐나다 전 지역에는 눈이 많이 내려서 크로스컨트리를 할 수 있는 곳도 많다. 조금만 여유를 갖고 살피면 평화로우면서도 만족스럽게 삶을 영위할 수 있다. 캐나다 이민 생활에 잘 적응하면, 삶의 테두리에서 벗어나 조금만 관심을 갖고 찾아보면, 자신을 개발할 수 있는 시설이나 즐길 수 있는 것들을 얼마든지 발견할 수 있다. 그러한 생활에 적응하고 살아가면 삶이 지루할 까닭이 없다.

캐나다 정부를 믿어야 한다

하지만 나는 "먹고 살기에도 정신이 없는데 언제 그런 것을 즐기며 살아가느냐"고 하는 사람들도 보았다. 그러면 나는 왜 이민 왔는지를 되묻곤 했다. 돈을 벌기 힘드니 먹고 살기 바쁘다는 말은 자본주의의 관점에서 보면 맞는 말이다. 통장에 돈이 쌓여야 하는데 늘 아파트 전세금 내기 바쁘고, 아이들 교육비 마련하기 바쁘면 먹고 살기에 정신없다. 여유 있게 쓸 돈이 없는 것도 사실이다. 다시 한 번 강조한다면, 캐나다 사회에서는 통장에 돈을 모으기 힘들다. 하루 벌어 하루 먹고 지낸다고 생각하면 미래가 불안할 수밖에 없을 것이다. 그러나 미래는 정부에게 맡기면 된다. 캐나다 땅에 뼈를 묻을 생각을 하고 세금을 착실히 내면 정부가 미래를 보장해주기 때문이다.

그러나 한국 정부는 어떠한가? 한국 정부는 국민들의 복지를 위해 해주는 것이 별로 없다. 우리는 각자 알아서 미래를 준비할 수밖에 없는 현실에서 오랫동안 살아왔다. 그리고 자신이 세금을 얼마나 내고 있는지, 그나마 낸 세금이 어떻게 사용되는지도 불투명하며, 자신이 낸 세금이 자신에게 되돌아오는 것을 경험한 적이 별로 없다. 그러니 한국 사회에서 살던 이민자들이 미래에 대한 불안감을 갖는 것은 당연하다. 나는 한 할머니를 소개하면서 캐나다에서 미래에 대한 걱정을 할 필요가 없다는 말을 하고 싶다.

한 젊은 부부는 토론토에서 '하나(Hanna)'라는 한국레스토랑을 운영하고 있었다. 여느 이민자들처럼 그들도 캐나다에서 돈을 좀 넉넉하게 벌고 싶었지만 그것이 쉽지 않음을 늘 고민하고 있었다. 나는 그들에게 그런 마음으로 살면 이민 생활이 힘들 것이라고 말해주면서 "그냥 집세 내고 세금 내고 일하고 있다는 것으로 만족하라"고 했다. 그들은 한국에서 생활하던 방식과는 너무 다르기에 내 의견을 받아들일 수는 없었다.

그러나 시간이 지나자 그 젊은 부부는 자신의 어머니가 나와 같은 의견을 가지고 있다고 하면서 내 생각을 인정하고 받아들이기 시작했다. 그들의 어머니인 그 할머니는 한국에서 경제학을 전공한 소위 인텔리였으며 딸의 초청으로 토론토에 거주하고 있었다. 그런데 하루는 그 할머니가 딸에게 말해주었다.

"여기에서는 한국에서처럼 살면 안 된다. 내가 돈을 못 벌어도 그냥 일하고 있다는 것으로 만족하고 살면 되는 거야. 돈을 모을 필요도 없어. 무슨 일을 하든지 상관없어. 다만 젊어서 놀지 않고 일만 하고 있으면 돼. 이 나라는 신용이 있잖아. 세금만 착실히 내면 정부가 다 알아서 해줘. 뭘 그렇게 걱정해? 여긴 한국이 아니야. 편하게 살아."

한국에서 월수입과 지출이 거의 같으면 먹고 살기 힘들다는 생각을 버릴 수 없을 것이다. 그러한 기준에서라면 캐나다 이민자들 중 40%가 극빈자고, 대부분의 캐나다 사람들은 극빈자다. 왜냐하면 캐나다 사람들은 대부분 융자통장 여러 개를 가지고 있기 때문이다. 그런데 그들이 정말 극빈자라면 어떻게 별 걱정이 없이 살아갈 수 있을까? 불안감을 없애기 위해서는 캐나다 사람으로 살아갈 필요가 있다.

이민자들이 여유롭지 않게 살아가는 것은 돈에 대한 집착 때문이다. 그리고 경제적으로 가장 부담이 큰 것은 자녀들 양육비일 것이다. 하지만 캐나다에서는 고등학교까지 의무교육을 하고 있으니 문제없고, 대학을 가면 스스로 알아서 공부하는 캐나다의 삶의 방식을 따르면 대학 진학에 들어가는 경제적인 부담을 줄일 수 있다. 물론 상당수의 부모들이 캐나다의 교육방식을 이해할 수 없을 것이다. 자녀를 위해서 해줄 수 있는 것은 다 해주고 싶은 것이 부모의 심정이기 때문이다.

자녀를 위한다는 것이 오히려 자녀의 독립을 방해하는 요소가 될 수 있다. 어린 새도 어느 정도 크면 둥지를 떠나기 마련인데 성인이 되었으면 성인답게 스스로 경제적인 문제를 해결하면서 살아가게 해야 독립심이나 자립심을 키워줄 수 있다. 그렇게 하더라도 자녀들은 하나도 섭섭해 하지 않을 것이다. 이미 학교의 친구들이 그렇게 살아가고 있기 때문이다. 하지만 자녀들에 대한 한국 부모들의 태도는 좀처럼 바뀌지 않을 것 같다. 한 학부모가 내게 말했다.

"무슨 말씀인지 압니다. 그리고 동의합니다. 하지만 저는 그렇게 못 하겠어요."

이민자들을 힘들게 하는 것은 외부적인 원인 때문이 아니라 자신의 내적인 원인에서 비롯된다고 할 수 있다. 한국에서의 삶의 방식에서 빨리 벗어나면 벗어날수록, 캐나다 사람들의 삶의 방식을 빨리 익히면 익힐수록, 캐나다 이민 생활은 그만큼 편안해지고 이민을 후회하지 않게 된다. 캐나다 사람들의 삶의 방식을 배우면 그렇게 각박하게 살아가지 않아도 된다. 그래서 주어진 시간을 활용해 자신을 개발할 수만 있다면 갑자기 여유로워진 생활이 만족스러울 것이다.

앞에서 거론한 문제를 두 가지로 요약하면 자신과 화해하는 문제와 여유로운 시간의 활용 문제로 요약할 수 있다. 캐나다에서는 아무도 자신의 신분 고하를 묻지 않는다. 따라서 이민 생활이 편안하기 위해서는 먼저 자신과 화해해야 한다. 자신의 심리적 문제를 먼저 해결한다면 이민 생활은 편안해질 것이다. 캐나다라는 외적 환경이 바뀌지 않을 테니, 결국 내가 바뀌는 수밖에 없다. 그리고 극한 경쟁에서 벗어나 평화롭고 여유롭게 살고 싶었던 이민의 동기를 늘 상기한다면, 삶의 질을 추구하고자 한다면, 이민 생활은 힘겹지 않을 것이다. 한국에서 자신으로부터 밖을 향한 삶의 여정(Journey out)을 살아왔다면 캐나다에서는 자신의 삶의 여정을 내부로(Journey in)향하는 삶을 살아갈 수 있다. 그래서 캐나다를 자신의 출세나 성공에 목표를 두거나 물질적인 풍요로움을 얻을 수 있는 기회를 제공해주는 사회가 아니라, 자신의 마음가짐이나 태도에 따라서 자신을 개발하고 실현할 수 있는 가능성이 열려 있는 사회로 보는 것이 더 옳을지 모른다. 이처럼 바라보는 시각이 바뀐다면 캐나다 사회가 그렇게 이민자 자신을 힘들게 하지는 않을 것이다.

2. 부부 사이의 문제

이민자들이 힘들어 하는 것 중 하나는 부부 사이의 갈등과 위기일 것이다. 이민 온 지 얼마 안 된 대부분의 이민자들은 한국에서 지친 몸과 마음 때문에 쉬고 싶어 한다. 캐나다에서는 자신의 직업을 갖기 전에 이런저런 정보를 먼저 얻는 시간을 가져야 하기 때문에, 대개 가장은 1년 내지 2년가량 집에서 쉬는 것이 일반적이다. 그러다 보면 부부가 함께 지내는 시간이 많아진다. 뿐만 아니라 부부가 함께 일해야 하는 경우도 있다. 24시간 붙어 있는 일이 생기게 되면 부부 사이에 문제가 생기기도 한다. 때로는 서로 떨어져 있는 시간이 필요한데, 늘 붙어 있으면 트러블이 생기기 때문이다.

그대가 곁에 없어야 그대가 그립다

같은 일을 하지 않는 한 한국에서는 부부가 함께 지내는 시간보다 떨어져 있는 시간이 더 많다. 그래서 사소한 문제로 감정이 생기더라도 떨어져 있는 동안 그 감정은 희석되기 때문에 큰 문제가 생기지는 않는다. 예를 들면 아이들 문제로 서로 다투었다고 하자. 화가 난 남편이 "에이, 씨!" 하면서 문을 박차고 출근해버린다. 출근하면서 격했던 감정이 조금은 희석되거나 나름대로 혼자만의 시간을 가지면서 정리가 되기도 한다.

그리고 퇴근 후 다시 만날 때 아침에 났던 화가 사소한 일에서 비롯된 것이었다면, 그것이 큰 문제로까지 번지지 않을 것이다.

그러나 부부가 24시간 붙어 있다고 생각해보자. 사소한 일에서 생긴 감정도 점점 더 커지게 되어 나중에는 서로 원수가 되기도 한다. 심리적으로나 물리적으로 멀리 떨어져 있는 사람이 원수가 되는 것이 아니다. 아주 가까운 사람이 원수가 되는 까닭은 가까운 사람일수록 기대치가 높게 되고 상대방이 그 기대치에 이르지 못하면 실망을 하기 때문이다. 실망하다 보면 미워하게 되고 급기야 원수가 된다. 반대로 자신과 아무 상관이 없는 사람에게는 기대할 것도 없으니 원수가 될 이유도 없다. 그래서 원수는 아주 가까이에서 발생한다. 부부 사이는 제일 가깝기 때문에 기대치도 높고 그 기대치가 채워지지 않으면 서로 실망하고 미워하며 싸우면서 원수가 되기도 한다. 그래서 이민자 부부들이 늘 붙어 있는 것이 문제이다. 이민 사회에서 부부가 늘 붙어 있을 수밖에 없는 상황이 되면 서로를 피곤하고 힘들게 하면서 원수가 되기도 한다.

사람은 누구나 100% 만족하는 상대를 얻을 수는 없다. 자신을 성찰해 봐도 얼마나 단점이 많고 부족한 존재인지 쉽게 알 것이다. 그렇다면 나와 별 차이가 없을 상대방도 마찬가지이다. 그런데 가까이 하면 할수록 단점만 보이고, 단점만 보이니 매력도 없어서 싫어지기 시작한다. 그래도 한국에서는 아무리 남편이 못마땅하고 미워도 월급은 꼬박꼬박 가져오니 웬만한 불만은 어느 정도 수그러든다. 남편이 사회에서 무슨 일을 어떻게 하는지 잘 모르더라도 우리 가정을 먹여 살리는 남편이 그래도 대단해 보이고, 한편으로는 듬직한 부분도 있어서 불만이 차지한 자리를 신뢰로 바꾸기도 한다. 그런데 늘 함께 지내게 되면 남편에게서 전에 미처 알지 못했던 것들이 차츰차츰 새롭게 발견된다. 더욱이 돈도 제대로 벌어오지 못하는 남편이 무능력해 보이며 심지어는 쪼다(?)처럼 보이기 시작한다.

　물리적 세계에서는 멀리 떨어져 있는 사물은 잘 보이지 않지만 가까이 갈수록 더 잘 보이는 것이 당연하다. 예를 들면 사람의 얼굴에 있는 점은 멀리서는 안 보이지만 가까이에서는 점뿐만 아니라 모공이나 잔주름까지 자세히 볼 수 있다. 인간의 내면도 이와 같아서 부부가 24시간 붙어 있으면 상대방의 내면이 다 드러나면서, 상대방의 장점, 단점, 나쁜 습관, 좋은 습관까지 다 보이기 마련이다. 그래서 함께 지낸 시간이 상대적으로 적었던 한국에서는 보이지 않았던 점들을 캐나다에서 구체적으로 알아 나가면서 십여 년을 같이 살았어도 "이 사람 이런 사람인줄 몰랐어."라고 고백하기도 한다.

자존심 빼면 시체인 남자, 자존심 무너지다

　캐나다에서는 남편의 경제력이 한국에 있을 때보다 상대적으로 약하고 때로는 부인이 남편의 경제력을 능가하기 때문에 남편을 존경하기보다는 무시하는 경향을 갖게 된다. 한국에서는 가장에 대한 권위가 어느 정도 보장되었고 그것을 즐겨왔을 남자들은 갑자기 무시당하는 느낌을 받으면서 못 견뎌하기도 한다. 그리고 부인이 남편을 무시하지 않고 있다 하더라도 남편 입장에서는 부인이 자기를 무시하지 않을까 걱정할 수도 있다. 그래서 부인의 사소한 말에도 '혹시 이 여자가 나를 무시해서 이렇게 얘기하는 걸까?'라고 생각하기 쉽다. 남편은 자신의 권위가 서서히 실추하고 있다는 자격지심에 힘들어 할 수 있다. 이처럼 남편의 권위가 실추되면서 부부 사이에 위기가 올 수도 있다.

　또한 가정의 주도권을 여성에게 넘겨주게 되는 데서 생기는 남성의 권위 상실 또한 부부 사이를 힘들게 하는 원인 중 하나다. 여성은 이민 사회에 빨리 적응하지만 남성은 상대적으로 느린 편이다. 여성은 남성보다 언어를 배우는 속도가 빠를 뿐만 아니라 어떠한 어려운 상황에서도 가정을 살리려고 하는 억척스러움이 있기 때문이다. 우리는 흔히 '여자의 자존심은 세다'고 알고 있다. 하지만 여성의 권위가 상대적으로 억압된 한국 여성들은 자존심을 버리는 것에 익숙해 있다. 반대로 남성 우월적인 분위기에서 성장하고 살아온 한국 남성들은 자존심을 내세우는 데 익숙해 있다. 그래서 영어를 잘 못해 자존심이 상하게 되면 여성과 남성이 그것을 받아들이는 데 상당한 차이를 보인다. 여성은 아무리 자존심이 상해도 일단 생존(?)의 보호본능 때문에 자신의 자존심을 쉽게 접는다. 하지만 남성은 자신의 자존심을 쉽게 접지 못한다. 자존심이 상하면 남성은 '그래도 한국에 있을 때는 늘 대우받고 살았고 잘나갔는데, 그래도 소위 일류대학(?)을 나왔고, 어느 정도 재산도 모았고, 더군다나 사회적 지위도 어느 정도 있었고, 가정에서 권위도 가지고 있는데.'라고 생각한다. 그런데 고작 말(영어) 하나 때문에 자신의 스타일이 구겨지는 듯하면 자존심이 상하는 것이다.

영어를 배우는 과정에서 남성들은 처음에는 의욕을 가지고 열심히 한다. 하지만 몇 번 발음을 해도 자신이 한 말을 상대방이 못 알아들으면 쉽게 자존심이 상하고 "관둬! 이제 네가 알아듣든지 말든지." 하면서 아예 포기해버리기 쉽다. 하지만 여성들은 아무리 자존심이 상해도 악착같이 해보려 하기 때문에 나중에는 언어를 굉장히 잘 구사하게 된다. 또한 언어적 감각은 여성들이 남성보다 뛰어나다고 한다. 그래서 이민 생활을 할수록 여성이 남성보다 언어능력이 앞서게 되는 것이 당연할지도 모르겠다. 구멍가게라도 하기 위해서는 어쩔 수 없이 영어를 필수적으로 해야 하는데, 영어 때문에 남성이 여성에게 경영의 주도권을 넘겨야 할 수도 있다.

이처럼 모든 주도권이 여성에게 넘어가면 남성들은 자격지심이 생기게 된다. 남성은 비즈니스에 문제가 생기면 그 해결을 여성에게 떠맡기면서도 한편으로는 소외감이나 자격지심 때문에 혹시 부인이 자신을 무시하지나 않을까 하는 염려를 하기도 한다. 그리고 여성들이 비즈니스의 주도권을 쥐게 되니 아무래도 남편들을 좌지우지할 수 있는 가능성도 있다. 이민 생활이 오래될수록 남성들은 자신의 주도권을 쥐고 싶어도 그럴 수 없어서 자신의 권위가 실추한다고 느낀다. 이러한 이유들로 인해 부부 사이의 갈등은 깊어지기도 한다.

화성에서 온 남자와 금성에서 온 여자

부부 사이의 갈등의 원인은 이외에도 많이 있지만 성격, 기질, 일처리 방식에 차이가 있어 갈등이 생기기도 한다. 그런데 남녀가 처음 만날 때 서로에게 매력을 느끼는 것은 상대방에게 자신과는 다른 점을 발견했기 때문이다. 자신이 갖추고 있지 못하는 부분을 상대방이 가지고 있으면 그것으로 인해 상대방에게 매력을 느끼게 되는 것이다. 예를 들면, 자신이 말수가 없고 조용해서 별로 재미가 없는 사람이라고 생각하고 있는데, 상대방이 굉장히 밝고 명랑하고 쾌활하다면 마음에 들 수 있을 것이다. 왜냐하면 자신에게 부족한 부분을 동경하는 본능 때문이다.

하지만 시간이 지나면 사정은 달라진다. 처음에는 자기와 다른 것이 매력이었지만 나중에는 자기와 다른 점으로 인해 굉장히 피곤해지고 힘들어지는 것이다. 그래서 "저렇게 경솔하고 매일 수다를 떠니 피곤해서 못 살겠다."라고 하면서 미워할 수 있다. 반대로 외향적인 사람이라면 처음에는 과묵한 사람을 좋아할 것인데, 나중에는 말수가 적고 과묵한 상대방이 자신을 너무 피곤하게 한다고 불만을 갖게 된다. 그래서 "당신, 꿀 먹은 벙어리처럼 그렇게만 있지?"라고 화를 낼 수 있다.

서로 다른 점에서 생기는 수많은 문제들을 여기에서 다 말할 수는 없지만 문제의 핵심은, 처음에는 서로에게 매력을 느끼게 해준 차이점이 나중에는 서로에게 불만을 느끼게 한다는 사실이다. 어떻게 하면 부부 문제를 해결할 수 있을까?

서로 무시하지 말고 존중하자

서로 존중해야 한다. 당연한 말처럼 들리지만 그것을 실천하지 못하는 경우가 적지 않다. 그렇지 않아도 남성은 이민 사회에서 자격지심을 갖게 되는데 모두가 자신을 무시한다 하더라도 적어도 자녀들이나 부인에게서만큼은 존경받고 싶어 한다. 존경까지는 아니더라도 최소한 무시당하고 싶지 않을 것이다. 그것은 남성뿐만 아니라 누구라도 그렇다. 그렇다면 여성 쪽에서 남성에게 "나는 당신을 존경해."라고까지는 아니더라도 최소한 "나는 당신을 무시하고 있는 것이 아니다"는 것을 말이나 행동에서 느낄 수 있도록 처신했으면 좋겠다. 그렇게 하면 남성은 '여성이 자신을 무시했다'고 느꼈다 하더라도 '저 사람이 나를 무시하는 것이 아니라 내가 무시당했다고 느꼈는지도 모르지.'라고 생각할 것이다. 이렇게 서로 존중해주면 된다.

예를 하나 들어보자. 사람은 누구나 남성호르몬과 여성호르몬이 몸 안에 함께 있다고 한다. 그런데 젊었을 때 여성은 여성호르몬이, 남성은 남성호르몬이 우세하여 성징을 뚜렷이 한다. 하지만 나이가 들면서 남성은 점점 여성호르몬이 우세해지기 시작하고, 여성은 남성호르몬이 우세해지기 시작한다. 그래서 신혼 초에 남성은 사랑하는 여성을 얻었으니 남성으로서 과시도 할 겸 벽에 못을 박아도 힘 있게 박는다. 이를 본 새댁은 "자기야, 조심해. 다쳐요."라고 한다. 그러나 세월이 지나면 상황은 바뀐다. 조심스레 못을 박고 있는 남편을 보고 답답해하는 부인은 "아유 답답해! 이리 줘!"하고는 망치를 빼앗아서 힘껏 못을 박는다. 그러면 옆에 있던 남편은 "어~허! 조심해라, 손 다칠라!"라고 한다.

우스갯소리로 지어낸 이야기이지만 부인은 남성호르몬이 우세해져서 남성처럼 씩씩(?)해진다. 이 경우 자신이 뭔가를 해보겠다고 망치를 빼앗은 것이지 남편을 무시할 의도는 없을 것이다. 그러나 평소에 무시당한다는 느낌을 받으면서 살아왔던 남편이었다면 부인이 자신의 망치를 빼앗은 것에 대해 자신이 못질을 못 한다고 무시한 것으로 생각할 수 있다. 이처럼 자기를 무시하지 않았는데 스스로 그렇게 느끼고 있는 경우도 많이 있다.

남성은 여성이 자신을 무시했다고 생각하기에 앞서 스스로 무시당하고 있다고 느끼는 것이 아닌지 생각해볼 필요가 있다. 결국 자기 자신을 컨트롤하는 게 중요하다. 여성도 남성을 무시하는 말이나 행동은 하지 말아야 할 것이다. 설령 무시하는 마음이 없었다 하더라도 혹시 자신의 말과 행동이 남성에게 무시당하는 느낌을 주지 않을까 생각해보고 행동하는 것이 어떨까? 연애 시절에 서로를 위했던 만큼 서로에게 소중한 존재가 되어주면 좋겠다. 서로 존중해주고 존중받고 있다고 느낄 수 있도록 한다면, 부부 사이의 가장 큰 문제를 하나 푼 셈이다.

갈등은 성숙을 꽃피우는 꽃씨가 될 수 있다

함께하는 시간이 많아지면서 생겨나는 문제들은 오히려 적극적으로 끌어안아야 한다. 사랑하는 관계라면 사랑으로 서로를 성숙시킬 수 있다. 우리는 자신의 외모를 보기 위해서 거울이 필요하듯, 자신의 내면을 보기 위해서 반드시 타인이 필요하다. 이성은 자신의 내면을 보기 위한 거울이다. 사랑하는 부부가 가정을 이루는 것은 이렇게 비유할 수 있다. 사랑이라는 이름의 자루에 모가 많이 난 돌멩이 두 개를 집어넣고 빙글빙글 돌린다. 그러면 그 자루 안에 들어 있는 모가 난 돌들은 서로 부딪치며 깨지고 서로가 서로에게 길들여지기 시작한다. 그런데 깨어질 때는 필연적으로 아픔이 따른다. 하지만 깨어지는 아픔이 싫어서 피하려 한다면 모가 난 돌은 다듬어지지 않을 것이고, 그 돌의 날카로움 때문에 자루는 찢어지고 돌은 밖으로 튀어나오게 된다. 그것이 바로 이혼이다.

한국에서는 최근 이혼율이 높아지고 있어서 심각한 사회적 문제가 되고 있다. 가톨릭 교회에서는 '하느님이 맺은 것을 인간이 풀 수 없다' 고 가르치기 때문에 천주교 신자들은 가정을 깰 수 없다. 자루를 찢고 나올 수가 없는 것이다. 가정을 자루에 비유하자면 가정을 깰 마음은 없지만 자신이 깨어지는 것을 싫어하면, 자루 속은 지옥이 될 수 있다. 그러나 서로가 부딪치는 아픔을 받아들이면, 서로에 의해 모가 없어진 동글동글한 조약돌처럼 변하게 된다. 아픈 만큼 성숙해지듯 부부 사이의 갈등은 오히려 성숙의 도구가 될 수 있다. 그러므로 사랑하는 이들이 가정을 이루는 것은 성숙의 길로 초대받은 셈이다. 부부가 함께할 수 있는 시간이 많게 되면 서로를 잘 알게 되고, 서로를 더욱 잘 이해할 수 있고, 더 나아가 상대방을 통해 나를 성찰할 수 있다. 그런 점에서 볼 때 함께 있는 시간은 오히려 '서로를 위한 성숙의 기회'라고 긍정적인 측면에서 평가할 수 있다.

그러나 부부 사이의 갈등을 성숙의 차원까지 끌어올릴 수 없는 사람들이라면 함께하는 시간을 줄이는 것이 필요하다. 앞에서 얘기했듯이 사람은 간혹 떨어져 있어야 서로의 소중함을 알게 되고, 그 사람이 나에게 어떤 의미였는지 알게 된다. 우리는 우리에게 숨을 쉬게 해주는 공기가 없으면 1~2분도 살 수 없지만 그것이 늘 있는 것이기 때문에 고마움을 못 느낀다. 부부의 경우에도 늘 곁에만 있으면 서로의 고마움을 느끼지 못할 수 있다. 항상 함께 일을 해야 하는 처지라면 가끔은 각자 다른 곳에서 일을 하는 것도 부부 사이를 좋게 만드는 한 방법이 될 수 있다. 주말

부부의 장점은 바로 여기에 있는 것이 아닌가 생각한다. 나는 연애와는 상관이 없는 삶을 살아가지만 예상은 할 수 있을 것 같다. 주말부부가 일주일에 한 번 만나면 연애하는 기분으로 살아갈 수도 있을지 모르겠다. 서로가 서로에게 그리움을 가지며, 서로에게 얼마나 소중한 존재인지도 알 것 같기 때문이다. 꼭 주말부부는 아니더라도 서로 떨어져 있는 시간은 부부 관계에서 일어날 수 있는 어려움을 해소하는 데 필요한 방편이 될 수 있을 듯하다.

하지만 같이 일할 수밖에 없는 입장이라면 교대로 여행을 떠나는 방법을 써서 가끔씩 떨어져 있는 시간을 마련하는 것도 좋겠다. '서로 떨어져 있으면 더 멀어지는 게 아닌가.' 하고 걱정할 필요 없다. 때로는 그것이 부부 사이의 약이 될 수 있기 때문이다. 그러기 위해서는 서로의 사랑을 돈독히 할 의지나 신뢰가 있어야 한다. 그렇지 않으면 떨어져 있는 동안 부부의 결속을 다지지 않고 오히려 외도나 타락을 일삼을 수도 있을 테니까.

너는 왜 내가 아니고 너인가

서로의 차이를 수용해야 한다. 자신의 방식대로 상대방이 해주기를 바라지 말고 상대방의 방식을 존중해주면서도 자신의 방식을 상대방으로부터 인정받도록 하는 것이 좋을 듯하다. 사과는 배가 될 수 없고 배는 사과가 될 수 없다. 배와 사과는 각자 과일로서 고유한 맛과 향기를 가지고 있다. 따라서 자신의 기준대로 상대방이 맞춰주기를 원한다면 서로가 서로를 힘들게 하는 결과를 부른다. 즉 사과에게 배가 되라고 하는 것과 같은 이치이다.

자신과는 다른 상대방을 존중해주고 서로 보완해주면 된다. 한 사람은 일을 과감하게 하지 못하지만 정리를 잘하는 성격이고, 다른 한 사람은 정리는 잘 못하지만 과감하게 일을 하는 성격이라고 가정하자. 그런데 한쪽에서 "왜 당신은 수습도 못 하는 일을 벌려놓기만 하느냐."라고 했다고 하자. 그러면 다른 한쪽에서는 "답답하게 따라오지도 못 한다."라고 할 수 있겠다. 하지만 서로 탓하는 대신 보완해주려 한다면 결과는 달라진다. 상대방이 벌려놓은 일은 자신이 수습하면 되고, 상대방이 소심하게 보이면 자신이 나서서 과감하게 일을 시작하면 서로에게 도움이 된다. 이러한 삶의 태도가 바로 '다양성 속의 일치'이다.

이 개념에 대해 좀 더 설명하자면 '다양성 속의 일치'는 완전한 합일을 얘기하는 것이 아니라 서로 다름이 보장되면서도 자신의 고유한 역할을 하면서 함께 공존하는 것을 의미한다. 서로 다름이 수용되지 않으면 관계는 깨어지게 마련이다. 서로 생각이 다르다는 것을 받아들이지 않아 관계에까지 악영향을 미치는 것은 미성숙한 사람들의 태도일지 모르겠다. 다시 말하면 상대방의 생각이 다르다고 적이 되는 사람들을 지극히 미성숙한 사람이라고 말할 수 있는 까닭은, 생각이 다른 것은 다른 것이고 관계는 관계이기 때문이다. 그러나 서로 다름을 인정하고 서로를 존중하면 관계는 좋아진다.

가장의 형식권위를 내세우면 가정이 망한다

끝으로 가장의 권위를 내세워 생기는 부부 사이의 갈등을 빼놓을 수 없다. 대부분의 아버지들은 우리나라 사회와 문화가 잉태한 가장이라는 형식권위에 익숙해 있다. 그러나 형식권위만 내세우면 실질권위가 죽는다. 한국에서는 남성과 여성의 역할이 분명하여 여성의 일, 남자의 일이라는 성의 역할의식이 분명하다. 그런데 여성들은 남성들보다 캐나다 문화에 빨리 적응한다. 그러면 남성은 남성중심의 한국 사회에 익숙해 있어서 가부장 문화의 방식으로 처신하기를 요구하고, 여성은 이민 사회에서 배운 새로운 문화적 방식을 가지고 서로 대립하게 된다. 이것을 어떻게 조절하느냐 하는 것이 부부 사이의 또 한 가지 해결과제이다.

현대 사상가들은 가부장(Patriarchy) 문화의 사회적, 역사적 폐단을 수없이 이야기해왔고, 캐나다에서는 이미 반가부장 문화가 실천 단계에 와 있다고 해도 과언이 아니다. 그러한 분위기를 재빨리 알아차리고 캐나다 문화에 적응했을 여성에게 남성이 아직도 가부장적인 태도를 가지고 있다면, 그는 시대착오적인 사람이 된다. 이민 간 한국의 여성들은 한국에서 가부장 문화의 폐단을 뼈저리게 느끼며 살아왔을 것이다. 물론 그동안 페미니스트들의 끊임없는 노력으로 상황이 호전되기는 했지만 삶의 구체적인 현장에서 여성들은 가부장 문화에 대한 큰 저항 없이 살아야만 했다. 따라서 캐나다에 이민 온 한국 여성들은 캐나다의 반가부장적인 사회 분위기를 복음처럼 느낄 것이다. 상대적으로 캐나다의 반가부장적인 태도에 둔감한 한국 남성들은 자신이 한국에서 누려왔던 가부장적 태도를 하루아침에 바꾸기 어려운 상황에 처하게 된다.

여성이 비교적 남성에게 순종적이라면 문제가 없지만 여성이 자신의 권리를 주장하기 시작하면 부부 사이에 심각한 분열이 일어나고 급기야 이혼까지 하게 된다. 설령 남성이 가지고 있는 경제적 주도권과 같은 여러 가지 영향력 때문에 부인이 자기주장을 안 하고 숨죽이고 산다고 해서 안심할 수는 없다. 캐나다에서는 이혼을 하게 되면 남편이 부인에게 생활비, 자녀양육비 모두를 부담해야 하는 것을 법으로 정하고 있다. 혹시라도 이혼을 하고자 하는 남성이 있다면, 여성에게 자신의 재산을 모두 주고 나서 하루아침에 노숙자가 되는 것을 생각해야 할 것이다. 그러한 결과를 캐나다에서 사는 여성이 모를 리 없고, 남성이 비즈니스에서도 주도권이 약해지고 가정에서의 영향력이 약해지면 언제라도 상황은 뒤집힐 수 있다. 남성이 자신의 권위만 내세우고 반가부장적인 사회적 분위기에 적응하지 못하면 언젠가는 거리로 나앉게 될 위험이 있다.

나는 부부가 서로 대립하는 관계로 가는 것을 바라지 않는다. 다만 이러한 상황을 자각하고 서로 협조하며 조화를 이루어 부부 사이가 건강해지기를 바라는 마음에서, 캐나다 사회에서 일어날 수 있는 일들에 대해 말하고자 한 것이다. 이민을 왔으면 이식한 나무의 뿌리를 싸고 있던 비닐봉지를 해체하느냐 마느냐 하는 문제가 있다. 가장은 가부장 문화의 형식권위를 벗어던지고 실질권위를 회복해야 하는 새로운 과제를 받아들여야 한다. 한국에서 통용되었던 부부 관계, 한쪽이 한쪽을 압도해왔던 부부 관계를 청산하고 서로가 서로를 존중하며 동등한 인생의 동반자, 협조자로 지내야 할 것이다. 남성이 가장으로서 권위만 내세우지 않고 가정을 위해 헌신하는 태도를 보일 때, 가장과 남편으로서의 실질권위를 회복하게 될 것이다.

앞에서 언급한 바 있지만 언어를 배우는 태도에서도 마찬가지이다. 일반적으로 이민 여성들은 언어를 배우는 데 남성보다 더 적극적이다. 물론 남성이나 여성이나 언어에 끊임없이 도전(Challenge)을 해야 한다. 그리고 남성이 언어를 배우고자 하는 의지가 여성과 동등해야 가장으로서의 실질권위가 높아진다. 언어를 공부하다 한계를 느껴 중도에 포기한다면 삶의 주도권(경제권이나 생활권 등)을 여성에게 넘겨주게 되고, 결국 스스로를 힘들게 만드는 결과를 초래하게 될 것이다.

어느 날 나는 책을 사기 위해 토론토 대학교 근처의 헌책방에 갔다. 그런데 50대 중반쯤 되는 책방 주인이, 나를 제외하고는 아무도 없는 책방에서 혼자서 중얼거리고 있었다. 그래서 유심히 살펴보았더니 책방 주인인 중국 남자는 큰 소리로 신문을 읽고 있는 것이었다. 그 나이에 영어 발음 연습을 하고 있는 것이었다.

영어를 이해하고 읽고 쓸 줄 안다고 해도 말하기는 쉽지 않다. 영어를 우리나라에는 헌책방이 거의 없어졌지만 캐나다에서는 아직도 성업 중이다. 나는 이곳에서 책을 여러 권 샀는데, 중국인 주인이 영어발음공부를 열심히 하고 있었다.

말할 때는 우리나라 말을 할 때와는 달라서 평소에 쓰지 않는 근육을 써야 할 때가 있다. 예를 들어서, 나는 쉬운 단어인 억셉터블(Acceptable)이라는 발음을 하기 위해서 수없이 발음해야 했다. 하지만 지금도 갑자기 그 발음을 하려고 하면 말이 꼬인다. 여하튼 자기가 알고 있는 영어 단어라도 발음이 안 되어 의사소통이 안 되는 경우가 많다. 안 튀어 나오는 발음을 튀어나오게 하기 위해서는 계속해서 발음을 해보고, 입의 근육이 풀릴 때까지 익히는 방법밖에는 없다. 그러니 큰 소리로 신문을 읽는 것도 좋은 방법이 될 수 있는 것이다.

나는 한국 남성 이민자들 중에서 그 중국 남자와 같이 열심히 발음 연습을 하는 사람을 본 적이 없다. 끊임없이 영어공부를 하려 하지 않는 남성은 결국 생활권을 여성에게 넘겨주게 되고, 여성에게 늘 무시당하고 있다는 느낌을 받게 될 것이다. 그렇게 되면 부부 사이에는 점점 금이 갈 수 있다. 그러나 남성이 영어를 잘하면 부부가 서로 대등하게 캐나다 사회의 문화에 잘 적응하여 삶이 편안해질 것이다.

앞에서도 얘기했지만 우리의 뿌리는 한국인이다. 우리의 정체성을 지키면서도 캐나다의 삶의 방식 안에서 살아야 건강하게 성장하는 이식한 나무가 될 것이다. 그러나 기존의 방식만 고집한다면 이식을 했으나 비닐봉지를 개봉하지 않는 것과 다를 바가 없다. 부부 사이에도 마찬가지인 듯하다. 기존의 남성주도적인 부부 관계를 개선하지 않으면 위기가 올 것은 뻔하다. 어쩌면 이민 생활은 부부 관계를 힘들게 하기도 하지만 반대로 둘의 관계를 새롭게 조명하고 다시 쌓아올려 그전의 관계보다 더욱 성숙한 관계로 발전하는 하나의 기회가 될 수도 있다.

3. 자녀의 문제

언어가 해결되고 문화적으로 적응하더라도 이민 1세대는 어쩔 수 없이 3D업종의 일을 하게 되는 경우가 많다. 남들이 잘 안 하는 일, 위험하거나 힘든 일, 시간을 많이 내야 하는 일들을 하게 되니 말이다. 하지만 이민 1세대 중에는 이민 2세대에게 희망을 걸면서 희생해야 한다고 생각하는 사람이 많다. 2세를 위해 고생하고 희생을 하는 대신 자신의 고생을 대물림을 하지 않겠다고 다짐하는 것이다.

그런데 그것마저도 쉽지 않다. 자녀교육에 대해 무지하다면 2세대에게는 기대감이 무너질 것이기 때문이다. 그러나 자녀에 대한 올바른 이해가 전제된다면 큰 문제를 덜게 될 것이다. 이 장에서는 이민자들의 자녀들을 나이대별로 나누어 알아보기로 하겠다. 왜냐하면 자녀의 나이에 따라 이민 생활을 받아들이는 입장이 다르기 때문이다. 유아기부터 시작해 중학교에 들어갈 때까지, 중학생부터 고등학생까지의 사춘기, 성인이 되어서 부모님과 같이 이민 오는 자녀들도 있을 테니, 이것을 구분해서 언급할 필요가 있다.

한국어를 못 하는 아이, 자녀와 부모의 소통의 문제

이민 가서 출산한 자녀를 포함해서 유아나 초등학생, 혹은 중학교 1·2학년인 자녀를 데리고 이민 온 경우에 자녀를 어떻게 가르쳐야 할까? 어린 나이에 부모를 따라 이민 온 아이들 중 부모보다도 영어 준비가 덜 되어 있거나 전혀 안 되어 있는 경우가 많다. 이민을 결심한 부모들은 이민 준비를 하기 위해서 어느 정도 영어를 공부했지만 어린 자녀들은 아직 영어를 능숙하게 구사하지는 못 한다. 그래서 처음 이민을 오게 되면 아이들이 부모에게 영어를 물어보고, 부모는 아이들에게 열심히 가르쳐준다.

그런데 1년이 채 안 지나 상황은 반대가 된다. 시간이 지나면 지날수록 거꾸로 부모가 아이들에게 영어를 물어보기 시작한다. 왜냐하면 어린아이 때는 사고가 미분화 되어 있고, 그 상태에서는 영어를 빨리 받아들일 수 있기 때문이다. 아이들은 새로운 언어에 대해 쉽게 받아들일 줄 안다. 그리고 자신이 꿀꺽 삼킨 것을 그대로 표현하는 방식으로 언어를 받아들인다. 사고가 미분화된 어린이들은 이런 방식으로 언어를 받아들이기 때문에 언어를 엄청나게 빨리 받아들이는 것이다.

반면에 나이가 들면서 사고가 분화된 어른의 경우에는 사정이 다르다. 어른의 경우에는 어린이들처럼 새로 접하는 언어를 통째로 받아들이지 않고 사고부터 먼저 하게 된다. 주어나 동사의 시제를 따지고, 이럴 때는 어느 단어를 써야 되는지 사고하는 것이다. 하지만 사고가 점점 분화될수록 언어를 받아들이는 속도가 느릴 수밖에 없고, 어른들은 반복에 반복을 거듭하면서 겨우 머릿속에 각인하는 방식으로 언어를 배우게 된다. 그래서 이민 온 지 일년 이상 지나면 부모는 자녀가 영어를 기가 막히게 잘하는 것을 보면서 감탄한다. 부모는 "와! 우리아이 천재네!"라고 생각하기 쉽다. 그러나 그것은 착각이다. 왜냐하면 그 나이 때는 대부분의 아이들이 그렇기 때문이다.

그런데 영어 때문에 스트레스를 받으며 살아가는 부모 중에는 아이들만큼은 어려움을 겪지 않도록 하려는 마음으로, 아이들에게 한국말을 못 하게 하고 영어만 하게 하는 사람들이 있다. 하지만 그것은 정말 바보짓 같다. 굳이 그렇게까지 할 필요가 없다. 왜냐하면 그 나이 때 아이들은 가만히 내버려두어도 새로운 언어를 꿀꺽꿀꺽 삼키면서 받아들이기 때문에 나중에는 거의 본토인처럼 말할 수 있기 때문이다. 어린 자녀들에게 영어 공부를 따로 시키지 않고 텔레비전만 보게 하더라도 자연스럽게 잘할 수 있다. 자녀에게 영어를 더 빨리 배울 수 있도록 한국말을 못 하게 하는 부모들은 명심하길 바란다. 한국말을 못 하게 하면 나중에 영어는 잘할 수 있겠지만 한국말은 대부분 잊어버리고 말 것이다.

아이들이 한국말을 못 하게 되면 부모와 이야기를 나눌 때 영어로만 대화해야 하는 상황이 벌어진다. 영어가 전면에 나오게 되고 한국말은 후면에 놓이기 되는 것이다. 한국어와 영어는 코드가 다르기 때문에 어느 하나가 전면에 나오면 다른 하나는 후면에 설 수밖에 없다. 그쯤 되면 아이들이 한국말을 하려면 집중(Pay Attention)해야 하고, 집중하지 않으면 한국말을 알아듣기 어려워진다. 게다가 집중하면서 말을 하게 된다면 상당한 에너지가 필요하게 되어 피로감을 느끼게 된다. 자연스럽게 아이들은 자신이 편안하게 말할 수 있는 영어를 쓰게 되는데, 부모가 그 말을 못 알아들으면 부모와 점점 사이가 멀어지기 시작한다. 심하면 부모와 자녀가 남이 되어버리는 상황도 벌어질 수 있다.

어린아이가 자라나서 사춘기가 되면 부모하고 담을 쌓기 시작하는 것이 일반적이다. 비록 같은 언어를 쓰면서 충분히 교류(Communication)하더라도 사춘기 때에는 자신이 부모에게 이해받지 못하고 있다고 생각해

부모와 담을 쌓기 쉬운데, 하물며 의사소통까지 안 된다면 그 담은 더욱 높아진다. 같은 모국어를 쓰고 있어도 자신의 마음을 전하기가 얼마나 어려운가. 그리고 같은 언어를 사용하더라도 미묘한 언어의 개념 차이로 인해 서로 오해하고 다투고 심지어는 싸우기까지 하지 않는가. 언어가 통하지 않으면 볼 것도 없다. 영어만 하고 자란 아이들과 대화를 나누면 의사소통이 잘 안 될 것이고, 그러면 아이들은 부모와 조금 얘기하다가도 자기와 안 통한다고 생각되면 "그만둬요(forget it!)!" 할 것이다. 자식과 부모가 남처럼 되어버리는 경우가 발생한다.

이러한 경우를 방지할 방법은 두 가지가 있다. 먼저, 자녀가 초등학생 때는 초등학교 수준에 맞는 한국말을 가르치고, 중학생이 되면 중학교 수준에 맞는 한국책을 읽어가면서 한국어를 공부하게 하면 된다. 사람은 나이가 들수록 수준에 맞는 개념화된 언어를 사용하기 시작하는데, 나이 수준에 맞는 한국어를 익혀야 나중에 부모와 커뮤니케이션을 할 수 있다. 그래야 부모와 자녀가 친교를 이루어 남이 되는 불행한 사태(?)를 막을 수 있을 것이다. 하지만 아이가 한국어를 배우기 힘든 여건이라면 부모가 영어공부를 하는 방법이 있다.

다른 한 가지의 방법은, 아이가 초등학교 1학년에 들어가면 초등학교 1학년 수준의 영어를 부모도 함께 공부하고, 아이가 중학교에 들어가면 중학교 수준에 맞는 영어책을 함께 읽으며 공부하면 된다. 이렇게 되면 사고방식이나 문화적 차이 등과 같은 것들에 대하여 자녀와 서로 의견을 나눌 수 있고, 서로의 차이에서 발생할 수 있는 미묘한 갈등을 해결할 수 있을 것이다.

서로 이해하고 받아들일 수 있는 매개체로서의 언어를 공유하기 위해, 이상의 두 가지 방법을 모두 사용하면 좋겠다. 하지만 그것이 어려우면 반드시 두 가지 방법 중 하나라도 실천해야 한다. 미묘한 언어적 차이로 서로 의사소통이 단절되면 비록 부모와 자녀 사이라 하더라도 남이 될 수 있는 가능성이 있기 때문이다.

문화적 차이를 느끼는 자녀와 부모

언어의 문제가 잘 해결되어 커뮤니케이션이 잘된다 하더라도 자녀와 부모의 문화적 차이는 또 다른 문제를 발생할 수 있다. 아이들은 부모와 함께 지내는 시간보다 학교에 있는 시간이 많아지고 친구들과 함께 보내는 시간이 상대적으로 많아지기 때문에 한국의 문화보다는 캐나다의 문화에 더 익숙해질 것이다. 더군다나 아이들은 어른들보다 문화를 적응하는 시간이 빠르다. 그러면 부모와 아이들 사이에서 문화적 충돌이 일어나는 것은 당연하다. 그러나 나는 이것을 긍정적으로 바라본다. 왜냐하면 아이들을 통해서 부모도 캐나다의 문화를 접할 수 있게 되기 때문이다. 일하기 바쁠지도 모를 부모들, 그렇다고 캐나다의 학교에서 공부를 하고 있지도 않을 부모들이 그 사회를 깊이 있게 바라보고 파악하기 위해서는 많은 시간이 경과해야 할지 모른다. 그러나 자녀들은 학교에 다니면서 그 사회를 부모들보다 더 잘 배워나간다. 그래서 부모가 자녀와 커뮤니케이션만 잘되면 자녀들에게 캐나다 문화를 배울 수 있는 계기가 될 수도 있다.

물론 아이들은 성장하는 과정에서 캐나다 문화를 배우고 살아가게 될 것이므로 한국 문화를 익히지 못할 수 있다. 그래서 아이들에게도 우리 문화를 가르쳐주어야 한다. 왜냐하면 모든 문화가 존중되는 사회가 캐나다이기 때문이다. 예를 들어서 아이들이 영어를 캐나다 본토 사람(Native Canadian)처럼 기가 막히게 구사한다고 치자. 그런데 아이들의 외모는 동양인이다. 그래서 캐나다 사람들은 출신(Origin)을 묻는다. 아이들이 "나는 한국 출신"이라고 하면 동양 문화에 대해 관심이 많은 그들은 한국의 문화에 대해서 묻기도 할 것이다. 그리고 그 아이가 한국어를 잘하는지도 본다. 이때 한국말도 잘 못 하고 문화도 잘 모른다면 캐나다 본토 사람들은 수준 낮게 보려는 경향이 있다. 캐나다는 모자이크와 같이 개인의 고유함이 존중되면서도 함께 어울려져 사는 나라이기 때문이다.

같은 언어를 쓰면서도 사람들은 서로 조화를 이루고 살아가기 힘들어하는데, 100여 가지 국어를 사용하면서도 큰 문제없이 사회를 평화롭게 유지하며 살아갈 수 있는 캐나다 사회가 신비로울 정도이다. 그러나 서로 다르다는 것이 존중되지 않으면 한 사회를 지탱하기 힘들지 모르겠다. 캐나다에서는 자신의 고유함을 지키며 살아가는 것이 사회의 미덕이다. 그래서 한국어와 영어, 두 가지 언어를 사용하는 것(Bilingual)이 그 사회에서는 너무나도 자연스럽다. 따라서 자녀들의 사회 적응력을 높이기 위해서라도 우리 언어와 우리 문화를 가지고 있어야 한다.

하지만 부모는 아이들에게 우리 문화를 가르칠 수는 있지만 따르라고 강요할 수는 없다. 아이들은 결국 캐나다 사람이 되어 캐나다에서 살아갈 사람들이기 때문이다. 그런데 나는 우리의 문화를 가르쳐주지도 않으면서 우리 문화를 강요하는 부모들을 자주 본다. 가르쳐주면서 강요하는 것은 타당성이 있을지 모르지만 비즈니스 때문에 자녀에게 관심을 가질 시간이 없다고 하면서 "너는 우리 방식대로 살아야 해!"라고 하는 부모의 강요를 캐나다 방식에 익숙한 자녀들은 도저히 받아들일 수 없다. 아마도 아이들은 "내 인생을 엄마나 아빠가 대신 살아줄 거야?"라고 반박할지 모른다. 아이들에게 강요해서는 곤란하겠지만 자녀들이 다민족국가에서 자신의 정체성을 유지하며 품위 있게 살아가기를 원한다면 부모가 자녀에게 우리 것을 알려주는 것이 좋을 것 같다. 그리고 두 문화가 상충되는 부분이 있다면 부모는 자녀와 서로 머리를 맞대고 고민하며 문제들을 풀어나가야 할 것이다.

자녀들은 문화적 충돌은 물론이고 가치관과 정체성의 혼란을 부모들보다 더 심각하게 경험하게 된다. 심한 경우에는 방황 끝에 부모의 기대와는 전혀 다른 엉뚱한 길로 들어서기도 한다. 정체성의 혼란은 청소년기에 더욱 심각하게 다가오는 문제다.

소외감을 느끼는 청소년들

청소년기에 이민 온 자녀들의 스트레스는 사실 어른들보다 더 심각할 수 있음에도 불구하고 어른들로부터 외면당하기 쉽다. 생활의 주도권이 어른들에게 있을 뿐만 아니라 어른들도 새로운 환경에 적응해야 하는 문제가 있으므로 자녀들에 대한 관심이 부족할 수 있기 때문이다. 그래서 캐나다 이민자 사회에서 청소년들의 소외 문제는 한국에서보다 더 심각해질 수 있다.

우선 청소년기의 심리적 상태를 간략하게 언급하고 넘어가자. 우선 그들은 나름대로 새로운 문화를 창출하려는 동기를 가지고 있다. 그러나 부모들은 자신이 보유해온 문화나 삶의 방식을 지키려고 하기 때문에 청소년기의 자녀들과 부모 사이의 가치충돌은 어느 사회에서나 일어나는 보편적 현상이다. 이러한 가치충돌은 사회를 발전시키는 요소가 되기도 하지만 때로는 부모와 자녀 사이의 관계를 악화시키기도 한다. 청소년기의 시기적 특성은 또래집단(Peers Group)을 형성하는 것인데, 그들은 이 또래집단을 통하여 심리적으로 안정되고 사회적으로 건강하게 성장한다. 그리고 그 안에서 그들의 문화를 창출하고, 친구끼리 서로의 성장을 도모하며, 미래 사회를 주도할 씨앗을 잉태하는 것이다. 청소년기에 캐나다로 이민을 오는 아이들은, 이러한 또래집단을 한국에서 만들기 시작하거나 이미 만든 시기에 이민을 오게 된 경우이다. 이 시기에 캐나다로 이민을 오게 되면서 새로운 환경에서 다시 또래집단을 형성해야 하는데,

그것이 그리 쉽지 않은 것이다.

또래의 친구가 필요하지만 친구를 만들기 힘든 까닭은 말할 것도 없이 언어 때문이다. 물론 아이들이 언어 때문에 겪는 어려움은 부모보다는 덜하다. 아직 어리기 때문에 사고의 분화가 덜 끝나서 부모들보다 언어를 더 빨리 받아들이기 때문이다. 그래서 청소년들은 어느 정도 지나면 기본적인 언어소통은 가능하다. 그러나 그 또래의 본토 아이들과 어울리기에는 언어의 한계를 느낄 수밖에 없다. 그로 인한 스트레스는 어른들이 받는 스트레스보다 더 심각하다. 어른들은 한국에서도 청소년들이 말하는 것을 간혹 못 알아듣기도 한다. 발음도 불분명하고, 말의 속도도 빠르며, 청소년들 자신의 언어로 말하기 때문이다.

캐나다에서 청소년들은 또래 청소년들과 의사소통을 하는 것도 쉽지 않다. 한국의 청소년들은 아무리 영어를 잘 배워도 처음에는 또래의 캐나다 청소년의 말을 알아듣기가 너무 힘들다. 그리고 자신의 말을 캐나다 청소년들이 잘 알아듣지 못하는 경우도 많이 발생한다. 그래서 또박또박 분명하게 말해줘야 하고 몇 번씩 말해야 겨우 알아듣는 답답한 아이와 친구가 되고 싶은 캐나다 청소년들이 그리 많지 않을 것이다. 어느 사회든 젊은이들은 어른들보다 인내심이 부족하기 때문이다. 그래서 이민 온 청소년들은 늘 외로울 수 있다. 자신의 선택보다는 부모의 결정에 의해 이민이 이루어진 경우가 대부분이고, 그런데도 살기 바쁘다는 이유로 자신들을 이해해주지 않고 늘 공부만 강요하는 부모에게 스트레스를 심하게 받기도 한다. 나는 아마도 이민자들 중에서 가장 소외된 계층이 있다면 청소년들이 아닌가 생각한다.

공부에 대한 스트레스를 받는 청소년기

청소년기에 받는 스트레스 중 빼놓을 수 없는 것이 있다면 공부로 인한 스트레스다. 이민 온 한국의 청소년들은 처음 학교에 들어가서는 전교에서 1, 2등을 하는 등 성적이 아주 좋은 경우가 대부분이다. 특히 수학을 잘해서 수학 성적은 학교에서 아무도 못 따라올 정도이다. 그러면 부모들은 신이 난다. "아, 내가 이렇게 고생해도 보람이 있다. 우리 아이가 전교에서 1, 2등 하니 뭐가 되도 될 거다. 나는 아이를 위해 힘들게 살아가지만 아이에게 희망을 걸자."라고 생각한다. 그런데 시간이 갈수록 희망을 걸었던 아이가 점점 성적이 떨어지면, 부모는 아이가 공부를 안 하고 놀기만 해서 그런 줄 안다.

하지만 아이가 놀기 때문만은 아니다. 청소년기에 이민 오는 아이들은 아직 가치관이 확립되지 않은 시기에 이민을 와서 한국 문화와 캐나다 문화 사이에서 가치관이 충돌하고, 그 시기에 필요한 또래집단을 형성하지 못하는 데서 오는 불안감과 고립감으로 정서적 안정을 찾지 못한다. 그들에 대해서 조금만 관심을 갖고 성찰해보면 그러한 상태에서 학업을 효과적으로 수행하기 힘들 것이라는 것쯤은 부모들이 충분히 짐작할 수 있을지 모르겠다.

하지만 그러한 이유 때문에 성적이 오르지 않는 것은 아니다. 문제는 바로 공부하는 방법이 한국과 다르기 때문이다. 한국에서 했던 방식으로 공부하면 처음에는 성적이 좋지만 오래 버티지 못한다. 어느 정도 지나면 한국의 방식으로는 더 이상 따라갈 수 없는 한계에 부딪치고 결국 성적은 떨어지게 된다. 결국 아이가 캐나다 방식의 학습에 빨리 적응해나갈 수 있도록 그동안 한국에서 해오던 방식을 포기하도록 해야 한다. 물론 처음에는 당장 성적이 나쁘게 나올 수 있다. 하지만 너무 성적에 연연해하지 말도록 자녀들을 위로해줄 수 있어야 한다.

한국 사람들은 당장 몇 등을 하는가 하는 것에 비중을 두지만 장기적으로 보아 그것이 그렇게 중요한 것이 아니다. 등수보다는 그 사람이 얼마만큼 실력을 갖추고 있는가, 장기적으로 무엇을 할 수 있는가 하는 것이 더 중요하기 때문이다. 어차피 캐나다에서 공부를 계속 할 생각이라면 공부를 하기 위한 기반이나 토대를 단단하게 해야 하는데, 그러기 위해서는 당장 성적이 안 나오더라도 캐나다의 학습 방식대로 빨리 자신을 바꿀 수 있도록 해야 한다. 캐나다 선생을 신뢰하고 그 선생이 가르치는 방식대로 따라가야 한다. 예를 들어 선생이 가르쳐주는 대로 손가락으로 세라 하면 손가락으로 세고, 계산기 두드리라면 계산기 두드리면서 빨리빨리 적응해나가야 할 것이다. 그렇지 않으면 나중에 공부를 계속하는 데 한계에 부딪치게 될 것이기 때문이다.

    이러한 사실을 부모들이 모른다면 갈팡질팡하고 있을 아이들에게 "너 그렇게 공부 잘하는 아이가 성적이 이게 뭐냐?"라고 핀잔을 주게 된다. 그러면 아이들은 "나는 공부 안 하고 놀고 있는 줄 알아? 나라고 성적을 잘 받고 싶지 않겠어!" 하고 반발할지 모른다. 부모들은 성적에 집착하지 말고 자녀들을 격려해주는 방식으로 대해야 할 것 같다. 그리고 목표를 설정하고 그것을 강요하기보다는 자녀들이 재미있어 하고 좋아하는 것을 찾아 할 수 있도록 도와주어야 한다. 특히 한국 부모들은 교육열이 대단하여 자녀들에게 자신의 기대를 강요(Push)하는 경향이 있는데, 그것은 가장 비교육적인 방법이다. 스스로 알아서 하도록, 자신이 하는 일에 책임을 지도록 가르치는 것이 가장 훌륭한 교육방법이 아닌가 생각한다. 장미로 태어난 아이에게 백합이 될 것을 기대한다면 당장 백합인 척 할 수는 있지만 자아실현의 관점에서 보면 가장 큰 걸림돌이 된다는 사실에 주목할 필요가 있다.

가치관이 혼란스러운 청소년기

    자녀들은 부모 이상으로 가치관이 혼란해서 스트레스를 받는다. 이제

막 가치관이 형성될 나이에 한국에서 통용되는 일반적 가치관을 익히면서 살아왔던 아이들은 전혀 다른 가치관을 만나면서 가치관 형성에 상당한 혼란이 생긴다. 부모가 아이에게 요구하는 것이 있고, 학교에 가도 요구하는 것이 있다면, 어느 쪽을 택해야 할지 보통 혼란스러운 것이 아닐 것이다. 어린 나이에 문화적 상대성을 겪어야 하는 청소년기의 자녀들은 자칫하면 정체성을 잃은 성인으로 성장할 가능성이 있다. 이런 아이들에게 한국적 가치관을 갖고 살아왔을 부모는, 문화적 상대성이 인정되는 가운데 가치의 다양함을 경험하는 자녀들에게 자신의 가치관만을 고집할 수는 없을 것 같다.

아이들이 상충되는 가치들이 충돌해 고민하는 가운데 부모가 일방적으로 강요만 하면, 아이들은 당장 눈앞에서는 부모의 권위에 눌려 "예, 알았어요."라고 말한다 하더라도 뒤에서는 딴 생각, 딴 행동을 할 수 있다. 나중에 자녀가 자신의 기대 이하로 망가지게 되었다면 이미 때는 늦은 것이다. 그래서 부모는 자녀에게 무엇을 어떻게 해줘야 하는가 하는 문제로 자녀들과 함께 고민해야 한다. 어느 부모든 부모가 되기 전에 충분히, 부모가 되는 연습을 하는 부모는 없다. 부모는 자녀와 더불어 성숙해진다고 생각해야 한다. 갈팡질팡하고 있는 자녀들을 보며 부모는 자녀에게 무엇을 어떻게 해주어야 하는지를 고민하면서 덩달아 성숙해진다. 부모가 자녀에게 강요하지 말고 서로 존중하며 지혜를 찾아나가는 동반자가 된다면 미래에 대한 희망이 생길 수 있다. 사실 자녀들이 부모보다 더 빨리 캐나다 사회의 문화를 배우고 적응해나갈 수 있을 것이므로, 부모는 자신에게 캐나다 사회의 문화를 가르쳐주는 스승이 자녀가 될 수도 있다는 점을 간과해서는 안 될 듯하다.

언어와 경제적 문제로 힘들어 하는 성인 자녀

　성인이 돼서 부모와 같이 이민 온 자녀들의 처지는 부모와 똑같다고 보면 된다. 왜냐하면 부모가 새로운 환경에 적응하는 어려움을, 정도의 차이가 있을 뿐 자녀도 겪기 때문이다. 그들은 경제력이 아직 없기 때문에 부모보다 더 힘들 수 있다. 캐나다 사회의 구성원들과 똑같은 조건에서 살기 어려운 것은 부모와 마찬가지이지만 경제력 때문에 오히려 부모보다 더 어려울 수 있다.

　앞에서 언급했듯이 성인이 되면 사고가 분화되어 언어를 받아들이기 힘들기에, 이미 성인이 된 자녀들의 경우에도 언어를 받아들이기 힘든 것은 부모와 별 차이가 없다. 그래도 아직은 젊으니 부모들보다 언어를 배우는 속도는 조금 빠를 수 있지만 캐나다에서 태어난 것이 아니니 한계가 있다. 언어를 배우는 데서 오는 스트레스 역시 부모와 똑같다. 그러니 부모들 자신이 적응하지 못하면서 자녀들이 잘 적응하지 못한다고 탓할 수 없을 것이다.

　캐나다의 교육이나 생활방식에 적응하고 살아가는 초등학생, 중학생, 고등학생 아이들의 교육문제를 부모는 크게 신경 쓸 것이 없을지 모르겠다. 캐나다 사회를 신뢰하기만 하면 사회가 마련해주는 것으로 만족할 수 있고, 캐나다에서는 자녀가 대학을 가더라도 부모가 경제적으로 큰 부담을 가질 필요가 없기 때문이다. 하지만 성인인 자녀들에게 부모들은 경제적인 협조(Support)를 해주어야 한다. 부모의 적극적인 협조가 없으면 경제적 능력과 경험이 부족한 그들은 큰 어려움을 겪게 될 것이기 때문이다. 부모는 이러한 자녀들을 도와줘야 한다. 부모들의 협조를 받으면서 새로운 환경에 잘 적응을 하면 나중에 부모에게도 큰 힘이 될지 모르겠다.

　성인인 자녀는 이민 생활에 적응하기 위해서 두말할 나위 없이 언어를 익혀야 하는데, 언어를 어떻게 배워야 효과적으로 배울 수 있는가 하는 문제에 관심을 가져야 한다. 다시 말하면 정부에서 마련해준 이민자들을 위한 영어교실이나 ESL학원을 다니는 것만으로는 터무니없이 부족하기 때문이다. 일단 사고가 분화된 성인들은 영어를 배우는 데 한계가 있다. 그래서 대학 강의는 잘 알아들을 수 있어도 햄버거 가게에서 하는 말은 못 알아듣고, 비즈니스 영어는 잘하더라도 수업을 들으면 한 마디도 못 알아듣는다. 수업시간에 햄버거 가게에서 쓰는 말을 할 리가 없기 때문이다. 배우지 않은 것은 말하지도 듣지도 못하는 것이 어른들이다. 그래서 언어를 폭넓고, 밀도 있고, 효과 있게 배우기 위해서 대학교에 들어가라고 권하고 싶다. 언어는 도전(Challenge)이 있어야 빨리 느는데 대학교는 그러한 환경이 가장 잘 조성된 곳이기 때문이다. 학위를 따서 취업을 하거나 사회적 지위를 확보하기 위해서가 아니라 일단 언어를 효과적으로 배우기 위해서라도 대학교를 다니는 것이 좋겠다.

대학을 졸업하지 않는다 하더라도 일단 시작하는 것과 시작하지 않는 것과는 상당한 차이가 있다. 취업하고 사회에 적응하기 위해서라기보다는 자기개발을 위해서라도 일단 대학에 입학하는 것은 중요하다. 대학을 졸업할 마음이 없더라도 졸업 여부는 일단 입학한 뒤 생각하면 된다. 돈을 벌려고 하거나 다른 일을 하고 싶으면 언제라도 휴학하면 된다. 우리나라는 휴학의 횟수가 한정되어 있고 휴학 사유도 분명해야 되지만 캐나다의 대부분 대학은 몇 번이라도, 그리고 언제라도 휴학할 수 있다. 그래서 일단 대학에 들어간 다음 상황에 따라서 다닐 수도 있고 다니지 않을 수도 있다. 그렇다면 대학에 들어가기 위해서 어떻게 해야 할까?

일단 캐나다의 영어권 대학교에 대해서만 언급을 한다면 어느 대학교든 토플 600점(현재의 시험 기준으로는 250점) 이상을 요구한다. 물론 미국의 대학교는 학교마다 차이가 있어서 530점이나 550을 받아도 입학이 가능한 대학교가 많다. 미국 대부분 대학교는 학교 자체적으로 언어를 가르치는 프로그램을 가지고 있어서 학과수업을 진행하면서 동시에 언어공부를 병행할 수 있는 곳이 많기 때문이다. 그러나 캐나다는 그런 시스템이 안 되어 있어서 미리 언어를 충분히 준비해서 들어와야 한다. 그런데 캐나다 대학에서 요구하는 250점(현재의 시험 기준)을 받기 위해서는 어느 정도 공부해야 할까?

우리는 토플이 절대평가라고 생각하지만 그동안 상대평가로 실시해왔다. 250점이라는 점수는 전 세계인을 대상으로 치를 때 상위 10% 이내의 점수를 받는 응시자들의 점수이다. 예를 들자면 제555차 토플 시험이라고 할 때 555차 시험에 응시한 사람들 중에서 10% 안에 들어가야 250점을 받을 수 있다.

북미지역 즉, 미국이나 캐나다에 있는 대학에 입학하기 위해서는 토플성적이 필요하다. 영어권 나라인 인도나 필리핀 사람들도 북미 지역의 대학교에 지원하려면 토플성적을 제시해야 한다. 영어권에서 대학교를 다녔던 필리핀이나 인도의 젊은이들이라 하더라도 토플시험을 치러야만 한다. 그래서 영어권의 학생들이 토플시험의 상위 10%를 거의 다 차지하기 때문에 250점을 받아야 하는 우리들에게는 토플시험이 어렵게 느껴지는 것이다. 다시 말해서 250점 이상을 받으려면 영어권에서 대학을 나온 학생들과 비슷한 영어 실력을 갖춰야 한다는 뜻이다. 따라서 얼마나 영어 준비를 철저히 해야 하는지 알 것이다.

그런데 대학교가 요구하는 토플성적을 받고 학교에 들어가더라도 처음 몇 학기 정도는 학교수업을 따라가기에 숨이 막힐 것이다. 토플에 나오는 영어는 특정학문을 공부한 사람들에게 이점을 주지 않기 위해서 전공 언어는 가급적 피하는 것이 일반적이다. 그러나 대학교에서의 수업은 온통 전공 언어가 아닌가. 그러니 또 다른 영어를 접하게 되는 어려움이 있다. 더군다나 같은 또래의 젊은이들과 토론이나 공부를 할 때 나누는 말이 보통 빠른 것이 아니다. 학우들의 말을 알아듣기 위해서 영어보다는 눈치가 더 는다고 해도 과언이 아닐 정도이다. 뿐만 아니라 학교 생활을 배우고 따라가야 하며, 교수들이 하는 이야기를 알아들어야 하고, 매주 읽어가야 할 것들(Reading)도 엄청나고 숙제도 해야 한다.

그러나 정신없이 따라가다 보면 영어가 늘 수밖에 없다. 다 큰 성인 자녀들이 대학교를 다니지 않고 집에만 있으면 밀도 있게 영어를 배울 환경을 만들 수가 없다. 만약에 대학교에 들어가지 않고 부모와 같이 가게를 한다든지 부모의 일을 도와준다고 하자. 부모와 가게에서 영어로 대화할 리 없고, 집에 들어오면 한국말만 하게 되고, TV를 보더라도 피곤한 영어보다는 한국 방송을 보거나 한국 비디오만 빌려보게 된다. 영어가 늘 리 없다.

언어는 답답해야 늘게 되는데 학교를 다니지 않으면 답답한 주변 환경을 만들 수 없다. 학교에 들어가서 처음엔 답답하고 잘 안 들리더라도 같은 또래의 사람들과 어울려야 한다. 그들 사이에 섞여 열심히 영어로 공부한다는 전제하에 1년이 지나야만 슬슬 들리게 되고, 학교 생활이 재미있을 것이다. 이러한 과정을 밟지 않으면 부모가 겪는 것과 똑같은 어려움을 겪으면서 이민을 결정한 부모를 원망하게 될 것이다. 따라서 자녀들이 이민 생활에 어려움을 겪는 부모들처럼 살아가지 않게 하려면, 언어를 효과적으로 배울 수 있는 대학교를 들어가야 한다. 그러나 졸업을 할 것인가 말 것인가는 별개의 문제이다. 졸업은 캐나다에서 별 의미가 없기 때문이다.

부모는 청소년기의 자녀들과 마찬가지로 성인이 되어서 온 자녀들도 어려운 처지에 있다는 사실을 이해해주어야 한다. 성인이 되어 이민 온 자녀들이 무엇을 하든 강요하지 말고 원하는 일을 즐겁게 할 수 있도록 지지해주어야 한다. 자녀들에게 대학교에 가서 공부할 수 있도록 지원해주어야 하겠지만 아무나 토플성적을 높게 받을 수 없는 여건을 고려해 반드시 대학에 가도록 강요해서는 안 될 것이다. 만일 대학을 진학하기 위해 토플시험을 본 결과가 좋지 않다면 할 수 없다. 토플성적을 강요하고 싶으면 부모가 직접 시험을 보는 것도 좋을 듯하다. 부모는 성인이 되어 영어를 공부하는 것이 얼마나 힘든지 알게 될 것이다.

대학교에서 요구하는 토플성적이 안 나온다 하더라도 너무 실망하지 않는 것이 좋다. 자녀에게 그저 최선만 다하도록 하는 것이 좋을 듯하다. 이미 말한 것과 같이 나이가 들어 사고가 분화된 상태에서 언어를 배운다는 것은 너무나 힘든 일이다. 준비 단계에서 시작하여 캐나다 대학교가 요구하는 250점의 성적을 얻기 위해서는 최소한 1년 이상 소요될 것이다. 하지만 자녀들이 최선을 다해 대학교에 입학한다면 이민 사회에 적응하는 데 큰 도움이 될 것이다. 부모가 자녀에게 너무 강요하지 않고 물심양면으로 지지해준다면 이민 생활의 어려움을 자녀들에게 연장시키지 않을 것이다.

대학교 등록금은 영주권자나 시민권자들에게는 엄청나게 저렴하기 때문에 걱정할 이유가 없다. 그러나 성인이 되어 이민 온 자녀들을 캐나다 대학생들처럼 스스로 벌어서 대학을 다니도록 해서는 안 된다. 스스로 벌어서 대학을 다닐 정도가 되려면 캐나다 사람들처럼 영어를 할 수 있어야 하고, 아니면 어려서 이민 와서 언어에 능통해야 하는데, 이미 나이가 들어서 왔기 때문에 그것이 불가능하기 때문이다. 따라서 성인이 된 자녀들에게는 등록금을 비롯하여 용돈 등을 아낌없이 지원해줄 필요가 있다. 다행히 캐나다 사회에서는 학벌이 큰 영향력을 미치지 않으니, 일단 입학해서 학교를 다니는 것이 중요하지 입학 후 휴학하는 것에 대해서는 걱정할 필요가 없다.

한국 사회는 명문대 출신을 선호하지만 캐나다 사회는 대학의 레벨을 중요하지 않게 여기고 있다. 그리고 캐나다 사람들은 환갑이 넘고 은퇴를 해도 다시 학교에서 공부를 하는 경우가 많다. 살아가면서 학벌이나 학위가 필요해서가 아니라 자신이 관심분야를 조금 더 알기 위해서, 즉 진리를 탐구하기 위해서 학교에 들어가는 것이다. 그리고 일단 학교를 들어가고 그만두는 것하고, 들어가지도 않는 것하고는 이민 생활의 적응력을 향상시키는 데 있어서 큰 차이가 있다. 하지만 대학교를 다니는 것만큼 숨 막히고 정신없이 언어를 배울 수 있는 환경을 만들 수만 있다면 굳이 대학교를 들어가지 않아도 될 듯하다. 다만 자녀들이 이민 생활에 잘 적응하기 위해서 언어를 가장 효과적으로 익힐 수 있는 것이 대학에 다니는 것이기 때문에 권고하는 것뿐이다. 또한 훗날 나이가 들어 은퇴해서도 관심분야를 계속 탐구할 수 있고 자아개발에 도움이 될 수 있기 때문에 권하는 것이다.

4. 이민자들 사이의 문제

적지 않은 한국의 이민자들은 이민자들 사이의 관계와 이민자들과 본토인들과의 관계 때문에 많이 힘들어 한다. 이 둘 중에서 가장 심각하게 떠오르는 문제인 이민자들 사이의 관계를 우선 생각해보도록 하겠다.

세계 구석구석 어디를 가도 중국인들이 있다고 한다. 어떤 곳이든 중국인이 새로 이민을 오면 주변에 살고 있는 중국인들이 모두 출자하여 조그마한 사업을 하도록 도와준다고 한다. 그래서 자본이 없이 무일푼으로 이민을 와도 같은 중국인들이 도와주기 때문에 어렵지 않게 일을 시작할 수 있다. 그리고 같은 나라 사람들에게 도움을 받은 이민자들은 이민 사회에 정착하여 잘살게 되면, 도움을 준 사람에게 그 은혜를 갚는 것이 아니라 자신보다 뒤에 오는 새 이민자를 도와주면 된다고 한다. 이처럼 그들은 서로 협조하여 이민 사회에 쉽게 뿌리를 내린다.

이와는 반대로 한국의 이민자들은 자기 자신이 살아가기에도 너무 바빠서 남을 돌아보고 도움을 줄 여유가 없어 보인다. 물론 초창기 이민자들이 후기 이민자들을 여러 가지 측면에서 도와준 사례가 적지 않은 것은 사실이다. 하지만 근래의 이민자들은 자신만 잘살면 된다는 한국 사회의 분위기에 익숙해져 있어서 한국인 이민자들을 돕는 것은 고사하고 이해관계 때문에 새 이민자들의 정착을 방해하기도 한다. 그로 인해 서로에게 상처를 주고받으며 불신하기도 한다. 심한 경우에는 '한국 사람들 믿지 마라, 한국인에게 사기당하는 것을 조심하라'고 말을 하기도 한다. 이렇게 한국의 이민자들은 서로 분열되어 있는 듯한 인상을 준다. 서로 반목하고 불신하며, 미워하는 관계로 인해 이민 생활이 힘들어진다. 자 그럼, 함께 살아가는 방식에 익숙하지 못하고 캐나다에서 한국에서 살았던 방식으로 살아가는 데서 생기는 문제부터 살펴보기로 하자.

자기만 잘살려 한다면 살기 힘들다

유학 중인 선배 신부님은 캐나다에서 수천 권에 달하는 책을 모았다. 그런데 어느 날, 아파트에서 토론토 대학교 대학원생 기숙사에 들어가기 위해 이사를 해야 했다. 그는 같이 유학 중인 후배 신부님들에게 도움을 청하지 않고서는 도저히 혼자 이사할 재간이 없었지만 공부하는 신부님들을 방해하고 싶지 않아서 이삿짐센터에 이사를 의뢰했다. 캐나다에서는 이사하는 방식이 방에서 방까지(door to door)이기 때문에 이사비용을 기꺼이 투자할 마음을 가지고 기왕이면 한국인 이삿짐센터에 맡기기로 했다. 약속시간을 2시로 정하고 살고 있는 아파트의 엘리베이터를 2시부터 4시까지 사용하도록 부킹 시간도 확보해놓았다. 그때 나 역시 공부를 하고 있는 처지라서 나오지 말라는 선배 신부님의 말도 있었지만 그 선배 신부님 아파트 바로 앞에 살면서 안 가볼 수도 없었다. 그래서 점심을 먹은 후에 선배 신부님이 살고 있는 아파트를 찾았다. 그러자 나와 같은 마음을 가진 동료 신부님이 3명이나 모였다. 그러나 아무리 기다려도 이삿짐센터에서 오지 않았다. 하다못해 전화도 한 통 없었다.

두 시간 이상을 기다린 우리는 이삿짐센터에 전화를 했다. 그랬더니 차의 타이어가 펑크가 나서 그러니 1시간만 더 기다려 달라고 하면서 1시간 후에 3명의 일꾼이 갈 것이라고 말했다. 그러나 약속한 1시간이 훨씬 넘어서야 한 젊은 한국인이 짐차가 아닌 승용차를 타고 아파트에 들어섰는데, 그 회사 사장의 아들이었다. 게다가 그 젊은이는 여자친구인 듯한 연약해 보이는 여성과 같이 왔다. 그리고 아직 짐차가 안 왔으니 올 때까지 이삿짐을 우선 밖으로 내놓겠다고 했다. 비록 'door to door'이긴 했지만 젊은이와 연약한 여성 둘이서 그 무거운 책 박스와 이삿짐을 나르는 것을 나를 포함해서 4명의 신부님들은 그냥 보고 있을 수가 없었다.

그래서 우리는 요금을 다 지불하고도 땀을 뻘뻘 흘리며 이삿짐을 도왔다. 그것도 부킹 시간이 지나서 이삿짐 전용으로 엘리베이터를 사용할 수 없었기 때문에 계단을 이용해야 했다. 이삿짐센터에 대가를 지불할 때에는 이사하는 고생을 안 하겠다는 것인데 돈은 돈대로 내고 고생은 고생대로 한 셈이다. 드디어 해가 기울고 어두워지기 시작하니 이삿짐센터 사장이 트럭을 몰고 나타났다. 전화를 이쪽에서 먼저 걸었을 때 보내겠다고 한 3명의 일꾼은 그 사장과 아들, 그리고 연약한 여성을 합쳐 3명이라는 뜻이었다.

선배 신부님은 저녁도 못 먹고 밤 11시가 넘어서야 이사가 끝났다고 했다. 물론 이삿짐을 정리하는 시간은 포함 안 된 시간이다. 그런데 알고 보니 차의 타이어 때문이 아니라 하루에 2건의 이사를 계약했는데 이전의 이사에서 짐이 섞이는 바람에 그것을 골라내야 하는 뜻밖의 일이 발생해서 늦은 것이고, 그것을 타이어가 펑크가 났다고 둘러댄 것이었다. 물론 있을 수 있는 일이다. 하지만 캐나다 사람들이었다면 절대로 일어날 수 없는 일이었다.

이러한 이야기를 이민 온 지 오래된 사람에게 이야기했더니 그분은 "나는 일을 할 때 한국 사람과는 절대 하지 않는다."라고 했다. 그분은 '그렇게 일처리를 했다면 캐나다에서는 고소(Sue)감'이라고 말했다. 만약에 캐나다인이 경영하는 이삿짐센터였으면 이중으로 계약을 했을 리도 없고, 설령 이중으로 했더라도 그런 불의의 사고가 있었으면 즉시 사과의 전화를 하거나 다른 이삿짐센터에 부탁해서라도 계약을 완수했을 것이라는 것이다. 내 생각에도 동일 업종인 회사와는 서로 연결되기 때문에 그런 일이라면 서로 협조가 되리라고 생각한다. 그런데 선배 신부님이 먼저 전화하기 전에 전화 한 통 없었으며, 기껏 연락이 되었을 때 거짓말까지 하며 둘러대는 것을 보면서 '저건 한국에서나 통하는 비즈니스 방식인데.' 하는 아쉬움이 남았다.

이미 이민 온 지 오래되어 캐나다 문화와 삶의 방식에 적응하고 살아가는 이민자들은 누구나 그런 방식은 한국에서나 통하는 일이라고 생각할 것이다. 그러한 일들이 일어나면 이민자들 사이에 불신이 싹트고 서로 신뢰하지 못하므로 좋은 친교를 이룰 수가 없을 것이다. 이렇게 자신만 생각하면 관계는 다 깨지기 시작한다. 그리고 신용을 잃으면 점점 고객은 줄어들기 마련이다. 결국 자기만 살려고 하면 자기도 못 살게 될 것이다.

캐나다에서 겪은 일을 하나 더 소개하겠다. 나는 유학 중에 운동을 안 하면 공부를 마칠 수 없을 것 같다는 위기감이 들어 운동을 시작했다. 체력이 받쳐주지 않으면 학업을 계속 못 할 수 있기 때문이다. 토론토 대학교는 학생들을 위한 시설이 잘되어 있어 운동시설은 모두 무료이다. 언제라도 스쿼시를 하러 가면 자리가 늘 있었으며 실내수영장은 2개나 있다. 그런데 운동은 재미가 있어야 계속할 수 있는데, 나는 스쿼시도 해보고 수영도 해보았으나 별 재미가 없었다.

어느 날 나는 숙소와 학교 사이에 있는 태권도장이 우연히 눈에 들어왔다. 그 도장은 당시에 관장만 한국인이고 모두 외국인들이었다. 나는 이미 단증을 보유하고 있었던 단원들과 수다를 떨면서 실용영어도 배울 겸 해서 태권도를 시작했다. 눈이 오나 비가 오나 특별한 일이 없으면 매일 한 시간 반씩 격렬하게 운동을 해서 덕을 보았다. 아침 7시에 앉아 다음 날 오전 10시까지 공부할 수 있던 것은, 지구력을 길러준 태권도 덕분이었다.

그럼에도 불구하고 나는 그 도장을 무척 싫어했다. 늘 더럽고 지저분했기 때문이다. 그나마 태권도라는 국제적 명성이 없었으면 누가 그 도장에서 운동할까 하는 생각마저 들었다. 하루는 왕파리가 도장 안에 가득 찼다. 우리가 바퀴벌레를 싫어하듯 서양 사람들은 파리를 무척 싫어하는데 도장에 가득 찬 왕파리를 좋아할 리가 없었다. 알고 보니 창고에 쥐가 죽어 있었다. 그런데도 관장은 "글쎄 창고 안에서 쥐가 죽었나 봐." 하고 대수롭게 여기지 않았다. 벌레가 나올 것 같은 지저분한 샤워장에는 옷걸이 하나 없어서 건의를 했는데 옷을 걸기 위한 못 하나 제대로 안 박았다. 그 도장 옆에는 일본의 가라데 도장이 있었는데 너무나 깨끗하고 잘 꾸며져서 비교가 되었다. 서양 사람들에게는 태권도든 가라데든 다 똑같은 동양무술(Martial arts)이다. 그렇다면 사람들이 이 두 도장을 비교해보고 무슨 생각이 들지 궁금했다.

그런데 제대로 운영하지도 않으면서 관장은 다른 태권도장이 다운타운에 들어오지 못하도록 막고 있는 듯했다. 물론 이해는 간다. 다른 곳에도 도장을 낸 그분은 자신의 명성도 있고 해서 다운타운에 자신의 이름으로 된 도장을 갖고 싶어 할 것이다. 그러나 다운타운에서 도장을 운영하려면 제대로 운영하든지, 그렇지 않다면 다른 도장이 들어오는 것을 막지는 말아야 한다. 그래야 한국 태권도의 이미지를 망가뜨리지 않을 것이다. 여하튼 아직까지 다운타운에 있는 그 도장은 관원이 적어 가까스로 운영되는 것처럼 보였다.

내가 아는 강 사범은 나중에 그 도장에서 잠시 일을 했는데, 관장으로부터 큰 상처를 입었다. 강 사범이 취업비자를 낼 수 있도록 도와준 관장은 그러한 약점을 이용해 강 사범의 임금도 제대로 주지 않은 것 같다. 남의 사업에 함부로 끼어들 생각은 없지만 도장을 제대로 운영할 수 없다면 도장의 이름은 자신의 이름으로 하고 젊은 강 사범에게 운영권을 준다면 어떨까 싶었다. 강 사범은 체육대학교에서 태권도를 전공했고 실력도 있으며, 생각이 올바르고 건전한 사람이었다. 그러한 사람에게 운영권을 주고 수입의 지분을 서로 나누면 도장의 환경도 개선되고 관원들도 지금의 몇 배나 될 수 있을 것이다. 그렇게 되면 어정쩡하게 도장을 운영하는 것보다 몇 배의 수입도 올릴 수 있을 것 같았다. 그런데 혼자 독식하려 하니 관원도 줄고 수입도 적을 수밖에 없다. 함께 살아가는 방법에 익숙하지 못한 까닭이라고 생각한다.

이러한 예화를 드는 것은 한 개인을 험담하기 위해서는 절대 아니다. 혼자 살려고만 하면 자신도 잘 못살게 될 뿐만 아니라 다른 사람도 못살게 하는 결과를 낳는다는 사실을 입증하기 위해서이다. 반면에 함께 살아가고자 하는 중국 사람들의 이민 생활방식은 우리에게 시사하는 바가 크다. 중국 이민자들과 우리 이민자들의 차이점이 무엇인지 말하지 않아도 잘 알 수 있으리라. 함께 살아가려는 마음을 가지면 관계도 좋아지고 서로 잘될 것이다. 하지만 함께 살아가려는 마음이 없으면 관계는 다 깨어지고, 결국 그 화살이 자신에게로 돌아와 이민 생활을 힘들게 할 것이다.

자신의 세계를 확장해야 한다

이민 사회는 너무 좁다고들 말한다. 그래서 말도 많고 탈도 많다. 그런데 그렇게 된 이유는 간단하다. 한국의 이민자들이 캐나다 사회에 깊게 침투하지 못하여 한국 사람하고만 친교를 이루기 때문이다. 그리고 어쩌면 캐나다 사람들과 깊게 사귀지 못해서 그럴지 모르겠다. 대부분의 이민자들은 비즈니스 영어는 잘하는 편이다. 그러나 비즈니스를 하면서 하는 영어는 캐나다 사람들과 나누는 날씨 이야기, 주변적인 이야기 정도이다. 그런 말 몇 마디는 유창하게 할 수 있어도 갑자기 어떤 주제를 가지고 깊은 이야기를 나누게 되면 말문이 꽉 막혀버려 더 이상 할 이야기가 없게 된다. 그렇게 되면 본토 사람들과 깊은 친교를 이루며 친구가 된다는 것은 꿈이 될 수 있다. 내적 교류가 없으면 진정한 친구가 되기 어렵기 때문이다. 그래서 내적 교류를 할 수 있는 한국 이민자들만 만나게 된다.

한국인 이민자들과의 제한적인 친교로 자신을 에워싸고 있으면 자신의 세계가 좁아질 수 있다. 하지만 한국에서는 여러 부류의 다양한 집단의 사람들과 친교를 이루며 살았을 것이다. 다양한 정보를 얻을 수도 있고, 사람들이 많기에 어느 정도 내가 숨을 곳도 있는 익명성이 보장되기도 했다. 그러나 몇 안 되는 이민자들 사이에서는 숨을 곳이 없을 수도 있다. 어느 집에 숟가락이 몇 개인지 정도까지 알게 되면 좋은 친교를 이룰 수 있지만 반면에 그것이 서로를 힘들게 하는 요소로 작용하기도 한다. 따라서 이러한 점들을 극복하기 위해서는 자신의 세계를 넓혀야 할지 모르겠다. 즉 한국 이민자들뿐만 아니라 캐나다 본토 사람들과 친교를 이루어 캐나다 사회에 깊게 침투할 필요가 있다. 그러기 위해서 영어는 필수적일 것이다.

대부분의 고통은 무지에서 비롯되는 경우가 많이 있다. 이민 사회에서도 마찬가지여서 잘못된 정보들 때문에 힘들어질 수 있다. 한국의 이민자들끼리 나누는 정보는 비교적 정확한 정보가 아닐 수 있다. 자신의 방식과 기준에서만 판단한다면 다른 기준이나 방식을 도저히 알 수 없으며 이해하지도 못할 것이기 때문이다. 60도의 물속에 손을 담그고 있다가 50도의 물에 손을 넣으면 그 '물은 차갑다'는 정보를 줄 것이다. 반대로 30도의 물에 손을 넣고 있다가 똑같은 50도의 물에 손을 넣은 사람에게는 그 '물은 뜨겁다'는 정보를 줄 것이다. 그렇다면 그 물은 뜨거운 것인가 차가운 것인가? 이렇게 상대적, 피상적, 부수적, 표면적인 것의 이면에 있는 본질을 전해야 참다운 정보를 전하는 것이고, 그래야만 '참으로 알고 있다'고 말할 수 있다. 이것은 60도, 저것은 50도, 그것은 30도라는 본질을 파악하고 그것을 객관적으로 말해야 올바른 정보가 된다. 몇 년 정도의 이민 생활로는 캐나다 사회를 깊게 관찰하기가 부족한데, 겉만 보고 자기 기준으로 판단하면 '캐나다로 이민 오지 말라'는 말을 거침없이 할 수 있을지 모르겠다.

여러분 중에는 "캐나다를 다녀 온 사람마다 모두 다 딴 소리한다"고 느끼시는 분들이 많을 것이다. 그렇다면 그렇게 말하는 사람이 어떠한 사람이며, 캐나다에 대하여 무엇을 얼마나 공부했으며, 어떤 사람들과 커뮤니케이션을 나누며 얻은 정보들인가를 먼저 생각해야 할 것이다. 캐나다 사회를 깊게 알기 위해서는 그 사회에서 대대로 살아온 사람들과 커뮤니케이션을 해야 한다.

그런데 토론할 정도의 언어구사 능력이 안 되면 대화도 안 되고, 캐나다 사회에 대해서 깊게 알 수도 이해할 수도 없다. 한국 사람들끼리 커뮤니케이션을 하게 되면, 자신의 시각에서만 캐나다 사회를 바라볼 수 있으므로 객관적으로 보지 못하게 된다. 그래서 잘못된 정보를 서로 주고받게 되기 쉽다. 결국 한 마리 새가 물속에 들어가 날려고 하는데 도저히 날 수 없는 것과 같다. 물속은 물고기들에게는 천국이지만 새처럼 살아가려 하기에 살 곳이 못 된다고 욕하는 것과 다름없게 된다. 캐나다 사회를 깊게 공부하지도 않고 본토인들과 깊은 친교를 이루며 대화를 나누지 않는다면, 그 사회를 움직이는 원리를 알 수 없을 것이다. 정확하고 객관적인 정보가 아니라면 차라리 침묵을 지키는 것이 지혜로울지 모르겠다. 관계 속에서 주고받는 잘못된 정보들이 이민자들을 힘들게 하기 때문이다.

우리 중에는 텔레비전 프로그램에서 말 전달하기 게임을 보고 웃어보지 않은 사람은 거의 없을 것이다. 처음 한 문장이 주어지면, 그 문장을 귀를 가려서 듣지 못하는 옆 사람에게 전달한다. 이렇게 몇 사람만 거쳐가면 처음에 주어진 문장은 나중에 엉뚱한 말로 변해버린다. 그런 게임을 보고 우리는 재미있어 한다. 그런데 이민자들은 자신의 일상에서 그런 일이 일어나고 있다는 것을 모르고 있다. 좁은 이민 사회에서 자신이 들은 타인에 대한 이야기나 소문이 몇 단계를 거쳐서 자신에게까지 오게 되었는지 모른다. 그러면서도 자신이 타인으로부터 들은 이야기를 무조건 신뢰하는 경향이 있다. 정보가 사실과 다르게 전달될 수 있는지를 알면서도 실생활에서는 곧이곧대로 정보를 받아들이니 말이다. 말은 말을 만들어내고 그 말들로 서로 상처를 주고받게 한다. 그나마 자신이 살아가는 세계가 넓으면 피할 곳이 있겠지만 이민 사회가 좁으니 피할 곳도 없기 때문에 사람과 관계를 맺고 산다는 것이 숨이 막히는 일이 되기도 한다. 그래서 사람들을 피해 다른 지역으로 이사를 하게 되는 경우도 있다. 그러나 다른 지역으로 이사를 가더라도 사람들과 관계를 맺지 않을 수 없기 때문에 똑같은 상황이 되풀이되는 결과를 낳을 것이다.

나는 본인에게 직접 듣지 않은 말들은 일차적으로 신뢰하지 않는다. 그 말이 어떤 과정에서 몇 단계를 거쳐 나에게 전달되었을지 모르기 때문이다. 만일 몇 단계의 과정만 거쳤다 하더라도 말 전달하기 게임에서 발생했던 오류가 틀림없이 일어날 것이다. 그렇다면 본래의 내용은 틀림없이 변질되었을 가능성이 너무나 크다. 이민자들이 이러한 문제들이 일어날 수 있다는 사실을 받아들인다면, 이민 생활에서 생기는 문제를 조금이라도 해결할 수 있다고 본다.

자신과 화해해야 한다

끝으로 이민자들의 관계가 단절되는 이유 중 하나는, 서로 자존심의 대립구도를 보이고 있기 때문이다. 한국에서 자신의 존재를 인정받고 과시해온 사회적 지위나 경제력이 무너지는 듯한 느낌을 받고 있는 캐나다 이민자들은, 그것을 캐나다에서도 계속 연장하고자 하는 경우가 적지 않다. 앞에서 말했던 강 사범의 부인인 김 사범은 토론토에 있는 동안 한 이민자로부터 "취업비자(Working Visa)냐? 영주권자냐?"라는 질문을 받고는 너무나 황당한 느낌을 받았다고 했다. 흔히들 캐나다에서 한국 사람들을 만나면 '무슨 비자냐?', '취업비자냐? 영주권자냐?', '한국에서는 어디에서 살다왔는가?' 등등. 자신과 전혀 상관없는 질문들을 던지는 경우를 자주 접하게 된다는 것이다. 그래도 자신은 강남에 살았고, 영주권자이니 적어도 70점 이상 받았고, 상대방에게 한국에서는 잘나갔다는 것을 드러내고 싶은 동기에서 물어보는 질문들일 것이라고 김 사범은 말하는데, 일리가 있었다. 캐나다는 사회적 지위나 경제력 같은 것은 관계에 있어서 무의미하다. 그러나 한국 사람들에게 있어서 그것은 어쩌면 가장 중요한 자리에 두고 싶은 것일지도 모른다. 그러니 관계는 자존심의 대립구도로 나타나고, 자존심이 손상되면 사람들의 사이는 금이 가기도 한다.

아무도 자신의 신분이나 지위를 알아주지 않아도 자신의 사회적 욕구(Social need)가 채워질 수 있는 곳을 찾는다면 어쩌면 한국인 커뮤니티인 교회와 같은 곳이 될지 모르겠다. 그래도 그곳에서는 내가 모 대학출신이라는 것, 높은 학위를 가지고 있다는 것, 강남의 어느 동네에서 몇 평의 집을 가지고 있었다는 것을 내세울 수 있는 유일한 곳이기 때문이다. 설령 자신의 그러한 지위 등을 알아주지 않는다 하더라도 그 커뮤니티에서 뭔가 한자리를 하면 자신의 사회적 욕구를 채울 수도 있기 때문이다. 개신교나 사찰도 마찬가지겠지만 나는 천주교 교회를 보다 잘 알고 있기 때문에 천주교를 예로 들어보겠다.

교회 안에서 자신의 사회적 욕구를 만족시키려면 사목회장이나 분과장 등과 같은 자리를 하나 차지해야 될지 모르겠다. 그래서 그 조그마한 사회에서도 줄을 서야 하는 문제가 생길 수 있다. 그리고 그 사회의 중심에 서기 위해서는 사목 담당사제에게 소위 '예스 맨'이 되기도 한다. 사제의 관심을 끌어 한자리를 차지하게 되면 그만큼 인정받게 되고 사회적 욕구를 어느 정도 채울 수 있게 된다. 비록 캐나다 사회에서 자신을 알아주지 않더라도 적어도 교회에서만큼은 나를 알아주기 때문일 것이다. 그런데 문제는 그 부류에 들지 못하는 사람들이다.

사목위원 그룹에 들지 못해서 자존심이 상한 사람들은 사목위원들이 미울 수밖에 없고, 그들이 둘러싸고 있는 사제도 미워하게 된다. 그래서 수많은 말들을 만들어내기도 하며 서로 헐뜯고 다투며 싸우게 되는 경우가 많이 있다. 하나가 미우면 모두가 미워 보이기 때문에 사목위원의 일거수일투족이 모두 다 비난의 대상이 되기도 한다. 심한 경우에는 사목위원뿐만 아니라 사제들에게까지 흠집 내기 시작한다.

조금만 깊게 생각하면 실제로 원인은 사회적 충족감을 못 얻어 자존심이 상한 자신에게 있다는 것을 알 것이다. 하지만 자신이 흠을 내고 있는 그 대상의 흠만 부각시키면서 그러한 자신의 심리적 동기를 은폐한다. 이렇게 되면 불목하고 상처를 주는 쪽은 자신이 아니라 상대방이라는 동기의 전이가 일어난다. 심한 경우 공동체는 심하게 분열이 되기도 한다. 그래서 중심세력에서 벗어난 사람들끼리 모여 새로운 공동체를 만들고 한국에 교포사목을 요청하기도 한다. 그러면 "내가 불러온 신부이니 내가 바꿀 수도 있다"는 반천주교적인 마음도 싹틀 수 있는 위험을 내포하게 된다.

다행히 캐나다에서 이러한 현상은 적게 일어나지만 미국의 경우는 아주 심각하고도 빈번하게 발생한다. 캐나다는 아무리 이민이 그 사회의 바닥에 떨어지는 느낌을 준다고 하더라도 삶의 질이 그나마 평준화 되어 있기 때문에 자신이 중간은 간다는 위로감을 느낀다. 그러나 미국 사회는 위와 아래의 차이가 심해서 완전히 밑으로 떨어졌다는 패배감이 더 크다. 미국의 신설 교회들에서 교포사목을 요청하는 경우의 대부분은 이 경우에 해당된다고 할 수 있다. 캐나다도 정도의 차이만 있을 뿐이지 이민자들의 심리적 동기는 같다고 할 수 있다.

천주교의 특성상 공동체를 쉽게 만들 수 없지만 개신교의 경우는 목회자만 구하면 쉽게 공동체를 만들 수 있다. 따라서 겨우 이제 3,000만 명을 넘어선 캐나다의 한 도시인 토론토에 200개가 훨씬 넘는 개신교 교회가 있다는 것을 생각해보면 결코 우연한 일이 아닐 것이다. 천주교의 사목자와 개신교의 목회자(이하 성직자)는 이민자들의 심리상태를 잘 파악할 수 있어야 할 것 같다. 그들이 신자 모두에게 골고루 기회를 주며, 상처받은 그들의 영혼을 잘 달래주면 참으로 아름다운 공동체를 만들 수 있을 것이다. 그러나 성직자가 자신의 주변에 편한 사람만 두게 되면 상

캐나다의 한국 신문 광고이다. 캐나다는 가톨릭이 우세하지만 개신교 교회도 참 많다. 교회가 심리적 도피처가 아니라 진정한 의미에서 정의와 평화가 강물처럼 흐르는 하느님 나라를 실현하는 곳이었으면 좋겠다.

대적으로 소외당하는 사람이 생겨나게 된다. 그렇게 되면 연판장이나 투서가 돌게 되고 공동체는 분열되고 만다. 물론 성직자들도 상처를 입게 될 것이다. 이민 교회의 문제점은 이와 같이 이민 당사자뿐만 아니라 성직자들에게도 어느 정도 책임은 있다. 문제는 그들이 이민자들의 심리상태를 정확히 읽지 못해 이민자들이 진정으로 원하는 것을 영적으로나 물리적으로 해결해줄 수 없는 것에서 비롯될 수 있기 때문이다.

이민자들은 대부분이 자존심과 명예심이 강한 사람들이지만 상처 입은 사람들이다. 만약에 한국이 살 만한 사회라면 그들이 왜 조상 대대로 살아온 그 사회를 떠나왔겠는가. 성직자들이 그들의 상처를 치유할 준비가 되어 있지 않으면 이민 교회는 늘 문제가 일어날 수 있는 소지를 안고 있다. 반대로 성직자 스스로 치유자가 되어 목회나 사목에 임한다면 머나먼 타지에서 이민 생활을 하고 있는 신자들에게 생명을 넣어주는 구세주의 역할을 할 수 있으리라 기대한다. 그러나 이것은 현실에 안주하고 편하게 살아가려는 성직자들에게는 커다란 도전이 될 수 있다.

결론적으로 말하면 이민자들이 관계 문제로 힘들어 하는 이유를 들여다보면, 외적인 원인보다는 자신의 내적인 문제 때문이라는 것을 알 수 있다. 그래서 내적인 문제만 스스로 해결할 수 있다면 캐나다 이민 생활을 하는 동안 예측되는 관계의 문제들을 어느 정도 해결할 수 있으리라 기대해본다.

내적 문제들은 네 가지로 요약할 수 있다. 첫째, 혼자 살아가려는 마음보다 함께 살아가려는 마음을 가지고 그 방법을 배워야 한다. 자신만 잘 살겠다고 하면 관계에 분열이 일어날 것이고 자신은 고립되어, 자신을 괴롭히기 때문이다. 둘째, 자신의 삶의 방식을 변화시켜 서로 신뢰할 수 있도록 해야 한다. 셋째, 자신의 세계를 확장시켜야 한다. 좁은 세계에서 얻게 된 잘못된 정보는 불신을 낳고 관계를 소원하게 한다. 그리고 좁은 세계에서 만들어지는 많은 말들이 자신을 괴롭힐 것이기 때문이다. 넷째, 자신과 화해해야 한다. 가장 중요한 과제는 자신과 화해하는 것이다. 자신과 화해할 수 있다면 우리의 삶은 편안해질 것이다.

5. 어학연수생들을 위한 조언

요즘 우리나라에서는 어학연수를 다녀오지 않으면 입사원서를 넣어도 서류전형에서 떨어지고 행세를 못할 정도까지 되었다. 어쩌다 가난한 부모를 만나서 겨우 몇 달 정도의 연수조차 꿈도 못 꿔보는 젊은이들을 생각하면 나는 가슴이 아프고 억장이 무너져 내린다. 하지만 가슴 아픈 현실은 일단 접어두겠다. 나이 들어 힘겹게 영어를 다시 배워 그럭저럭 영어권에서 학위를 받을 수 있었던 내 경험에 미루어, 그나마 연수를 다녀올 수 있는 이들을 위해 몇 가지 조언을 하고자 한다.

어학연수를 하기 위해서는 자신의 주변을 모두 영어권으로 만들어 현지인들과 직접 만나면서 살아 있는 언어를 배우겠다는 계획을 가져야 한다. 그러나 불행하게도 캐나다의 대도시에는 한국 사람들이 너무 많아서 사방을 영어권으로 만들기 힘든 것이 현실이다. 내가 유학을 떠났던 시기는 IMF 직후였는데 한국 학생들이 IMF 이후에 물밀 듯이 빠져나가서 많은 사설 어학원이 적지 않게 타격을 받았고, 심지어는 문을 닫는 어학원이 생기기까지 했다. 그럼에도 불구하고 내가 다니던 어학원에는 IMF 때에도 교실마다 반 이상이 한국인이었다. 어학원의 한국 학생 소강상태도 잠시였고, 1~2년 지나니 전처럼 캐나다의 어학원들에는 한국 학생들로 다시 붐비기 시작했다. 이유를 생각해보니 부유층에서는 IMF의 여파가 미치지 않았으나 IMF 이후 한국 사회의 분위기 때문에 한동안 눈치를 보다가 자녀들을 해외에 내보냈기 때문이 아닌가 싶다.

지금도 캐나다의 거리에는 한국 학생들로 북적거리고 삼삼오오 짝지어 다니는 것이 쉽게 눈에 띈다. 그래서 주변을 모두 영어권으로 만들지 못해 어학연수에 대부분 실패하기도 한다. 어학연수를 와서 한국 사람들끼리 어울려 다니면 소용없는데, 한국 학생들끼리 어울려 다니는 것을 보면 이만저만 안타까운 게 아니다. 물론 내 주변에는 열심히 공부를 해서 1년 만에 귀와 입이 열려서 귀국한 학생이 두 명 있긴 했다. 그러나 대부분의 경우에는 "뭐하러 어학연수 왔는가? 부모는 뼈 빠지게 벌어서 연수 보내고, 자본도 넉넉하지 않은 나라에서 저렇게 자본이 새나가는데, 도대체 무슨 생각으로 어학연수 왔단 말인가?" 하는 생각을 하게 했다.

물론 강의실에서 한국말을 하면 선생이 "한국말 하지 마(Don't speak korean)!"라고 이야기한다. 그러면 교실 안에서는 한국말 안 하고 영어만 사용하여 수업을 한다. 그런데 교실 밖에만 나서면 한국 학생들과 바 한국의 젊은이는 동양계 중에서 가장 예쁘고 세련미가 있다. 예쁘고 멋진 한국의 젊은이들이 어학연수를 와서도 한국인들끼리 어울려 다니지 않으면 좋겠다. 어학 실력이 늘지 않을 테니 말이다. 참, 사진 속 학생들은 이 글과 무관하다. 이 학생들이 ESL 학생들이 아니기를 바란다.

로 한국말로 대화한다. 그렇다면 한국에서 영어학원 다니는 것과 무엇이 다른가? 한국에서도 괜찮다고 하는 어학원은 교실에서 한국말을 못 하게 한다. 하지만 교실만 나서면 주변이 모두 한국말뿐이다. 한국에서의 환경과 조금도 다를 바 없는 환경에서 공부하는 학생들이 내가 본 대부분의 어학연수 학생들이었다. 이러한 현상이 생기게 된 것을 나는 세 가지 이유 때문이라고 본다. 함께 어울려 다니면서 사방을 한국말 하는 곳으로 만들어버린 한국의 어학연수 학생들은 아마도 다음의 세 가지 케이스 중 하나에 해당될 것이다.

첫째, 외롭고 답답해서 그렇다.
둘째, 우리나라 사람들은 너무 감성적(Emotional)이다.
셋째, 1년 만에 언어가 되지 않는다는 것을 알고 포기한 경우이다.
먼저, 나는 어학연수를 하든 유학을 하든 생계의 문제와 외로움의 문제라는 이 두 가지 문제를 잘 극복하면 소기의 목적을 달성할 수 있다고 본다. 그러나 생계의 문제, 즉 먹고 살아야 하는 문제는 캐나다에서 큰 문제가 되지 않는다. 이제는 캐나다 어디에서나 한국 사람들과 한국 음식점이 워낙 많이 있고, 마음만 먹으면 언제라도 한국 음식을 먹을 수 있기 때문이다. 유학 초기에 나는 캐나다 수도원에서 거의 1년을 양식을 먹었지만 언제라도 마음만 먹으면 한국 음식을 먹을 수 있다는 생각 때문에 심리적으로 위로가 되어 양식을 먹는 데 큰 어려움이 없었다. 그리고 가끔씩 한국 음식을 먹어주기도 했다. 그러나 외로움과 싸워서 이겨야 하는 문제는 어학연수생들에게 가장 큰 과제가 될 수 있다.

주위를 온통 영어권으로 만들어야 한다

사방을 영어권으로 만들어놓으면 답답하기도 하겠지만 외로움도 크게 느낀다. 그런데 한국 사람을 만나면 편안하고 좋으니까, 답답함도 해소되고 외로움도 달랠 수 있기 때문에 한국 학생들끼리 어울려 다니는 것이 아닌가 싶다. 하지만 외로움을 피하기 위해 여러 방법을 동원한다 하더라도 외로움이 없어지는 것은 아니다. 외로움은 위안거리를 찾아다니면서 해결할 수 있는 것이 아니라 극복하고 이겨내야 하는 것이기 때문이다.

하지만 많은 학생들이 외로움을 극복하지 않고 피하려고 한다. 외로움을 피하는 방법 중 대표적인 것은 같은 연수생들 중에서 이성을 사귀는 것이다. 사귀는 것뿐만 아니라 함께 살기도 한다. 그리고 함께 사는 것이 숙박비도 절약하고 외로움도 해결할 수 있는 것 같아서 좋은 방법이라고 생각하기 쉽다. 그러나 가장 최악의 결과를 낳게 될 것이다. 한국 사람 둘이 살면서 무슨 영어를 배우겠다는 것인지 의심스럽다.

나는 동창과 토론토에 있는 한 수도원에 살면서 효과적으로 영어를 배우기 위해 한국말을 하면 10달러씩 내기로 했다. 그러나 시간이 지나면서 결국 그것도 좋은 방법이 아니라는 사실을 알고는, 내가 먼저 수도원을 나와 예수회 공동체로 숙소를 옮기기도 했다. 의사소통하는 데 답답하다고 느껴야 언어가 느는데, 같이 살면서는 도저히 답답함을 느낄 수 없다는 사실을 알게 된 것이다. 외롭고 답답해서 한국말을 하게 되는 상황에서라면 1년을 살아도 학업은커녕 영어 몇 마디 못하고 한국으로 돌아오게 될 것이다.

내가 만난 사람들 중에 더러는 캐나다 사람과 연애를 하면 외로움도 달래고 영어가 빨리 는다고 생각하는 사람들도 있었다. 하지만 나는 묻고 싶다. "침대에서 하는 영어를 배워서 어디에다 써먹게?" 외로움을 피하기 위해 남녀가 함께 살면 영어도 안 늘고 몸과 마음이 다 망가지게 될 것이다. 어학연수라 해봐야 겨우 1년 내외이다. 그렇다면 외로움을 극복하기 위해 달래는 방식보다는 이겨내는 방식을 택해야 한다. 주위를 온통 영어권으로 만들어야 한다.

왕따당하기를 두려워하지 말라

주위를 모두 영어권으로 만들기 위해서는, 가끔씩 한국 사람들을 만난다 하더라도 영어로 말해야 할 것이다. 그런데 한국 학생들은 그렇게 하면 쑥스럽다는 느낌이 들어서 한국 사람을 만나더라도 영어를 쓰지 않으려 한다. 어학연수를 온 한국 학생들 사이에서는 한국 사람들과 만날 때 영어로 말하지 않는 분위기가 형성되어 있다. 설령 "너는 우리끼리 있을 때도 영어로 말해? 꼴값 떠네. 혼자서 잘난 척하고 있군!" 하고 말하지 않는다 하더라도 속으로 비웃을 정도로 한국인들은 감성적(Emotional)이다. 그리고 한국 사람들이 모인 곳에서 자기 혼자 영어로 말하면 왠지 왕따(?)당하는 느낌이 들지도 모른다.

그래서 학생들은 그러면 안 된다는 것을 알면서도 자기 주변을 모두 영어권으로 만들지 못한다. 하지만 나는 차라리 왕따(?)를 당하라고 말하고 싶다. 왜냐하면 한국에서 왕따당하면 곤란할지 모르지만 연수 와서 왕따당해봐야 겨우 1년 정도만 참으면 되기 때문이다. 언어를 배우러 온 것이 목적이라면 목적에 충실해야지 겨우 1년 왕따당하는 것 가지고 예민해질 필요가 없다. 그러니 한국 사람을 만나더라도 영어로 의사소통을 하고 스스로를 답답하게 만들어야 한다. 다시 한 번 말하자면 답답하지 않으면 절대 언어가 늘지 않는다.

어느 날 나는 한국의 모대학교에 2년 동안 출강할 때 만난 제자 경연이를 우연히 토론토에서 만났다. 참고로 경연이는 1년 동안 어학연수를 성공적으로 마친 학생이다. 경연이는 대학교 입시 준비를 하는 동안 영어공부가 너무 싫었다고 했다. 대학교에 입학할 당시에도 다른 과목은 높은 성적을 받았지만 영어는 형편없는 성적을 받았다. 다행히 다른 과목이 월등히 성적이 높아서 합격하긴 했지만 영어성적으로만 평가했다면 도저히 합격할 수 없는 성적이었다. 여하튼 영어에 대한 열등감이 심해 영어 어학연수를 결정했다고 했다. 다행히 나는 토론토에 온 지 얼마 안 된 경연이를 만날 수 있게 되어서, 충고를 해주었다. 그리고 충고를 받아들인 경연이는 마침내 1년 만에 거의 만점에 가까운 토익 점수를 받고 귀국하였다.

경연이는 내가 일러준 대로 우선 자신의 주위를 영어권으로 만들었다. 사람을 사귀어도 외국 사람을 사귀었고, 심지어는 한국 학생보다 중국 학생이나 일본 학생을 사귀었다. 적어도 한국 학생이 아니라면 의사소통을 영어로밖에 할 수 없기 때문에 한국말을 할 기회를 만들지 않을 수 있었던 것이다. 경연이는 어학원에 다닐 때에도 한국 학생을 만나면 영어만 썼다고 한다. 그런데 한국말을 하지 않고 자신의 주변을 완전히 영어권으로 만들어놓으면 답답하기 짝이 없고 한국말이 너무나 그리워지게 된다. 그럴 때면 경연이는 가끔 나에게 전화를 했다. 적어도 1개월 만에 나에게 전화를 걸어서 "한국말 너무너무 그리워서 전화를 했어요."라고 말하곤 했다. 50센트로 시내통화를 무한정으로 할 수 있는 곳이 토론토라서 우리는 한 번 전화하면 적어도 30분 이상을 한국말로 수다를 떨었다. 경연이가 그 정도로 했기 때문에 한국에 돌아갈 때쯤에는 귀와 입이 모두 열린 것이다.

경연이가 한국에 돌아갈 무렵, 나는 경연이가 스위스 친구와 영어로 통화하는 것을 엿들었는데 말에 막힘이 없었다. 그리고 한국에 돌아가서도 경연이는 캐나다에서 만난 외국인 학생들과 연락을 주고받더니 방학 때만 되면 용돈을 모아 비행기표만 사가지고 독일, 스위스, 일본, 중국 등지를 돌아다녔다. 경연이는 귀국해서도 소위 국제적인 사람이 된 것이다. 만약 경연이가 어학연수 가서도 한국 학생들하고만 어울려 다녔다면 어땠을까? 물론 유학이나 이민과 같이 장기간 있을 경우에 한국 학생들과 어울리며 한국말을 한다고 한들 어차피 시간이 지나면 언어 문제는 해결될 것이기 때문에 큰 문제가 없을 수 있다. 그러나 단기간의 어학연

국제전화 이용법

캐나다의 국제전화 카드는 연결요금(Conecting-charge)이 부과되는 것과 부과되지 않는 것 두 가지가 있다.
연결요금이 부과되는 카드는 전화를 걸 때마다 요금이 계산되는 대신, 한 번 걸면 오래 통화할 수 있다.
반면에 연결요금이 부과되지 않는 카드는 걸 때마다 요금이 계산되지 않는 대신, 오랜 시간 통화할 수 없다. 따라서 통화시간을 고려해 선택하면 경제적으로 통화할 수 있다. 국제전화 카드는 5CN$, 10CN$, 20CN$짜리 카드가 있다.
참고로 캐나다에서는 시내 전화요금이 50센트이다.

수라면 냉정하게 자신이 왜 그곳에 왔는지를 생각해보고, 비록 한국 학생들 사이에서 왕따를 당한다 하더라도 철저하게 사방을 영어권으로 만들면 1년 안에 어느 정도 영어를 할 수 있을 것이다.

어학연수 다녀온 학생들을 보면 마치 거침없이 영어를 구사하는 것 같아 보이는 것 같다. 하지만 어떤 주제를 가지고 토론을 하거나 조금 깊이 있는 대화를 나누면 바로 막혀버리는 것이 보통이다. 심하게 표현하면 몇 마디 조잘조잘 댄다고 영어를 잘하는 것 아니다. 왜냐하면 겨우 1년 가지고 외국어를 유창하게 할 수는 없기 때문이다. 본토인들이 평생을 해온 영어를 겨우 1년 배웠다고 익힐 수 있겠는가? 내가 유학할 때만 하더라도 1년 열심히 하면 어느 정도 영어를 정복할 수 있을 것이라는 꿈을 꾸는 사람들이 많이 있었다. 당시에 나는 처음 어학연수를 온 학생들에게 충고를 해주어도 못 알아들었다. 하지만 이제는 그런 이야기 하면 알아듣는 사람들이 많아진 것 같아 다행이다.

1년 만에 영어를 정복하지 못한다고 포기하지 말라

나는 지난 2003년 겨울방학을 이용하여 토론토 대학교에 청강하러 다녀왔는데, 어느 날 한 음식점에서 어학연수 온 한국 학생들이 자기들끼리 이야기하는 소리를 들었다.

"1년 해도 영어 안 돼. 그냥 놀다 가면 돼."

처음에는 1년 안에 영어가 될 줄 알고 왔는데, 1년 안에 안 된다는 것을 이제 다 아는 듯했고, 그래서 언어 배우기를 포기하는 분위기였다. 나는 너무나 속이 상했다. 우리나라같이 자본이 없는 나라에서 1년에 얼마나 많은 학생들이 어학연수를 떠나는가. 1인당 1년에 드는 비용을 어학연수생의 수에 곱하면 아마 천문학적인 숫자가 될 것이다. 투자는 성과를 기대할 때 그 의미를 갖는다. 그런데 별 성과도 없는 일에 이렇게 한국의 자본을 해외로 유출해도 되는 것인지 모르겠다. 물론 1년 만에 외국어를 모두 정복할 수는 없다. 하지만 어학연수의 전략을 어떻게 세우느냐에 따라서 부분적으로 정복이 불가능한 것은 아니다. 이미 앞에서 언급한 경연이가 이를 입증해준다.

먼저 1년 안에 영어가 되게 하려면 어느 한 분야를 집중적으로 공략하면 된다. 사람마다 영어를 배우는 데는 목적이 있다. 그 목적에 따라 실용영어(Practical English), 학문을 하기 위한 영어(Academic English), 취업을 목표로 한 토플과 토익 등으로 구분할 수 있을 것이다. 그중에서 모두를 하지 말고 어느 하나를 잡아서 집중적으로 1년을 하게 되면, 적어도 한 분야의 영어만큼은 1년 안에 어느 정도 성과를 얻을 수 있다. 예를 들어, 실용영어를 잘하기 위해서 행사(Entertainment)를 많이 만드는 것이 하나의 전략이 될 수 있다. 사람들을 많이 만나서 계속 수다를 떨 수 있는 환경을 만들면 된다. 사람들과 함께 영화관 다니고, 놀러 다니고, 파티 만들고, 쇼핑하고 하면서 부지런히 만나고 다니면 된다. 물론 한국 사람이 아니어야 한다. 같이 다닐 사람이 캐나다 사람이라면 더 좋겠지만 그것이 여의치 않으면 일본 사람이라도 좋다. 왜냐하면 일본 사람을 만난다 하더라도 자신이 일본어를 못 하고 그 일본인도 한국말을 못 한다면, 커뮤니케이션을 위해 어쩔 수 없이 영어를 쓰기 때문이다.

중요한 것은 말을 할 기회를 계속 만드는 것이다. 예를 들면, 연필과 지우개를 사러 갈 때에는 한꺼번에 사지 말고 칼 사러 가서 점원과 수다를 떨고, 다시 지우개를 사러 가서 수다를 떨고 하는 식으로 계속 기회를 만든다. 잘못 걸려온 전화라도 바로 끊지 말고 말을 걸어보고, 광고 전화가 걸려와도 그 말을 다 듣고 나서 한 마디라도 하는 것이 좋다. 나의 선배 한 명은 노숙자에게 25센트를 하나 주고 말을 계속 걸다가 말 배우려는 것을 알아차린 노숙자에게 혼날 뻔한 적도 있다는 에피소드를 들려준 기억이 있다. 그렇게 수단과 방법을 가리지 않고 말하고 들을 기회를 계속 만든다면 1년이 지나면 실용영어는 어느 정도 만족할 만큼 해낼 수 있다고 확신한다.

전공분야를 좀 더 영어로 편안하게 공부하고, 전공 책을 좀 더 쉽게 보기 위해서는 학문을 하기 위한 영어를 해야 한다는 것은 말할 것도 없다. 예를 들면, 아무리 수업시간에 잘 알아들어도 바(Bar)에서 하는 이야기를 알아듣기는 힘들다. 왜냐하면 바에서 하는 이야기를 수업시간에 할 일이 없기 때문이다. 이민 온 지 30년이 된 사람은 비즈니스를 할 때 영어를 기가 막히게 할 수 있겠지만 학교에서 수업을 듣는다면 거의 못 알아들을 것이다. 왜냐하면 비즈니스 때 사용했던 말은 수업시간에 한 마디도 안 나올 것이기 때문이다. 그러므로 무언가 공부를 좀 더 할 마음이 있다면, 대학교에서 자신의 관심 있는 분야와 연관된 과목을 청강하는 것이 가장 좋은 방법이 될 수 있다. 물론 청강생은 과제를 해가지 않아도 된다. 하지만 수강생들과 똑같이 숙제해 가는 것이 언어를 배우는 데 효과적이다. 어느 과목이든 읽기(Reading)나 에세이 등과 같은 과제(Writing)가 있기 마련인데, 학점을 따야 하는 사람들과 똑같이 준비해가며 수업을 따라가야 한다. 특히 써오기 과제는 반드시 캐나다 본토인들에게 교정(Correction)을 받아서 자신의 어떤 표현에 문제가 있는지를 익히는 것이 좋다. 쓰기는 문법을 익히는 데도 도움이 되고 표현방식을 배우는 데 많은 도움이 된다. 그밖에 토익과 토플 공부는 실제로 그 분야를 공부하고 있는 사람들이 더 잘 알고 있을 것이기 때문에 여기서는 생략하기로 한다. 그러나 모든 어학에서 필수적으로 요구하는 청취(Listening) 문제를 마지막으로 언급하고자 한다.

우리는 한국에서 영어를 사용하는 본토인들의 말에 자신의 귀를 노출한 적이 별로 없었을 것이다. 그러나 사방을 영어로 만드는 방법 중 하나는 어학연수를 하는 동안에 라디오든 TV든 계속 켜놓는 것이다. 내가 그것을 듣거나 보고 있든지 그렇지 않든지 간에 무조건 그냥 켜놓으라는 것이다. 그리고 시간이 지나 언어가 익숙하게 느껴지면 귀에 들어오고 각인이 되기도 한다. 처음에는 단어가 몇 개가 들어오다가 구문이 들어오고, 나중에는 문장 전체가 들어오게 된다. 일단 내가 그것을 들었고 그것이 내 안에 들어오게 되면, 나는 그것을 따라할 수 있게 된다. 이처럼 계속 귀를 노출해놓기 위해서 라디오나 TV를 계속 틀어놓으면 좋다. 그 결과 영어로 꿈까지 꾸게 되면 일단은 성공한 것이다. 하지만 어학연수 1년이 지나도 한국어로 꿈을 꾸면 어학연수를 실패했다고 봐도 틀리지 않을 것이다.

나는 어학연수를 가려는 사람들에게 캐나다를 권하고 싶다. 왜냐하면 미국은 생활비가 비싸지만 캐나다는 미국에 비해서 싸고, 미국은 지역에 따라서 사투리가 많고 천박한 영어를 배울 수도 있지만, 캐나다는 뉴파운드랜드(Newfoundland)와 같은 특정지역 몇 군데를 제외하고는 사투리가 거의 없기 때문이다. 한국에서 오래 살고 있는 외국인을 보아도 쉽게 짐작이 갈 것이다. 한국에 와서 계속 호남에서만 살았던 외국인은 호남지역 사투리의 한국말을 하게 되고 영남에서만 살면 영남지역 사투리의 한국어를 구사한다. 하지만 캐나다에는 방언이 없고 언어표현이 고급스럽고 품위가 있으며 영국 영어(British English)도 쉽게 접할 수 있다. 사실 세계 어디에서나 영국 영어를 하면 사회적으로 품위 있게 보는 경향이 있다. 특히 토론토의 영어는 깨끗하고 품위 있는 영어라고들 말한다. 그러니 굳이 비용이 많이 드는 미국에서 영어를 배울 필요가 없다. 품위 있는 영어도 배우고 생활비도 상대적으로 적은 캐나다를 어학연수 장소로 권하고 싶다.

물론 캐나다의 대도시는 미국보다 한국인이 많은 것이 사실이다. 그래서 한국인이 적을 것 같은 베리(Berrie) 같은 소도시를 찾아오는 학생들도 있지만 그렇게 찾아온 학생들이 자신 말고도 더 있을 수도 있다는 것을 생각해야 한다. 즉, 한국 학생들이 상대적으로 적은 곳을 찾아간다 하더라도 어디든 한국 학생이 있기 마련이다. 그런 곳에서는 한국 학생이 적은 관계로 응집력은 더 커져서 그들과 어울려 다니기가 쉽다. 대도시와 같이 익명성도 보장이 안 되기 때문에 말도 많이 생겨 피곤한 생활이 될 수 있다. 나는 가급적이면 어학연수 기간에 한국인들이 없는 곳을 찾아가고, 한국인의 집보다는 캐나다 사람의 집에서 홈 스테이를 하라고 권하고 싶다. 그리고 한국인과 한국말을 하지 않아야 한다. 결국 좋은 환경보다 더 필요한 것은 어떤 상황에서든 사방을 영어권으로 만들겠다는 의지다.

캐나다 사람의 집에서 홈 스테이를 하는 것은 가장 바람직해 보인다. 물론 음식 때문에 힘들 수 있겠지만 마음만 먹으면 언제라도 한국 음식을 접할 수 있는 곳이 캐나다다. 그럼에도 불구하고 한국인 이민자의 집에서 함께 산다면 한국말을 안 할 수 없게 될 것이다. 이민자들은 캐나다에서 평생을 살 마음으로 간 것이므로 영어를 급하게 공부해야 할 필요가 없는 사람들이다. 더군다나 밖에서 늘 영어를 사용하기 때문에 집에서는 한국말을 하는 경우가 많다. 다시 한 번 강조하자면 사방이 영어권이 되어 정말로 답답하고 한국말이 너무나 그리울 정도가 돼야 영어 실력이 는다. 그렇게 1년 이상을 해야 어느 정도 어학연수의 효과를 보게 될 것이다. 편안해서는 1년 안에 절대 영어가 되지 않는다. 그리고 아무리 노력해도 1년 안에 영어가 안 된다고 포기할 필요가 없다. 자신이 얼만큼 비장한 각오를 가지고 있으며 어떻게 계획을 세우는가에 따라서 어학연수 1년을 성공적으로 마칠 수도 있고 우리나라의 외화만 낭비할 수도 있다.

우리나라는 자본도 부족하고 경제도 어렵다. 그런 환경에서 우리의 부모들은 억척같이 살아간다. 먹고살기 힘든 나라에서 절약하여 자식 하나 잘되기를 기대하며 어학연수를 보냈을 것이다. 물론 쓰고 남는 것이 있어서 자식을 위해 쓰는 부모도 있겠지만 입을 것 제대로 못 입고 먹을 것 제대로 못 먹으면서도 자식 어학연수 보내는 부모가 더 많다. 그런데 내가 조금 외롭다고 해서 한국 아이들과 어울려 다니고, 내가 조금 왕따당하기 싫다고, 또 쑥스럽다고 영어를 안 쓰고 한국말을 쓴다면, 1년으로는 영어가 안 된다고 해서 포기하고 한국인 친구들과 놀러만 다닌다면, 이게 될 일인가 싶다. 결국 부모를 위해서나 우리나라를 위해서나 좋은 결과를 갖고 한국으로 돌아와야 한다.

최근 한국 사회의 분위기가 나를 슬프게 한다. 대부분의 한국 회사의 사용자들은 신입사원 채용을 할 때 어학연수를 다녀왔는지의 여부를 묻고 이를 반영한다는 말을 들었을 때, 나는 경악을 금할 길이 없었다. 어학연수 1년을 다녀와서 몇 마디 영어를 줄줄 하는 것만으로 채용 여부가 결정된다면 너무나 어처구니없다는 생각이 든다. 나는 한국 학생들의 1년 어학연수의 수준을 알고 있다. 물론 한국에서 충분히 준비하고 캐나다에서 1년을 성실하게 공부하여 영어실력을 상당히 향상시켜서 캐나다 정부가 발행하는 영어교사 자격증(TESL)을 따는 선정이 같은 학생들도 가끔 있다.

그러나 1년이라는 기간이 그 사람의 영어실력을 보증해주지 않는다. 한국에서 영어공부를 열심히 한 순 토종(?)이라 해도 어학연수를 다녀온 학생보다 영어실력이 훨씬 월등할 수 있다는 사실을 간과해서는 안 된다. 어학연수의 여부가 채용의 기준이 된다면 아무리 능력 있고 실력이 뛰어나도 가난한 집안에서 태어나 어학연수 한 번 다녀올 수 없는 형편인 사람들은 어쩌라는 말인가? 가난해서 어학연수를 못 다녀온 것으로 취업의 기회마저 잃게 된다면 말이 되겠는가? 부모 잘 만나 어학연수 가서, 한국인들과 어울려 다니면서 실컷 놀아도, 서당 개 3년이면 풍월을 읊는다고, 1년이면 영어 몇 마디 줄줄 할 수도 있다. 그 정도 수준이라도 영어를 제대로 못 하는 내국인이 들으면 잘하는 것처럼 들린다. 그래서 연수만 다녀오면 영어 잘하는 줄 알고 취업의 우선권을 준다면 큰일이다. 어학연수를 다녀오지 않은 사람에게 취업의 기회마저 빼앗는 사회가 되지 않기를 진심으로 바란다. 기회마저 동등하지 않은 사회라면 그것이 어찌 사람 사는 사회이겠는가!

5

더불어 사는
숲을 그리며

1. 삶의 가치를 찾아 떠나는 진정한 여행, 캐나다 이민

바다와 육지 중에 어느 것이 더 크고 넓은가? 물론 바다가 육지보다 훨씬 넓고 크다. 태평양을 배로 건너본 사람들이라면 알겠지만 태평양 한복판에서 길을 잃고 육지를 찾지 못한 새들이 가끔 있다. 새들은 어쩌다 기껏 배를 발견하면, 그 배를 발 딛을 곳으로 삼기 위해 날아온다. 그런데 지칠 대로 지친 새들은 배의 속도를 못 따라와 결국 바닷물에 빠져 죽는다. 아무리 새라 하더라도 하늘이 모두 자신의 것이 아니니 땅에 발을 딛을 수 있어야 한다.

삶의 가치를 찾아 캐나다로 이민을 한다면, 나는 육지에서 바다로 생활권을 옮겨가는 것이라고 비유하고 싶다. 육지와 바다 속에는 각각 전혀 다른 세상이 있고, 그 세상에서 살아가는 방식은 서로 다르다. 하늘을 나는 새에게 물속에서 살라고 하면 물속은 지옥이 된다. 새에게 물속이 천국이 되는 유일한 길이 있다면 새의 날개를 떼내고 지느러미를 다는 것이며, 허파를 떼내고 아가미를 다는 것이다. 그럴 수만 있다면 새는 '물 만난 물고기'처럼 육지보다 더 큰 세계인 넓은 바다 속에서 평화롭게 즐기며 살게 될 것이다. 즉 생존방식을 바꾸면 지옥이 천국으로 되는 것이다.

날개와 허파를 제거하고 지느러미와 아가미를 달기 위해서는 한국에서 살던 방식을 포기하고 캐나다의 삶의 방식을 이해하고 받아들여야 한다. 그런데 우리는 '이해'라는 개념과 '수용'이라는 개념을 혼용해서 쓰고 있는 경우가 간혹 있다. 이해(understanding)는 수용(acceptance)과 엄밀히 다르다. 이해한다는 것은 앎이 전제될 때 할 수 있는 말이다. 잘 알지 못하면서 "이해해."라고 말하는 것은 '이해한 것'이 아니라 그냥 '수용한 것'이다. 따라서 캐나다의 삶의 방식을 이해하기 위해서는 먼저 캐나다를 알아야 한다. 그리고 내가 알고 있는 것이 참된 것인지 그렇지 않은 것인지를 먼저 의심해볼 필요가 있다. 검증되지 않은 불확실한 정보를 갖고 있으면 참으로 "안다"고 말할 수 없고, 더욱이 "이해했다"고 말할 수 없다.

하늘을 날다가도 바다에 들어오면 바다가 어떤 곳인지, 어떻게 숨쉬고, 어떻게 먹이를 구하며 살아가야 하는지를 먼저 배워야 할 것이다. 그러나 바다에 대해 알고자 하는 마음이 없으면 그곳은 지옥이 될 테니 바다로 가지 말아야 한다. 우리는 그동안 한국에서 살아온 삶의 방식이나 가치관을 기준으로 캐나다 사회를 판단하고 평가할 것이 아니라 캐나다 사회를 있는 그대로 보고 평가해야 한다. 우리의 기준만이 절대적인 것이 아니고 반대로 그들의 기준이 절대적이라고 말할 수도 없다. 다만 그곳이 바다인지 땅인지를 먼저 알아야 할 것이다. 자신과 전혀 다른 사회의 구조나 그 사회를 지탱해주는 원리나 구조를 읽어낼 줄 알면 그 사회의 전체가 보이기 때문이다. 하지만 본질적인 것보다 당장 느껴지는 현상적인 것만 본다면 "난 왜 이렇게 숨이 막히지? 육지에 있을 때에는 안 그랬는데, 물속은 왜 그래?", 혹은 "여기서는 날 수가 없잖아. 헤엄치는 것보다 나는 것이 더 빠를 텐데. 내 날개로 어떻게 헤엄치며 살아갈 수 있어. 난 그렇게 못살아!"라고 말할 것이다.

어떠한 문제를 발견했을 때 본질적인 문제가 해결되지 않으면 현상적인 문제를 해결했다 하더라도 비슷한 문제가 끊임없이 발생하게 된다. 왜냐하면 현상적인 문제는 본질적인 문제에서 비롯되기 때문이다. 문제의 뿌리인 본질적인 것부터 해결해야 비슷한 문제가 더 이상 발생하지 않는다. 자신이 피부로 느끼는 현상적인 것이나 부수적인 것보다는 본질적인 것들을 볼 수 있어야 한다.

새로운 삶을 원하는 사람이 살 만한 나라

나는 이제까지 이 책에서 캐나다 사회의 구성원리의 본질을 바라보려고 노력해왔다. 그래서 이민을 통해 새로운 삶을 찾아 나서는 사람들이 살아갈 캐나다 사회를 바다로 비유한 것이다. 캐나다 사회가 더 넓고 깊은 바다로 비유되는 데는 몇 가지 이유가 있다.

육지에서는 높은 곳에 올라갈수록 떨어지기 쉽고 일단 떨어지면 크게 다친다. 다시 말하면 높고 낮음의 위계(hierarchy)가 뚜렷하다. 높은 지위와 낮은 지위, 부유한 자와 가난한 자, 배운 자와 배우지 못한 자, 남성과 여성 등등 모든 것에 서열이 있고, 그 서열과 단계가 세분되어 있다. 그래서 사람들은 자신의 서열을 높이기 위해 온갖 힘을 다하여 치열하게 서로 위로 올라가려고 하기도 한다. 그러나 언제까지 올라갈 수만 없고 언젠가는 다시 내려와야 되는데, 높게 올라가면 올라갈수록 떨어지는 충격이 크기 때문에 상처를 크게 입을 수도 있다. 어쩌면 이러한 삶의 방식이 우리나라에서 살아왔던 삶의 방식이었는지 모른다. 나는 이것을 육지의 삶에 비유한 것이다.

바다는 높고 낮음이 없어서 높은 데서 떨어져도 다칠 일이 없다. 나는 모두가 동등한 위치에서 서로를 존중하는 캐나다 사회를 바다로 비유하고 싶다. 캐나다에서는 우리나라에서 중요하게 여기는 지위와 학식의 높고 낮음은 별 의미가 없다. 가진 자와 못 가진 자, 배운 자와 못 배운 자를 똑같이 존중하고 비교적 동등한 기회가 주어진다. 그래서 높게 올라갈 이유도 없고 설령 높게 올라가도 떨어지는 충격으로 상처를 입지도 않는 사회다. 캐나다 사회는 출세나 성공에 인생의 목표를 두거나 물질적인 풍요로움을 얻을 수 있는 곳이 아니라 조금 부족한 듯 살아도 자신을 실현하며 살아갈 수 있도록 사회적 분위기가 조성되어 있다. 나는 이것을 바다의 삶에 비유한 것이다. 캐나다로 이민을 간다는 것은 육지에서 바다로 삶의 터전을 옮겨가는 것이다.

캐나다 사회의 특징에 대해 거듭해서 말하자면 삶의 질이 평준화 되어 있다. 삶의 질이란 반드시 물질적인 측면만을 말하지 않는다. 하지만 정신적인 것도 물질적인 것과 밀접한 연관되어 있다. 캐나다가 구조적으로 재화를 재분배해온 것도 사회가 그만큼 투명하고 정의로우며, 국민들의 보편적인 의식이 그러한 정책을 지지해왔기 때문이다. 다시 말하면 정신문화의 토대가 없다면 재화의 분배와 같은 삶의 평준화는 이상일 뿐이었을지 모른다. 하지만 그러한 이상을 실현하고 있는 나라가 바로 캐나다라고 나는 생각한다.

누군가가 자신에게 무엇을 나누어준다면 싫어할 사람은 아무도 없을 것이다. 반대로 자신의 것을 내놓으라면 쉽지 않을지 모른다. 그러나 평준화를 위해서는 반드시 나누어야 하고 가진 것을 내놓는 사람이 있어야 하는 것 아닌가. 우리나라의 사회적 분위기에서는 이미 재화를 많이 축적한 부유층은 자신이 축적한 것을 필사적으로 지켜야 한다는 강박관념을 가지고 살아갈지도 모르겠다. 사람들은 '부유한 사람들이 대부분 인색하다'는 말을 하곤 한다. 하지만 나는 오히려 '인색했기 때문에 부유해질 수 있는 것 아닌가?' 하고 생각하는 편이다.

언뜻 보기에 캐나다가 후진국처럼 보이고 우리나라의 80년대 초를 연상케 하는 것도 그들은 자신의 것을 구조적으로나 개인적으로 나눌 줄 알기 때문이다. 캐나다 사람들이 모두가 다 그런 것은 아니겠지만 그들은 나누려 하는 그리스도교적 삶을 실천하고 있는 것처럼 보인다. 반대로 생존문제로 치열하게 살아온 우리나라 사람들은 일단 자신의 것을 확보했으면 그것을 지켜야 하고, 그것을 나누어야 한다고 말하는 사람들에게는 '빨갱이'라는 이름을 달아주기도 한다. 그것은 빨갱이라는 말에 대하여 알레르기를 가지고 있는 사람들에게 효과가 있는 전략이었다. 왜냐하면 실제로 공산주의 국가들이 나누어야 한다는 이론을 내세워 사람들을 기만했고 그 이익을 특권층만 누려왔기 때문이다. 그러나 재화의 분배가 특권층이 아닌 모두에게 동등하게 이루어지고 같은 혜택을 누릴 수 있다면 공산주의와는 분명 다른 노선이다. 만일 재화의 재분배라는 개념 자체만 가지고 빨갱이를 운운한다면 우리는 캐나다 사람들이 모두 빨갱이라고 단정해야 하고, 사회주의 노선을 채택한 유럽의 제1세계 대부분의 국가들도 모두 빨갱이들이어야 한다. 하지만 그들은 분명히 자유민주주의 국가이며 더불어 살아가는 방법을 안다.

캐나다로 이민 간다는 것은 이와 같이 물질적 가치보다는 정신적 가치를 우위에 두고, 나누는 삶을 실천하는 사회로 삶의 터전을 옮기는 것을 의미한다. 그런 준비가 되어 있으면 캐나다에서의 삶은 편안하다. 치열하게 경쟁하는 비인간적인 환경에서 벗어나 평화롭고 여유로운 삶을 누리며 살고 싶었던 이민의 동기를 늘 상기한다면, 진정한 삶의 질은 무엇을 의미하는지 숙고하고 깨닫는다면, 이민 생활은 새로운 삶의 가치를 찾아 떠나는 여행이 된다. 따라서 캐나다 이민은 자신의 마음가짐에 따라 자신을 개발하고 실현할 수 있는 가능성이 열려 있는 사회로 떠나는 여정이라고 생각한다.

모든 것은 이민자의 마음가짐에 달려 있다

이민을 결정했거나 이미 캐나다에서 살고 있다면 뼈를 묻을 생각을 해야 캐나다 사회가 편안하게 느껴질 것이다. 정의와 신용이 보장되는 평화로운 사회에서 살면 비록 물질적으로 풍요롭게 누리고 살지 못하더라도, 미래에 대한 걱정을 사회에 맡기고 하루하루 의미 있게 살아갈 수 있다. 그러나 자신이 노후에 사회로부터 받게 될 혜택들을 뒤로하고 한국으로 역이민을 한다면, 모아놓은 것이 없으면 미래가 보장되지 않는 한국 사회가 또다시 괴롭힐지 모르겠다. 통장이 넉넉해도 병 한 번 걸리면 통장을 모두 비워야 할지 모르고, 만약 자녀가 죠엔과 같은 백혈병에 걸리면 전 재산을 다 날릴 수도 있는 것이 한국이기 때문이다. 나는 이미 이민 생활을 하고 있는 사람들 중에서 우리나라로 역이민을 꿈꾸는 사람들이 많고, 역이민은 용기가 없으면 보통 힘든 일이 아니라는 사실을 대부분 인정한다. 다시 말하면 역이민을 한 사람이라면 용기가 대단한 사람이다. 만일 캐나다 이민 생활에 적응하기 어려워 역이민을 결정할 용기가 있으면 조금이라도 젊었을 때 빨리 결정하라고 권하고 싶다. 캐나다는 미래가 보장되어 있지만 한국은 미래가 보장되어 있지 않기 때문에 빨리 돌아가 미래를 준비해야 하기 때문이다. 큰 병이 걸리면 그동안 애써 모은 것을 모두 날릴 수 있는 한국 사회에서는 조금이라도 젊을 때 부지런히 일해서 한 푼이라도 더 모아야 그나마 미래가 편안할 것이다.

　캐나다 생활에 적응해 몇 년 살게 되면 여러 가지 편리하고 좋은 환경에 익숙해진다. 그런 사람이 한국에 돌아가면 답답하고 숨이 막히고, 여러 가지 불편한 점들을 발견하게 될 것이다. 캐나다에 오래 머물면 머물수록 한국에 적응하는 것도 그만큼 힘들어질 테니 역이민을 하려면 빨리 하는 것이 좋다. 나는 캐나다에서 그렇게 오래 산 것도 아니지만 공부를 마치고 몇 년 후에 한국에 돌아와서 받은 첫 인상은 "내가 어떻게 이런 환경에서 살았을까?" 하는 것이었다. 그래서 이런 말이 있다. "처음에 이민 오면 캐나다가 나를 한국 쪽으로 밀지만 캐나다에서 오래 살다 보면 한국이 나를 캐나다로 민다."

　역이민을 하려는 생각을 접고 캐나다에 적응하고 살 생각이 있다면 자신의 생각이나 마음을 바꾸어야 할 것 같다. 캐나다라는 외부조건들은 절대 바뀌지 않을 것이며, 바뀐다 하더라도 아주 서서히 바뀔 것이다. 이렇게 외적 조건이 바뀌지 않는다면 내가 변하는 수밖에 없다. 다시 말하면 날개를 떼내고 지느러미와 아가미를 달아야 바다 속에서 살 수 있다.

역이민을 할 생각이 없다면 자신의 삶의 코드를 캐나다에 맞추어야 한다. 대부분의 이민자들이 느끼고 있는 것이지만 캐나다는 정직한 사람들이 살아가기에 편안한 곳이고, 정의롭고 평화로운 곳이며, 욕심 안 부리면 편안하게 살 수 있는 곳, 각자의 다양성이 존중되는 곳, 혼자만 잘살게 내버려두지 않으며 더불어 살아가는 곳, 삶의 의미와 가치를 추구하고 자아를 실현할 수 있는 곳이다. 그러니 그러한 삶의 조건들에 만족하면 물질적인 풍요로움 하나쯤은 포기해도 되지 않을지 모르겠다. 물론 그렇다고 해서 캐나다에서는 전혀 물질적인 풍요로움을 누릴 수 없다는 뜻이 아니다. 캐나다 사회에서 일하면서도 실제로 물질적인 풍요로움을 누리고 사는 이민자들도 많이 있다. 나는 다만 삶의 비중을 어느 곳에 두는가 하는 문제를 다루고 싶은 것이다.

나는 거리의 사람(Homeless People)이 되어 모든 것을 버리게 된다 하더라도 맑은 공기 하나와도 충분히 바꿀 수 있다. 적어도 한국에서 캐나다로 이민을 가고 싶어도 여건이 안 돼서 못 가는 수많은 사람들을 생각해보면, 이민자들은 자부심을 가지고 살아가라고 말하고 싶다. 캐나다에 뼈를 묻을 생각을 하고 쉬지 않고 일하면서 정직하게 세금만 내면, 캐나다 정부가 미래를 책임져줄 것이다. 그리고 정직하게만 살아가면 적어도 굶는 일은 생기지 않을 것이다. 캐나다는 후진국 같아 보여도 세계인들이 인정하는 선진국이다. 그러한 선진국이 자국민을 굶길 이유가 없다. 결국 모든 것은 이민자 자신에게 달려 있다.

나는 캐나다 이민자들이 캐나다 사회의 선진국이라 할 수 있는 면모들을 몸에 익혀 우리나라에도 영향력을 미칠 수 있기를 진심으로 기대한다. 캐나다에서의 이민 생활을 오래 하면 할수록 이 말이 무엇을 의미하는지 알아들을 수 있을 것이다. 이민자들은 이미 우리나라에서 불합리하

캐나다에서도 노숙자를 볼 수 있다. 캐나다에 노숙자 시설이 없어서가 아니라 노숙자들이 들어가려 하지 않기 때문이다. 대부분 노숙자들은 살림살이를 끌고 다닌다.

고 정의롭지 못하며, 환경 문제도 심각하고, 인간답게 살아가자니 혼자 바보되는 듯하고, 더불어 살아가기에 너무 힘들었던 것을 충분히 경험했을 것이다. 그래서 대부분 한국을 떠났을 것이다.

외국에 나가 보면 그 나라와 우리나라를 자연스럽게 비교할 수 있다. 그리고 누구나 애국자가 된다고 한다. 그래서 나는 이민자들이 캐나다와 한국을 잘 비교하여 우리나라가 나아가야 할 방향을 제시하면 좋겠다는 기대를 하고 있다. 나는 이민자들이 합리적이고 정의로우며 함께 살아갈 줄 아는 캐나다 사회에서 얻은 경험을 토대로 고국을 향해 아닌 것을 아니라고 말할 수 있기를 기대한다. 그것이 진정 모국에 대한 사랑을 실천하는 것이다.

끝으로, 캐나다 이민은 성공이나 출세보다 삶의 의미와 가치를 찾는 여정일 수 있다. 보다 높은 삶을 추구한다면 캐나다를 배우려는 마음을 가지고 살아가라고 말하고 싶다. 그리고 가급적이면 많은 사람들이 캐나다로 이민 갈 수 있으면 좋겠다. 그러나 이민자들의 대부분은 한국에서 엘리트였거나 부유층이었다. 여하튼 우수한 인재와 자본이 해외로 유출되는 것은 참으로 안타까운 일이 아닐 수 없다. 그래서 가급적이면 힘겹게 살아가는 농부들이나 노동자들에게 정부에서 정책적으로 이민을 주선한다면 인재와 자본의 해외유출을 어느 정도 막을 수 있을 것이다. 우리나라의 노동자와 농민은 힘들게 살아가지만 그들의 노동력과 근면함은 어느 캐나다인들도 따라갈 수가 없다. 그들이 캐나다로 이민 가서 한국에서 일한 만큼만 일하면 물질적으로도 충분히 잘살 수 있을 것 같다.

캐나다에서 농사를 짓겠다고 하면 정부에서는 땅을 그냥 내주기도 한다. 그러나 농사도 해본 사람만이 할 수 있다. 내가 알고 있는 김 사범은 농촌 출신이라서 농사일을 알고 있다. 그녀는 서울에서 대학교를 졸업했음에도 불구하고 캐나다에 이주하여 농사짓기를 원하는 사람이다. 김 사범 같은 사람이 아니더라도 늘어나는 농가부채로 고통을 받고 있는 부지런한 한국의 농부들을 정부차원에서 주도하여 캐나다에 많이 이주시키면 국익에도 도움이 될 것 같다.

2. 캐나다와 대한민국의 사회구조

캐나다 사회가 우리나라와 가장 큰 차이가 있다면, 한국은 미국의 자본주의를 그대로 이식했다면 캐나다는 사회주의를 채택하고 있다는 점이다. 그런데 나는 귀국해서 한국 사람들에게 "캐나다가 사회주의 국가"라고 말할 때마다 그것을 아는 사람들이 거의 없었다는 사실에 놀랐다. 나는 이 책의 제2장에서 캐나다 사회주의와 그러한 사회구조를 갖게 된 배경을 말하였다. 그러나 사회주의가 무엇인지 다시 한 번 언급해야 할 필요를 느낀다. 왜냐하면 한국의 지식인들이나 사회학자들을 제외하고 대부분의 국민들은 사회주의에 대한 잘못된 개념을 가지고 있는 것 같기 때문이다.

우리나라 사람들은 그동안 사회주의를 배우지도 못했을 뿐만 아니라 한번도 경험해본 적도 없었다. 비록 우리나라의 교육이 '사회주의는 공산주의는 같은 것'이라고 명시적으로 가르치지는 않았다 하더라도 많은 사람들이 사회주의와 공산주의를 같은 것으로 알고 있는 경향이 있다. 우리나라 사람들은 '사회주의는 사유재산이 인정되지 않는 사회'라고 인식하고 있다. 심한 경우에는 '사회주의는 빨갱이고 자유가 없는 사회'라고 생각한다. 지식인들은 그것은 말도 안 된다고 생각하겠지만 길에서 사람들을 붙잡고 사회주의가 뭐냐고 물어본다면 십중팔구는 사실과 다르게 말할 것이다.

그것이 사실이라면 사회주의 정책을 쓰고 있는 캐나다는 공산주의 국가여야 하고, 캐나다는 소위 빨갱이(?) 사회이며, 그곳에서는 사유재산을 소유하지 말아야 한다. 그러나 캐나다는 사회주의 국가이지만 공산주의 국가가 아니며, 공산당이라는 당도 없고 통제된 사회도 아니며, 사유재산도 인정되고 철저한 자유가 보장되는 민주주의 국가이다. 즉, 제1세계 선진국들 중에서 가장 존경받는 국가인 캐나다는 사회주의 국가이면서 엄연한 자유민주 국가이다. 그것은 사회주의 국가인 유럽의 나라들이 공산주의가 아닌 것과 똑같다.

우리는 민주주의를 자본주의로 착각하는 경향도 있다. 배운 사람이라면 말도 안 되는 소리라고 펄쩍 뛰겠지만 우리나라에서 적지 않은 사람들이 이 둘을 혼동하고 있는 것 또한 사실이다.

어느 날 나는 택시기사와 대화를 나누었다. 이야기 중에 그 기사는 나에게 "민주주의에서는 돈이 돈 먹는 거 아닙니까?"라고 말했다. 그는 민주주의의 폐단을 말하고 있었지만 내용은 자본주의의 폐단이었다. 그래서 자본주의와 민주주의를 구분해주니 자신은 그런 사실을 몰랐다고 한다. 이처럼 민주주의와 자본주의의 속성을 혼동하고 있는 경우를 적지 않게 볼 수 있다. 어쩌면 우리나라가 민주주의의 이념 위에 자본주의를 슬그머니 얹어서 국민들에게 설명해온 까닭도 없지 않다고 생각한다. 여하튼 민주주의와 자본주의를 착각해서는 안 되는 것처럼 사회주의와 공산주의를 동일시해서는 안 된다.

물론 대부분의 민주주의 국가들이 자본주의를 채택하고 있는 것은 사실이지만 민주주의 국가 중에서도 상당수의 국가들이 자본주의 경제 체제를 기초로 하고 있으면서도 사회주의 체제나 정책을 도입한 국가들이 많이 있다. 미국을 제외한 프랑스와 독일 같은 선진국들도 대부분 자유민주주의 국가이면서도 사회주의를 채택하고 있다는 사실은 새롭고 놀라운 일이 아니다. 하지만 우리나라의 국민정서상 아직도 사회주의는 공산주의이며 '빨갱이'라는 편견을 가지고 있다는 사실을 부정할 수는 없다.

예를 들면, 노무현 대통령이 후보 시절 재화의 분배를 이야기했을 때 그의 색깔을 의심하는 정치인들이 있었다. 대통령 후보였던 노무현의 주장은 일부 정치인들이나 기득권으로부터 빨갱이로 오해받기에 딱 좋은 주장이었다. 내가 캐나다 유학 시절 인터넷신문을 통해본 내용인데, 대충 이런 내용이었다.

"사람들이 '어렵다, 어렵다' 하지만 그렇게 어렵지 않습니다. 우리나라는 돈이 한쪽에 편중되어 있어서 그렇습니다. 한쪽에 몰려 있는 돈을 없는 쪽으로 돌리면 우리나라도 경제적으로 큰 문제가 없습니다."

그의 생각은 옳으며 틀린 말이 아니다. 그래서 나는 "바로 이 사람이구나. 유학을 마치고 돌아가면 반드시 이 사람을 찍어줘야겠다"는 생각까지 가졌다. 물론 나는 당선이 된 이후에 나를 엄청나게 실망시킨 노무현

대통령을 지금까지 지지하는 것은 아니다. 그러나 당시 언론과 기득권층에서는 노무현 후보가 무엇을 말하고자 하는지 그 내용은 무시하고 그 사람이 어떤 색깔인가를 먼저 의심하고 공격했던 것으로 기억한다.

그의 발언대로 하자면 많이 가진 자들은 자신의 것을 내놓아야 할 판이다. 그렇다면 그들에게 말도 안 되는 큰일 날 일이니, 우선 그런 발언을 하는 사람이 "빨갱이들이나 하는 생각을 갖고 있다"고 몰아붙여야 자신이 가지고 있는 것을 지킬 수 있을지 모르겠다. 예상했던 대로 반대편 정치인들과 기득권층들은 후보자를 바로 빨갱이로 몰아세우려 했고 후보는 부랴부랴 자신의 입장에서 발을 빼려고 했다. 그는 반대자들이 말하는 "빨갱이(?)"가 아니었기 때문이었다. 그것이 초등학생 수준도 안 된다고 하는 우리나라 정치인들의 수준이다. 우리는 미국식 자본주의만 우리의 살길이라고 가르치고 배워왔는지 모른다. 자본주의를 민주주의의 등에 슬그머니 얹어놓음으로써 자신의 치부도 합리화시키는 동시에 무지한 백성들을 기만하기 딱 좋지 않았던가. 그럼, 우리가 그동안 몸담고 살아왔고 지금도 살아가고 있는 자본주의의 폐단을 살펴보자.

대한민국 자본주의의 한계

자본주의 사회에서는 돈 되는 일이라면 무엇이든지 할 수 있고, 또 해야 하는 것이며, 자본이 모든 것의 기초가 된다. 물론 그것이 법률적 규제를 넘어서는 것까지 허용하지는 않지만 윤리적 규범이나 도덕적 문제를 늘 내포하고 있다. 예를 들면, 어느 날 나는 학부 시절 자주 이용했던 치킨 집을 오랜만에 찾았다. 그 치킨 집은 10여 년이 지난 지금도 늘 사람이 많았다. 그래서 나는 그 가게 사장에게 말을 걸었다.

"이렇게 오랫동안 장사가 잘되니 그동안 빌딩을 하나 사도 샀겠어요."

"그 정도는 아니고요, 그냥 애들 학교 보내고 먹고 사는데 지장이 없는 정도죠."

"아니, 이렇게 돈 많이 버는데도 그래요?"

"가게 세내고 나면 몇 푼 안 되죠. 지금도 세를 더 올려 달라 해서 힘들어요."

"그렇게 못 하겠다고 하면요?"

"여기는 집세가 센 곳이라 더 올려도 그만큼 내겠다고 하는 사람들이 있어요. 집세 더 내겠다고 하는 사람에게 세를 주면 그만이죠."

이 경우에 법률적으로는 아무 문제없다. 그러나 자본이 많아 건물 하나 가지고 있으면 힘 안 들이고도 돈을 번다. 자본이 없으면 아무리 고생하며 일해도 자본이 많은 사람에게 고스란히 바쳐야 한다. 다시 말하면 돈이 돈을 번다 해도 과언이 아니다. 노력한 만큼 정당하게 벌어들일 수 없는 이러한 상황에서는 비록 법률적인 문제는 없다 하더라도 윤리적이고 도덕적인 문제는 여전히 남아 있다. 이러한 예는 얼마든지, 그리고 누구든지, 수없이 들 수 있을 것이다. 자본주의의 윤리와 도덕적인 문제점은 누가 일러주지 않아도, 비록 정확히 명시적으로 지적하지 못한다 하더라도, 대한민국에서 살아오면서 누구나 겪어서 알고 있을 것이다. 그러나 반세기 이상을 그 안에서 살아가고 있으면서도 그러한 사회구조 외에는 알고 있거나 경험한 바가 없으니 어쩔 수 없이 문제를 알고도 그냥 덮어버리고 살아가는 것이 우리나라의 현실이 아닌가 싶다.

대자본이 소자본을 죽이는 자본주의 원리의 폐단은 물론 돈 되는 일이라면 무엇이든지 할 수 있는 자본주의의 생리에서 비롯된 것이다. 그것은 때로는 법률적 규범도 넘어선다. 극단적인 예를 들면, 사람의 생명을 담보로 해서라도 돈 되는 일이라면 할 수 있다. 우리 몸 안에 들어가 우리의 생명을 지켜주는 먹을거리들을 온갖 유해물질로 더럽히고, 파기 처분해야 할 낙하산을 수거하여 조금 손을 본 후 다시 상품으로 만들어 군대에 납품해서 돈을 버는 등등, 돈 버는 일이라면 무엇이나 할 수 있는 것은 자본주의가 잉태한 폐단이다.

내 고등학교 동창인 만병이는 자신의 아이에게 모유를 먹일 기회를 주지 않았던 병원에 대한 얘기를 나에게 해주었다. 모유 안에는 갓난아이가 자라나서 성인이 되어 평생을 살아가면서 갖게 될 모든 면역성분이 다 들어 있다. 그런데 아이는 세상에 나오자마자 바로 모유를 먹는 대신 병원에서 준 분유를 먹게 되었다. 그러자 나중에 아이에게 모유를 먹이려 해도 잘 안 먹는 것이 아닌가. 아기는 처음 맛본 것만 찾기 때문이었다. 예를 들면, 처음에 남양분유를 먹으면 나중에 아무리 매일분유를 먹여도 잘 먹지 않고 뱉어낸다. 그래서 처음부터 분유를 먹이면 나중에 모유 먹이기가 힘들어진다고 한다.

그런데 병원에서는 모유보다는 분유를 먹여야 한다고 했다. 동창은 이유는 뻔하다고 했다. 분유회사들은 서로 산부인과 병원에 납품하려 한다. 그러면 커미션이 있을 것이고, 그것을 받은 의사는 타 회사 분유를 써서는 안 되고, 가급적이면 모유보다는 분유를 먹이도록 권고할 것이다. 그리고 분유회사는 자사의 제품이 아이의 지능이나 신체적 성장에 대단한 효과가 있는 것처럼 선전해야 경쟁회사보다 유리한 입장에서 돈을 벌 수 있다. 그것이 사실이라면 돈 되는 일에 인간의 건강을 담보로 하고 있는 것이다.

인간이 만든 분유가 아무리 뛰어나다 하더라도 자연(하느님이 만든)산을 따라갈 수가 없는 것은 자명한 일이다. 그런데 여성들은 자신의 아름다운 체형을 위해서 모유 대신 분유를 먹인다고 한다. 젖을 인위적으로 손이나 기계로 짜면 골고루 힘이 가지 않아 체형에도 문제가 생길 수 있다는 것이 이유다. 하지만 애기가 젖을 빨면 골고루 힘이 유선에 가해져 체형도 오히려 더 좋아진다고 동창 만병이는 주장했다. 인간의 무지함도 문제지만 돈 되는 일이라면 무슨 일이든 해야 하는 자본주의의 상술이 자신의 아이에게서 모유를 먹을 권리마저 빼앗았다고 만병이는 흥분했다. 이렇게 돈 되는 일이라면 무엇이든지 할 수 있는 상황에서 사회가 비인간화 되는 것은 당연하다.

자본주의의 대안으로 사회주의를 선택한 캐나다

캐나다는 자본주의에서 비롯되는 비인간화(Dehumanization)를 1930년대에 이미 읽었고, 1940년대에는 사회주의로 완전히 방향을 틀었다. 그레고리 바움(Gregory Baum)은 그의 책 《Catholics and Canadian Socialism ; Political Thought in the Thirties and Forties》(Toronto: James Lorimer & Company, 1980) 제1장 〈Canadian Socialism〉에서 캐나다는 '자본주의를 착취와 불의의 근원(Capitalism is the source of injustice and exploitation)으로 보았다' 고 진술하고 있다. 이것은 물질적 가치를 추구하는 사회구조보다 의미와 가치를 추구하는 사회의 본질을 한 마디로 표현한 것이라고 생각한다. 앞에서 캐나다의 사회주의에 관하여 언급한 바 있으므로 여기서 다시 반복할 필요는 없을 것이다. 하지만 캐나다는 이미 60~70년 전에 오늘날 우리가 걷고 있는 자본주의 사회의 문제점을 알고 있었고, 그래서 함께 더불어 살아갈 수 있는 사회구조로 방향을 틀었다는 점이 나를 놀라게 했다.

어느 날 나는 한국에서 이민 온 지 10여 년이 넘은 젊은 아빠 현식 씨와 대화를 나눈 적이 있다.

"캐나다는 확실히 삶의 질이 평준화 되었고, 어느 정도 부의 균형을 이루고 있어요."

그랬더니 현식 씨가 말했다.

"제가 이민 온 지 10년이 넘었는데 이제 조금 알겠어요. 여기서는 함께 살아가자는 거죠. 절대 혼자 잘살도록 내버려두지 않는 것 같아요. 전 그 점이 너무 맘에 들어요. 저하고 맞는 나라죠."

얼마나 고급 브랜드의 제품을 가지고 있는지는 중요한 것이 아니며, 물질적으로 얼마나 풍요로운가 하는 것이 선진국의 기준이 되지 않는다. 물론 그렇다고 해서 물질적인 풍요로움을 무시하자는 뜻은 아니다. 하지만 이웃과 함께 살아갈 수 있는 정신적인 기반이 선진국의 조건이 되는 것은 틀림없었다.

그레이스(C. Grace)는 미래의 교사를 꿈꾸며 스스로 돈을 벌어 토론토 대학교에서 학점을 따고 있는 평범한 캐나다의 젊은이다. 어느 날 나는 그녀와 캐나다 사회에 관한 대화를 나누었다.

"너희 나라는 함께 살아가도록 사회가 구성되었다고 생각해."

"당연한 거 아냐? 다들 그렇게 살아가잖아?"

그래서 내가 이해하고 있는 캐나다에 대해서 한참을 설명했다. 그랬더니 그레이스가 말했다.

"당신은 거의 캐나다 사람이야. 정부에서 당신에게 시민권(Citizenship)을 줘야 할 것 같다."

그리고 그녀는 웃었다. 캐나다 사람들은 자신들이 무슨 생각을 하고 어떻게 살아가는지 명시적으로 잘 설명하지 못하면서도, 그렇게 살아가고 있었다. 그리고 의식적이든 무의식적이든 그 밑바탕에서 면면히 흐르는 정신적 기반이 그 사회를 유지하고 있다.

물론 불완전한 인간이 만든 사회제도가 완전할 리 없을 테니, 어떤 사회든 그 사회의 모든 구성원을 만족시킬 수는 없을 것이다. 캐나다도 마찬가지이다. 그래서 사회주의가 싫어서 미국 국경을 넘는 캐나다의 젊은이들도 있다. 그러나 사회가 지탱하고 유지될 수 있는 것은 그 사회체제를 지지하는 사람들의 보편적 시민의식이 있기 때문이다. 아무리 좋은 정책이 있어도 국민들의 지지가 없으면 실행될 수 없는 것은 말할 필요도 없다. 여하튼 함께 살아가려는 마음을 가진 캐나다 사람들은 미국의 자본주의를 수용할 수 없었던 것 같다.

그런데 캐나다보다 더 미국화 된 우리나라는 미국의 축소판 같다. 자본주의 사회에서는 누구나 어떻게 해서든지 돈을 벌어야 하고 또 없는 사람들은 치열한 경쟁 속에서 살아남기 위해서 주변은커녕 자신조차 돌아볼 여유가 없다. 많이 가진 사람들은 자신이 가진 것을 유지하고 그것을 더 불리기 위해 정신없이 앞으로 돌진해야 하는 것이 자본주의고, 한

캐나다 인디언

캐나다에 가장 먼저 자리 잡고 살기 시작한 것은 원주민이다. 약 1만 2천 년 전 이들은 시베리아와 알라스카에 걸친 육로로 베링 해협을 건너 남·북미 대륙으로 이주했다고 한다. 그 후 프랑스와 영국계의 유럽인들이 모피를 구하기 위해 캐나다 동부로부터 내륙부로 진출해옴에 따라, 원주민들의 대부분은 서부로 몰려간다. 그로 인해 캐나다 서부 4개 주에는 원주민들이 많이 살고 있다.

캐나다 원주민은 인디언(약 55만 명)과 이누잇(3만 6천 명), 그리고 백인과의 혼혈인 메디스 등 세 그룹으로 캐나다 총 인구의 약 2%를 차지한다. 이누잇의 절반 정도는 북서주에, 다른 이누잇들은 뉴펀들랜드, 온타리오, 퀘벡 주의 북부에 살고 있으나 인디언과 메디스는 전국적으로 거주하고 있다.

현재 캐나다 원주민의 약 60%는 1871년 이후 체결된 '인디언 조약'에 의해 법적으로 '인디언'이라고 공인된 사람들이다. 이들은 연방 정부의 보호구역 안에서 고유한 정체성을 유지해왔다. 그러나 '비공인 인디언'과 메디스는 공인 인디언과는 달리 그들의 지역을 벗어나 도시로 이주해 살고 있다.

오늘날 캐나다 사람들이 대부분 인정하는 초기 캐나다 정부의 실수 중의 하나는 유럽에서 가지고 온 유럽대륙의 문화 속으로 원주민들을 융화시키려고 시도했다는 점이다. 캐나다 정부는 원주민들을 자신의 문화와 융화하기 위해 원주민들의 어린 자녀들을 모아서 유럽식으로 교육을 실시해왔다. 하지만 오늘날 캐나다 사람들도 인정하는 이 어리석은 정책은 문화말살이라는 어처구니없는 결과

를 낳고 실패하고 말았다. 유럽 언어로 교육 받고 성장한 원주민들의 자녀들은 성인이 되어서도 백인 사회에 흡수되지 못하고 이방인이 되었고, 그들의 조상 문화와 언어를 전수 받지 못해서 원주민들 사이에서도 이방인 취급을 받아야 했다. 백인이나 원주민 어느 쪽도 아닌 그들은 방황하며 자신의 정체성을 찾지 못하고 살아왔다. 그래서 캐나다의 원주민은 상당기간 사회 및 경제적으로 낮은 수준에 머무르게 되었다.

그러나 제2차 세계대전 이후 캐나다 원주민의 사회적 지위 향상을 위한 노력이 더욱 활발해졌다. 1970년대부터는 교육의 혜택을 받은 원주민들을 중심으로 전국적인 조직을 만들어 정부의 각종 원조를 적극적으로 요구하였다. 1975년에는 캐나다 인디언들이 중심이 되어 '세계원주민평의회'가 결성되고, 이 단체가 UN이나 ILO 등의 국제기관에서도 무시할 수 없는 중요한 국제적인 인권조직의 하나가 되기도 하였다. 원주민의 요구를 적극 수용한 캐나다 정부는 정부의 모든 행정부서를 동원해 그들에 대한 의료나 복지 문제를 개선하였고, 모든 법률적 문제나 고용 문제 등에도 적극적으로 대처해왔다. 오릴리아(Orillia)와 같은 휴양도시에 카지노(Casino Rama)를 만들어 그 수입의 대부분을 원주민들의 복지를 위해 쓰고 있는 것도 원주민을 위한 정부 차원의 후원이라고 볼 수 있다.

1980년대에 들어서면서 원주민은 주변 국가들뿐만 아니라 로마 교황에게까지 '원주민의 권리'를 적극적으로 알리기 시작했다. 캐나다 원주민은 전 세계 원주민들 중에서 가장 적극적으로 권리나 처우개선 문제에 뛰어들어 왔으며, 결과적으로 그들의 권리가 1982년 캐나다 헌법에 명기되기도 했다. 최근 원주민이 연방 정부에 대해 새로 요구하고 있는 것은 캐나다의 한 주에 가까운 수준까지의 자치권의 허용이다.

이러한 원주민들에 대한 캐나다 정부의 태도는 미국 인디언들에 대한 미국 정부의 태도와는 상당한 차이를 보인다. 원래 캐나다 원주민은 아시아인이었고 대부분 몽고 사람이었다. 그런데 한국인의 조상은 남방계도 있지만 대부분 북방계인 몽고인이다. 그렇다고 본다면 캐나다 원주민과 우리의 조상은 같은 셈이다. 어쩌면 우리나라 사람들이 캐나다를 방문하는 것은 남의 나라에 방문하는 것이 아니라 사촌의 땅을 방문하는 것일지 모르겠다. 캐나다 땅은 원래 우리 조상의 땅이지 유럽의 백인 땅이 아니다.

다행히 캐나다 사람들은 미국인들과는 다르다. 미국은 원주민들을 죽이며 땅을 빼앗아 정착했지만 그들은 원주민들과 싸우거나 죽이지 않고 타협을 통해 캐나다에 정착했다는 자부심이 대단하다.

국의 현실에서는 진정한 친구와 이웃을 사귀기 힘들지도 모르겠다.

돈만이 인간을 행복하게 하지 않는다. 가난했지만 서로 사랑했던 한 젊은 남녀가 미래를 서로 약속하면서 로또복권을 샀다. 그러나 1등 당첨이 그들의 사랑마저도 파국으로 내몰았다는 기사를 여러분은 기억할지 모르겠다. 심지어는 가족들 사이에서도 재산문제로 분열이 일어나고, 죽고 죽이고 하는 것이 우리 사회가 아닌가. 이처럼 물질을 우선으로 하는 자본주의의 비인간화를 초래할 것을 우려한 캐나다는 미국과 형제국가라고 하면서도 미국과는 전혀 다른 노선을 걸어왔다.

캐나다는 미국의 바로 곁에 있는 형제국가이면서도 미국화를 염려한다. 그런데 한국은 미국화를 심각하게 염려하기보다는 갈수록 미국화 되고 있는 실정이니 안타깝기만 하다. 한국에서 영향력을 행사하고 있는 사람들 중에는 유학을 다녀온 사람들이 많다. 그리고 미국에서 공부한 사람들이 상당히 많고, 그런 사람들이 우리나라에서 교육, 행정, 기술 등등 모든 분야를 움직이고 있을지 모르겠다. 그렇다면 미국화를 가속시킬 수 있는 가능성이 크다.

물론 나는 미국화를 무조건 반대하는 것은 아니다. 반미감정 여부와 상관 없이 한국의 미국화가 때때로 공론화 되는 일본화와 더불어 우리에게 심각한 문화적 위기를 갖고 올 것을 우려하기 때문이다. 물론 우리나라도 국제화 되어야 한다. 하지만 문화적 혼합이 국제화를 의미하지는 않는다. 우리의 정체성이 분명할 때 가장 국제적인 것이 되지만 문화적 혼합으로 우리의 정체성을 잃으면 국제화와는 거리가 멀어진다. 그리고 국제화 여부를 떠나서라도 미국 문화와의 혼합은 우리 사회에 커다란 어려움을 줄 수 있다. 이미 그러한 징표들이 여기저기에서 나타나지만 이러한 문제를 고민하는 사람들이 그리 많지 않다는 사실이 염려된다. 그래서 나는 최근에 캐나다에서 공부하고 온 입장에서, 현재 북미지역에서 일어나고 있는 서구 문화에 대한 재해석들을 소개하고자 한다.

서구 사회는 자신들의 문화에 문제를 제기했다

캐나다의 토론토 대학교에서 수업을 들으며 나는 캐나다의 지성들이 현재 만연해 있는 서구 문화의 문제점들을 해석하는 것을 접할 수 있는 기회를 가졌다. 여러 가지 주제들이 있었지만 캐나다의 지성들은 현재 가장 큰 문제의 원인을 제공하는 것 중의 하나는 미국을 비롯한 서방세계가 보유해왔던 세계에 대한 이원론적(Dualism) 태도라는 것을 지적했다.

데카르트 이후의 서구사상은 세계의 모든 사상들을 지배해오면서 개인주의(Individualism)와 깊은 연관을 맺어왔다. 서구의 문화는 인간과 인간, 인간과 자연, 집단과 집단, 국가와 국가 등등의 모든 관계를 단절시킬 뿐만 아니라 자본주의를 정당화하고 더욱 강화하고 있다. 그래서 개인주의가 죽음의 문화로 가고 있다는 자각이 선각자들 사이에서 일기 시작했다. 그러나 미국에서 그러한 선각자들의 문화적 위기에 대한 성찰과 각성이 영향력을 미치지 못하는 것은 현재의 대세가 너무 크기 때문이다. 미국 문화의 문제점에 대해 염려하는 사람들의 모임은 인터넷사이트 'http://fbc.binghamton.edu'에서 찾아볼 수 있다. 이 사이트에 들어가면 현대문화, 특히 북미지역의 문화에 대한 성찰을 구체적으로 살펴볼 수 있다. 인류의 미래를 걱정하는 이 사이트의 학자들은 그들의 이야기를 귀담아 들어주고 호응해주는 캐나다로 넘어오고 있는 실정이다. 실제로 토론토 대학교에는 미국에서 온 교수들이 꽤 많다.

토머스 베리(Thomas Berry, 《The great work; our way into the future》(New York : Bell Tower, 1999) 참조) 같은 미국의 일부 현자들은 죽음으로 치닫는 현대 문화와 미국 문화의 현상들을 〈타이타닉〉에 비유한다. 우리나라에서도 상영한 〈타이타닉〉은 남녀의 로맨스를 다룬 영화로 소개가 되었지만 북미지역은 〈타이타닉〉을 위험한 서구 문명의 표상으로 받아들인다. 그 당시 그렇게 엄청나게 큰 배가 침몰하리라고는 아무도 상상하지 못했던 것처럼, 모두를 갈라놓는 이원론적이고 개인주의 사고방식의 서구 문화는 너무나도 거대해서 스스로 침몰하리라고 아무도 상상하지 못했다는 것이다.

그 거대한 배는 앞을 향해 전진했다. 그리고 타이타닉의 간판에서 일부 학자들은, 그들이 타고 있는 타이타닉 앞에서 엄청난 크기의 빙산을 발견했다. 그래서 "배가 빙산을 향해간다"고 외치면서 침몰할지 모르니 방향을 틀어야 한다고 말했다. 그러나 아무도 귀담아 듣지 않았다. 침몰하리라는 생각을 할 수 없을 만큼 그 배가 거대했기 때문이다. 그래도 너무도 위험했기에 그들은 방향을 틀어야 한다고 목청껏 외치면서, 그 배가 어디로 방향을 바꾸어야 하는지를 제시했다.

그런데 새로운 방향, 즉 죽음을 피해서 나아가야 할 길을 동양사상이 이미 제시하고 있었다는 사실에 그들은 놀란다. 모든 개별적 존재는 홀로 존재하지 않는다는 일원론적 사고는 이미 동양사상 안에 있었고, 서구 사회는 그것을 새삼스럽게 발견하고는 감탄한 것이다. 인간과 인간, 인간과 자연, 집단과 집단, 국가와 국가 등등의 모든 존재는 서로 유기적으로 연결된 실체(Relational reality)이다. 그래서 혼자만 잘살려고 하면 자신도 못살고 이웃도 못살게 된다. 서구 사회가 모두가 함께 더불어 살아가려는 동양사상과 문화로 방향전환을 하면 모든 죽어가는 존재를 살릴 것이다.

정체성을 잃은 우리들의 대한민국

다행히 캐나다는 이미 배의 방향을 틀었고 미국의 선각자들도 방향을 틀려고 하고 있다. 그러나 정작 동양인들은 자신의 것을 모두 버리고 그

커다란 배의 꽁무니만 쳐다보고 앞으로 돌진하려는 것처럼 보인다. 하지만 큰 배가 작은 배의 앞을 가리고 있어서 앞에 무엇이 있는지 작은 배는 못 볼 수도 있다. 타이타닉과 같이 큰 배가 방향을 틀고 나면, 그것을 따라가면서 방향을 틀 준비가 되어 있지 않은 작은 배는 빙산을 들이받고 침몰하게 될지도 모를 것이다. 이처럼 캐나다 사람들이 염려하는 미국화를 우리가 염려하지 않는다면 타이타닉호를 따라 침몰하는 것과 다르지 않다.

우리는 원래 빙산을 향해서 돌진하도록 되어 있는 민족이 아니다. 다시 말하면 이원론과 개인주의는 우리의 전통 정신문화 안에서는 생소한 것이었다. 그리고 원래 나 혼자만 잘살려고 하는 민족도 아니었다. 학술적으로 충분히 설명할 수는 없지만 아주 간략하게 요약하면, 역사적으로 볼 때 우리의 정신문화는 두 번 심각하게 왜곡되었다고 할 수 있다. 한국의 근대화 과정에서 일어난 문화적 변천에 관해서는 마이클 칼튼이 잘 진단했다. 외국인 학자의 눈에 비친 한국 전통 정신문화의 왜곡에 대하여 관심이 있으면 'Michael C. Kalton, 《Korean Modernity : Change and Continuity in Korea briefing 1990》'(Westview Press : Colorado, 1991)의 119~131페이지를 참조하면 된다. 그리고 이 책은 지금부터 서술할 나의 주장을 지지해줄 것이다.

첫 번째 왜곡은 일제강점기 시대에 일본의 식민정책의 하나인 분리정책이 효력을 나타내면서 일어났다. 일본에 협조하면 이익을 주고 비협조적이면 불이익을 주는 정책은 개인과 개인을 갈라놓고 집단과 집단을 갈라놓았다. 개인의 이익을 위해서라면 무엇이나 할 수 있도록 교육한 분리정책은 더불어 살아갈 줄 알았던 우리에게는 낯선 것이었지만 일본의 식민통치를 위한 가장 효과적인 정책이었을 것이다. 그리고 더욱 불행했던 것은 이승만 대통령이 친일파를 제거하지 않고 그대로 자신의 지지기

반으로 등용했다는 사실이다.

인간의 존재는 선험적(a priori) 요소에 의해서 결정되는 부분도 있지만 학습에 의해서도 이루어진다. 그런데 식민교육을 받은 사람들이 정치, 경제, 교육 등등의 전반을 차지하여 우리 사회에 직간접으로 영향을 미쳐왔다. 그렇다면 해방 이후 우리의 사회와 문화를 정화해야 했다. 그러나 마땅히 정화 과정을 거쳤어야 할 우리의 변색된 사회와 문화는 미국의 자본주의와 군사독재의 군사 문화가 기묘하게 혼합되어 다시 한 번 왜곡되었다. 이러한 두 번의 왜곡으로 형성된 개인주의와 권위주의는 철저하게 사람들을 분열시켰고, 더불어 살아가는 방법을 배우지 못하게 되었다. 앞에서도 나는 권위를 형식권위와 실질권위로 구분했다. 형식권위를 내세우지 않으면 실질권위가 살아나고 사회가 발전한다. 반대로 형식권위만 내세우면 실질권위는 힘을 잃고 사회는 경직되고 발전하지 못한다.

나는 우리나라의 형식권위는 식민 문화의 소산이며, 군사 문화에 의해 강화되었다고 진단한다. 이러한 문화는 함께 살아가는 방식에 큰 걸림돌이 되기도 한다. 깨어 있는 사람들은 두 번에 걸쳐 왜곡된 우리 정신문화의 순수성을 되찾기 위해 무엇이 왜곡되었는지 식별하고 정화해야 한다고 주장해왔다. 뿐만 아니라 현재의 정치인들 중에서도 친일세력을 밝혀야 한다는 주장을 하기도 한다. 그래서 열린우리당 대표가 자리를 물러나기도 했다. 하지만 단지 일본에 협력한 사람을 처벌하기 위한 수준이거나 이승만 대통령이 등용했던 친일세력에 대한 반일감정만이 이유라면 문제의 본질을 파악하지 못한 것이다.

사실 현재의 우리나라 사회 지도자들은 상당한 교육의 혜택을 받고 성장했기 때문에 지금의 지위를 확보하고 있을지 모른다. 그렇다면 그들 중 일부 자수성가한 경우를 제외하고는 그들의 부모들은 상당한 재력을 갖추고 있었을지도 모른다. 왜냐하면 그렇지 않고는 자녀를 교육하기 힘들 정도로 우리나라가 어려운 시기였기 때문이다. 그런데 그러한 시기에, 특히 일제시대에 시대적 아픔으로 고민하고 민족의 미래를 걱정했다면 분명히 항일운동 내지는 일제에 저항을 해 넉넉한 삶을 포기해야 했을 것 같다. 그렇게 본다면 상당수의 사회 지도자들의 부모들은 비록 일제에 협력하지 않았다고 하더라도 넓은 의미에서 친일파가 아닐까 생각할 수도 있다.

하지만 비록 그런 부모들 밑에서 자랐다고 해도, 그것이 자녀들과 무슨 상관이 있는가 묻고 싶다. 설령 부모의 잘못이 객관적으로 명백해도 그것을 후대와 연결시킨다면, 그것이 이미 폐기된 연좌제와 무엇이 다를까 싶다. 물론 일제의 잔재는 반드시 청산되어야 하지만 부모의 잘못을 캐서 그 후손에게 묻는 것보다 더 중요한 문제가 있다. 더 큰 문제는 친일세력이 우리나라 사회 전반에 미쳤을 영향력과 그 내용들에 있다고 본다. 잘못된 관행, 제도, 사고방식 등등, 우리 사회의 어떤 부분이 왜곡되었고, 우리나라 구석구석에 어떠한 영향을 주었는지를 식별해야 할 것이다. 비유하자면 가지보다는 뿌리를 제거해야 하는데, 그것은 사회 구석구석에 도사리고 있을지 모르는 내적인 문제를 식별하고 청산해야 한다.

그런데 사회 심층에 자리 잡고 있는 왜곡된 것이 무엇이고, 본래 우리의 것이 무엇인지 묻는다면 어떻게 답해야 할까? 우리 문화를 지키기 위해 고집스럽게 살아가는 훌륭한 몇몇 한국인들을 제외하고는 "잘 모른다"고 대답하는 것이 정직한 답변일지 모르겠다. 왜냐하면 현재 우리 자신 역시 역사적, 시대적으로 영향을 받고 교육받고 자라온 산물이기 때문이다. 이제 우리의 것을 잃은 지 거의 1세기가 되어가고 있는 시점에서, 나는 동양사상에 대한 연구도 영문으로 된 책을 봐야 할지도 모를 세상이 왔다는 사실을 캐나다에서 유학을 하며 알게 되었다.

각설하고, 이제 서방 세계는 그들의 문화적 한계에 대한 해답을 동양

사상에서 찾고 있으며 그만큼 동양에 대한 관심이 높아지고 있다. 나는 토론토 대학교에서 수업 중에 동양의 '무아' 사상에 대해서 잠시 언급한 적이 있었는데, 학생들이 그렇게 눈을 반짝거릴 수 없었으며 대단한 관심을 보이며 열심히 들어주었다. 그리고 내 발표가 끝나자마자 질문이 쏟아져 진땀을 뺀 일이 있었다. 다행스럽게 내가 동양사상에 대한 얕은 지식이나마 있었기에 망정이지, 사실 우리의 것이 무엇이냐고 물으면 할 말이 그렇게 많지 않다는 사실이 부끄러웠다. 우리는 동양사상은 고사하고 우리 것도 제대로 알지 못하면서 미국화를 향해 전진하고 있는 느낌을 지울 수가 없다. 서방 세계는 금세기에 와서 자신의 문화를 성찰하기 시작했는데, 우리는 오히려 성찰의 대상인 미국 문화를 쫓아가는 것이 안타깝다. 캐나다는 미국과 같은 대륙에 살면서도 자신의 문화를 차별화하고 있으며, 그것을 지켜왔고 앞으로도 지켜가려는 움직임이 보이고 있다. 우리도 우리의 것을 차별화하면서 국제화해야 할 것 같다. 문화적 융합이 절대로 세계화를 의미하는 것은 아니기 때문이다.

월별 주요 축제

1월 아이스 와인 페스티발(Okanagan Wine Festival)
브리티시 컬럼비아 주 오카나간, 1월 22일~28일.
온화한 기후와 아름다운 호수들로 유명한 오카나간에서 행해지는 겨울 와인 축제. 선 픽스 리조트(Sun Peaks Resort)에서 열리며, 1월 외에 5, 8, 10월 4차례에 걸쳐 행해진다. 5월 2일~3일, 8월 7일~9일, 10월 1일~10일.

2월 오타와 윈터루드(Winterlude)
온타리오 주 오타와, 2월 6일~2월 22일.
캐나다의 수도 오타와에서 펼쳐지는 겨울 축제로 올해(2004년)로 25회째 열고 있다. 겨울이면 세계에서 가장 긴 천연 스케이트장으로 변신하는 리도 운하에서 이색적인 겨울을 즐길 수 있다.

3월 누나부트 스노 챌린지(Nunavut Snow Challenge)
누나부트 주 이퀄누이트, 3월 중.
320km에 이르는 얼음 위를 달리는 스노우모빌 레이스로 모험의 세계를 느낄 수 있다.

4월 브랜트 야생동물 축제(Brant Wildlife Festival)
브리티시 컬럼비아 주 퀴리컴 해변, 4월 초.
퍼시픽 블랙 브랜트 거위와 같은 브리티시 컬럼비아 주의 야생동물을 보호하고자 시작된 행사. 예술품 전시, 복권 판매 및 추첨, 웅변대회, 자연순례 등의 부대행사를 한다.

5월 튤립페스티벌(Canadian Tulip Festival)
온타리오 주 오타와, 5월 6일~5월 24일.
오타와 최고의 이벤트로 올해로 52회를 맞이한다. 제2차 세계대전 중 네덜란드가 독일에 점령되자 왕족이 캐나다로 망명, 캐나다가 네덜란드 독립에 영향을 미치게 되자 매년 1만 개 이상의 구근을 캐나다로 보낸 데서 유래한 축제이다. 이제는 '북미의 튤립 캐피탈'이라는 별칭을 얻는 등, 명실상부한 세계적인 축제로 손꼽히고 있다.

샬럿타운 페스티발(The Charlottetown Festival)
프린스 에드워드 아일랜드, 5월 말~10월 중순.
소설 빨강머리 앤의 배경이 된 곳에서 펼쳐지는 축제. 축제 기간 동안 캐나다에서 가장 길게 공연하는 뮤지컬인 〈빨강머리 앤(Anne of Green Gables)〉을 실감나게 관람할 수 있다.

6월 몬트리올 국제 재즈페스티벌(Festival International de Jazz de Montreal)
퀘벡 주 몬트리올, 6월 30일~7월 11일.
전 세계의 재즈 뮤지션들이 참가하는 대규모 음악 축제. 올해로 25회를 맞는다.

7월 캘거리 스탬피드(Calgary Exhibition & Stampede)
알버타 주 캘거리, 7월 9일~7월 18일.
역마차 경주 등 캐나다 서부 카우보이의 멋을 자랑하는 행사와 각종 전시회가 함께 열림.

8월 카리바나(Caribana)
온타리오 주 토론토, 7월 17일~8월 2일.
매년 캐나다 최대의 도시 토론토 중심가에서 열리는 화려한 카리브식 축제.

에드먼튼 헤리티지 페스티발(Edmonton Heritage Festival)
알버타 주 에드먼튼, 8월 초.
60개 이상의 다양한 민족이 한자리에 모여 각각 고유의 전통음식, 전통무용, 전통 공예품 등을 선보인다.

9월 토론토 국제 영화제(Toronto Film Festival)
온타리오 주 토론토, 9월 9일~9월 18일.

50개국에서 모인 300편 이상의 영화가 경쟁하는 프리미어 영화제로 칸느, 베를린, 베니스 영화제와 함께 세계 4개 영화제 중의 하나로 손꼽힌다.

나이아가라 그레이프 & 와인 페스티발 (Niagara Grape and Wine Festival)
온타리오 주 세인트 캐써린즈 & 나이아가라 지역, 9월 17일~9월 26일.
와인 양조장 방문, 와인 시음회, 다양한 콘서트, 와인 관련 세미나 등 100개 이상의 행사가 펼쳐진다.

10월 키치너-워털루 옥토버페스트(Kitchener-Waterloo Oktoberfest)
온타리오 주 키치너-워털루, 10월 중.
독일 바이에른의 맥주 축제인 옥포버페스트가 북미 최대 규모로 열린다. 맥주, 음악, 춤, 음식이 한데 어우러져 즐거움을 준다.

11월 캐나다 스트랫포드 축제(Stratford Festival Canada)
퀘벡 주 스트랫포드, 4월~11월.
그림 같은 마을 스트랫포드에서 펼쳐지는 셰익스피어 공연 축제. 현대극과 고전극을 포함한 뮤지컬과 연극이 8개월 동안 공연된다.

12월 부차드 가든의 크리스마스(Christmas Time in Butchart Gardens)
브리티시 컬럼비아 주 빅토리아, 12월 초~1월 초.
600만 평에 이르는 대 정원 부차드 가든 전체가 거대한 크리스마스트리로 변하는 장관이 연출된다. 나무마다 작은 전구로 장식을 하는 작업만 한 달이 걸린다고 한다.

3. 자아실현을 추구하는 교육

다음은 2004년 아테네 올림픽과 관련된 기사이다.

한국 구기 종목 가운데 유일하게 준결승에 오른 여자 핸드볼 대표팀의 경기장 매너가 도마에 올랐다. 임영철 여자 대표팀 감독과 선수들은 27일(한국시간) 새벽 헬리니코 인도어어리나에서 열린 브라질과의 8강전에서 26-24로 승리를 거둬 4강행을 확정 짓고도, 어깨가 축 늘어진 모습으로 관중에게 형식적으로 인사한 뒤 경기장을 떠났다. 이들은 또 경기장을 빠져나와 믹스트존에서 기다리던 취재진의 인터뷰 요청에도 아무런 답변도 하지 않고 그대로 라커룸으로 사라졌다.

　새벽 시간까지 졸음을 쫓으며 TV중계를 통해 대표팀의 경기를 지켜본 한국 국민들이 여자 핸드볼팀이 8년 만의 메달 가능성을 내다본 순간이었다. 23-12로 리드하던 후반 9분 30초부터 이공주 선수가 골네트를 흔들기까지 무려 12분가량 골이 터지지 않자 임 감독은 벤치에서 신경질적인 반응을 보였다. 경기가 끝나고 임 감독의 불편한 심기를 의식한 선수들 역시 기자들의 질문에도 굳게 입을 다물었다. 이와 달리 브라질은 8강에서 탈락하고도 밝은 표정으로 관중들에게 인사해 뜨거운 박수를 받았고, 인터뷰에도 친절하게 응해 한국팀과 대조적인 모습을 보였다. 일본 메이플레이드에서 뛰고 있는 임오경과 오성옥을 인터뷰하려다 허탕을 친 일본의 한 기자는 "한국과 브라질 중 어느 팀이 진짜 승자인지 모르겠다. 승부에만 연연하지 않고 여유롭고 성숙한 모습이 아쉽다"며 일침을 가했다. 브라질의 한 여기자도 한국 취재진이 "선수들이 그냥 지나갔다"고 말하자 어깨를 들썩하며 어이없다는 반응을 보였다.

　여자 핸드볼 대표팀은 비인기 종목이라는 국민들의 무관심 속에서도 묵묵히 땀 흘려 열심히 연습해왔고, 결국 은메달을 받았다. 참으로 자랑스럽고 대견한 일이었다. 하지만 왜 임 감독은 심기가 불편했으며, 우리나라 선수들은 왜 무거운 표정으로 경기장을 떠났을까? 예전에 다른 올림픽 경기에서도 은메달을 따고도 기뻐하지 않고 속상해하며 눈물을 흘리는 한국의 선수들을 이해할 수 없다는 외국인들이 있었다. 어쩌면 일등이라는 성공을 이루지 못한 아쉬움에서 그랬을지 모르겠다. 이등은 아무도 알아주지 않는다는 성공지향적인 교육과 삶의 방식을 갖고 있다면 반드시 일등을 해야 하는 것이다. 하지만 캐나다는 일등이나 이등, 삼등 모두를 알아준다. 이미 말했지만 그들의 삶은 성공이 목표가 아니기 때문이다.

 삶의 목적이 자아실현(Self-realization)이냐 성공(Success)이냐에 따라서 개인의 삶과 사회는 엄청나게 달라진다. 전자일 경우에는 밝고 건강한 사회를 만들지만 후자의 경우에는 비인간적인 사회를 만들며 개인의 삶을 공허하고 허무하게도 만들 수 있다. 지향하는 것이 오직 성공과 출세일 때에는 때로는 불행이 시작되기도 한다.

 우리나라에서는 성공이나 출세에 대한 강박관념이 이미 오래전부터 부지불식중에 형성된 듯하다. 성공을 위해서는 치열한 경쟁이나 투쟁은 불가피하고 그 안에서 인간미라고는 찾아볼 수 없을 것이다. 오늘은 이길 수 있을지언정 내일을 보장받지 못하는 것이 경쟁의 속성이다. 물론 선의의 경쟁은 서로를 발전시킬 수 있다. 그러나 오직 나만의 성공이 삶의 목표가 된다면 타인은 나의 성공을 위한 수단이 될 수 있다. 따라서 성공만을 목표로 살게 되면 더불어 살아가는 사회를 만들기는 어렵다.

 오늘날 한국의 정치 문제의 핵심도 바로 여기에 있다고 본다. 정치인들이 만일 정치인으로써 자아를 실현하는 방식으로 살아간다면, 마땅히 '국민을 위해 봉사'하며 살아야 한다. 정당한 방법으로 한국의 미래에 대한 청사진을 제시하면서 국민들의 지지를 받아야 합당할 것이다. 그러나 불행하게도 권력을 얻기 위한 소위 '성공'을 목표로 하기 때문에 수단과 방법을 가리지 않는 것처럼 보인다. 그래서 정책으로 승부를 거는 것이 아니라 상대방을 헐뜯고 흠집을 내면서 자신의 위치를 확보하려 하는 유치한 모습도 불사한다. 자신이 얼마나 유치한지도 모르면서 그런 행동들을 반복한다. 왜냐하면 성공이 목표이니 수단과 방법을 가리지 않기 때문이다. 정치인들 누구나 국민을 위하고 나라를 위한다고 한다. 하지만 공허한 말 뒤에 숨어 있는 것은 권력욕, 그리고 그것을 일궈내기 위한 전략과 전술처럼 보인다. 목표가 오직 출세이고 성공이라면 인간다운 사회, 더불어 살아가는 사회를 만들어 가는 데 오히려 장애가 된다. 따라서 교육의 목표는 성공이 아닌 자아실현이 되어야 한다.

입시와 취업의 올가미에 걸린 우리 교육

교육은 그 사회가 가지고 있는 통상적인 가치관이 무엇인가 하는 것과 깊은 연관이 있다. 한 사회가 정신적인 가치에 비중을 더 두는지 물질적인 가치에 비중을 두는지에 따라 교육은 상당한 차이를 보인다. 만일 한 사회의 통상적 가치관이 정신적인 것에 있다면 자아의 개발과 진리의 탐구가 교육의 목표가 되어야 할 것이다. 반면에 물질적 가치에 더 비중을 둔다면 교육은 성공이라는 사회적 입지를 형성하기 위한 도구나 수단으로 전락하고 말 것이다.

가난을 극복하기 위해서 어쩔 수 없이 고도성장을 목표로 달려온 우리나라는 어느 틈엔가 정신적 가치를 추구하는 것보다는 물질적 가치를 추구하려는 생활태도로 바뀌어온 것이 사실이다. 그래서 대학이 물질적 풍요로움을 보장해주는 수단이 된 지 오래되었다. 우리 청소년들은 자아의 정체성에 대하여 질문을 던지기 시작할 나이에, 아무 생각 없이 하루 종일 책상에 앉아 입시와 씨름해야 했다. 나는 누구인지, 삶이 무엇인지, 참되게 산다는 것이 무엇인지, 자아를 어떻게 실현하며 살아야 할지 고민하는 과정을 유보한 채 대학생이 된다. 왜냐하면 그러한 고민을 들어주고 지혜를 줄 수 있는 참 어른이라고 말할 수 있는 사람들도 별로 없고, 그런 문제들 때문에 고민하면 '대학 낙방'이라는 결과만 안게 되기 때문이다.

고등학교 시절, 나는 마땅히 해야 할 고민들로 인해 대학을 낙방하게 되었고 재수를 해도 좋은 결과를 얻지 못했다. 물론 그냥 아무 생각 없이 하라는 공부만 했다면 결과는 달라졌을 것이다. 그런데 아주 우수한 영재들 중에는 고민하는 청소년기를 보낸 사람들이 많다. 내가 아는 한 선배는 아주 박식하고 지혜로운 분이라 나는 가끔 선배에게 지혜를 구하기도 한다. 그 선배는 과거 고교 평준화 이전에 경기 고등학교를 우수한 성적으로 입학하였지만 졸업 후 서강 대학교에 입학했다. 물론 고등학교 재학 시절에 선배는 삶에 대한 고민 없이 하라는 공부나 남들처럼 했으면 서울 대학교 입학하는 것은 식은 죽 먹기였을 것이다. 어쩌면 선배는 배부른 돼지보다 배고픈 소크라테스의 삶을 택했는지 모르겠다.

입시라는 긴장의 터널을 빠져나와 대학에 들어가면, 비록 입학 때부터 취업을 걱정해야 하는 상황이긴 하지만 그동안 힘들었던 생활에 대한 보상심리도 있어서 신나게 놀기도 한다. 하지만 이미 사춘기 때 겪어야 했을 과정이 뒤늦게 찾아오면서 심한 심리적 갈등을 겪는 사람들이 많다. 혹자는 자아의 정체성부터 흔들리는 사람들이 있는가 하면 내가 무엇을 고민하고 있는지조차도 모르면서 "이건 아닌데." 하는 막연한 심리적 혼란을 겪기도 한다.

좋은 답을 얻기 위해서는 질문이 좋아야 한다. 그리고 좋은 질문을 던지려면 질문을 던지기 위한 선지식이 필요하다. 예를 들어 '이 플로피디스켓을 어떻게 포맷해야 하지?'라고 묻기 위해서는 플로피디스켓을 알아야 하고 포맷이 무엇인지 알아야 하는 것과 같다. 삶에 대한 질문을 던지기 위해 갖추어야 할 선지식이 부족하면 좋은 답을 찾지도 못한다. 여하튼 선지식이 부족하여 자신이 무엇을 고민하고 있는지조차 모르는 혼미한 젊은이들도 적지 않다.

우리나라 교육의 맹점은 여기에 있다. 젊은이들이 정신적 가치를 잃어버리면 사회는 건강할 수 없다. 그래서 교육의 정상화는 기술적인 문제를 해결하는 것이 아닌 사회의 본질적인 문제를 해석하는 것에서 비롯되어야 한다. 진정한 의미의 삶의 목적을 물을 수 있는 교육이어야 한다. 그리고 무슨 일을 하든 그 일을 통해 자아를 실현할 수 있도록 사회는 여러 가지 여건들을 마련해주어야 한다.

누구나 대학이 인생의 전부는 아니라고 말한다. 하지만 우리의 사회적 여건에서는 최소한 대학을 졸업해야 삶이 비교적 편안하고 사회적 입지도 쉽게 확보할 수 있다. 나는 제안하고 싶다. 이 책의 전반부에 등장했던 캐나다의 자동차 정비공처럼 수고한 노동만큼 대가를 받을 수 있도록 사회가 제도적 장치를 마련해준다면 굳이 대학교를 진학할 이유가 없을 것이다. 자아실현이 반드시 대학을 통해서만 이루어지지 않기 때문이다.

그래도 이제는 우리나라 사회의 시민 의식이 비교적 많이 향상되기는 했다. 지극히 바람직한 일이지만 단병호 씨도 국회의원이 되었고, 공교육을 충분히 받지 못한 분들도 국회에 당당하게 설 수 있는 날이 오고 말았다. 물론 교육의 혜택을 받지 못했지만 자수성가한 분들이 예전부터 없었던 것은 아니다. 하지만 아직도 우리나라의 사회적 분위기는 대학교가 사회적 입지나 삶의 기반을 결정하는 중요한 징검다리가 되는 것이 사실이다. 대학교가 살아가는 데 결정적인 위치를 차지할 수 있도록 사회가 구성되는 한, 젊은이들은 입시지옥으로부터 해방될 수 없다. 젊은이들이 입시로부터 자유로워지지 못하면 참다운 인간교육의 정상화는 꿈이 되어버릴 수 있고, 우리 사회의 미래도 밝지 못할 것이다. 그리고 아무리 공교육의 정상화와 사교육비 문제를 해결하려 하더라도, 본질적인 문제가 해결되지 않는 한 문제들은 영원히 풀지 못할 숙제로 남을 것이다. 따라서 입시제도라는 지엽적인 문제보다는 사회구조를 바꾸는 본질적인 문제를 해결해야 한다.

4. 우리가 진정으로 원하는 것은 무엇인가?

우리나라가 캐나다보다 화려하고 잘 누리고 사는 것처럼 보이는 까닭은, 돈 되는 일이라면 무엇이든 해야 하는 자본주의의 시장원리가 사회의 기초가 되어서가 아닌가 싶다. 돈을 많이 벌기 위해서는 모든 아이디어를 동원해서 상품을 개발하고 더욱 고급화해서 물건을 팔아야 한다. 물론 이러한 동기는 기술과 산업이 발달하는 계기가 될 수도 있음을 부정하지 않는다. 그러나 물건을 팔아야만 돈을 벌 수 있다면, 한편으로는 그것을 얻기 위해서 정신없이 돈을 벌어야 하는 것이 우리 현실이다. 그래서 돈에 끌려 다니는 노예가 되기 쉽다. 80년대 초에 정권은 순진하고 어린 정수라 양을 내세워 "아~대한민국! 원하는 것은 무엇이나 얻을 수 있고~" 하는 노래를 부르게 하면서 우리 국민들을 기만해왔다.

그러나 정직하게 말하면 "원하는 것은 '돈이 있어야' 얻을 수 있고"라고 해야 한다. 돈이 없으면 땅에 묻힐 자격조차 없는 나라가 우리나라이기 때문에 죽도록 돈을 벌어야 사람행세를 할 수 있다. 남들이 다 가지고 있는 휴대폰 하나 안 가지고 있으면 소외되고, 남들이 최신 모델을 가지고 있으면 왠지 뒤처지는 것 같아서 아직 쓸 만한 것인데도 바꿔야 한다. 아무리 대중교통시설이 잘되어 있고, 거리마다 차량으로 도로가 꽉 차 있어도, 남들 다 가지고 있는 차 한 대 안 가지고 있으면 남에게 무시당하니 카드 빚을 내서라도 사야 한다. 고급 브랜드나 값진 물건을 가지고 있어야 어디 가서 당당하게 사람들을 대할 수 있다. 이러한 사회 분위기가 형성된 것은 자본주의의 영향이 아니라고는 아무도 말 못할 것이다.

나는 이렇게 살아가는 대부분의 우리 국민들을 생각해보면 어쩌면 캐나다와 그렇게 다를 수 있는지 놀랍기만 하다. 그러나 혹자는 "캐나다는 검소한 게 아니라 가난한 것"이라고 주저하지 않고 말할지도 모른다. 겉만 보고 속은 볼 줄 모르는 사람들에게, 신문기사를 소개하고 싶다.

　국내 유수의 백화점들이 재래시장의 옷을 상표만 바꿔 세 배나 비싸게 판매한 사실이 드러났다. 8시뉴스는 7일 'L, S백화점 등 전국 28곳의 백화점에 재래시장 옷의 상표만 바꿔 단 채 납품되고 있다'는 내용의 기사를 보도했다. 이른바 '라벨갈이'라고 불리는 이 같은 불법 납품은 그동안 암암리에 소문을 탄 적은 있지만 정확한 물증이 없어 공개되지 않았던 의류 하청업체의 관행이었다.
　'○○가 기동취재 코너'에서 한 의류 제조공장을 찾아가 상표를 바꿔치기 하는 현장을 잡아내면서 충격적인 사실은 현실로 드러났다. 상표를 바꿔 달고 있는 공장 직공에게 "왜 라벨을 떼느냐"고 묻자 직원은 당연하다는 듯 "이건 백화점으로 나가는 옷"이라고 답했다. 또한 동대문의 재래시장에는 백화점에서 파는 것과 똑같은 옷이 걸려 있다. 재래시장의 상인 역시 '라벨갈이'를 확인해주는 발언을 했다. 그는 "(이 옷들이) 다 백화점으로 들어간다. 하지만 이 라벨로는 안 들어가고 라벨을 교체해서 들어간다"고 말했다.
　어떻게 해서 이런 저급 제품이 백화점에 납품되고, 또 버젓이 고가에 팔릴 수 있는 것일까? S백화점 홍보팀의 H과장은 "현재 백화점 의류매장의 90%는 수수료 일부를 백화점에 지급하고 매장을 임차하는 이른바 '특정매장'이다. 백화점이 상품을 직매입하는 경우는 10%도 안 된다"고 말했다. 다시 말하면 백화점의 상품 매입 과정은 임대매장의 관리자가 주관하고, 백화점은 들어오는 상품을 검품만 하기 때문에 책임이 없다는 것이다. S백화점과 함께 대표적인 '라벨갈이' 납품 백화점으로 지목된 L백화점의 J상무이사는 "백화점이 아닌 입점 브랜드가 중간에서 폭리를 취한 것이다. 검품을 치밀하게 하지 못한 것은 우리의 실수지만 우리도 신용이 추락해 피해를 봤다." (중략) 하지만 큰 비중을 차지하고 있는 임대매장에 상품 매입을 맡기는 한 고객들의 속을 풀어줄 대책은 없을 것으로 보인다.

　같은 제품이라도 상표에 따라서 가격차이가 나고, 유명 브랜드를 달고 있거나 비싸야 잘 팔리는 이유는 자본주의의 상업성에 농간당하고 있기 때문이다. 기왕 백화점 이야기가 나왔으니 이참에 서울에 있는 한 대형 백화점 때문에 겪었던 일을 소개하고자 한다.
　나는 승용차가 없다. 살 능력이 없어서라기보다 서울에서는 대중교통시설이 너무나 잘되어 있어서 승용차를 가질 이유도 없고, 또 우리나라 세태에 대한 반감 때문에 아직까지는 차를 갖고 싶지 않다. 어느 날 나는 버스를 타고 L백화점 앞을 지나가게 되었다. 버스가 그 백화점 앞을 지나가기 훨씬 전부터 정체가 되더니, 마침내 그 백화점을 지나가기까지 거의 1시간이라는 시간을 보냈다. 이유는 백화점 앞의 차선에 백화점 이용 차량으로 꽉 차 있어서 차량의 흐름을 막고 있었기 때문이었다.
　내가 타고 있었던 버스는 백화점 앞을 통과하기 위해서 중앙 분리선을 끼고 있는 차선을 택하여 가까스로 빠져나왔다. 그런데 백화점 때문에 그 일대 모든 도로가 극심한 혼잡을 빚고 있었는데도 아무도 불만이 없었다는 것이 너무나 신기했다. 불만이라고 해봐야 "백화점 세일하나봐." 그 정도 수준이었다. 나는 슬슬 화가 나기 시작했다. 그것은 차가 막혀서 내 시간을 빼앗겼기 때문이 아니다.
　만약 그 시간에 공공의 이익을 위해서 한 시간을 보내야 했다면 한 시간 아니라 백 시간이라도 나는 기꺼이 바치겠다. 하지만 내가 왜 백화점이라는 한 사업체의 이익을 위해서 1시간을 낭비해야 하는지 의심스러웠다. 그리고 백화점에 들어가겠다고 차를 끌고 나온 사람들은 그래도 비교적 경제적으로나 시간적으로 여유가 있는 사람들일 것이다. 하지만 대중교통을 이용하여 그 앞을 지나가는 사람들의 대부분은 시간을 아껴가며 생존을 위해 치열하게 살아가는 사람들이 대부분일 것이다. 그런데 그 앞을 지나가야 하는 사람들이 100명이라면(물론 더 되겠지만) 한 사람에 1시간씩 치더라도 100시간이다. 그리고 석유 한 방울 나지 않는 나라에서 차량 1대당 1시간씩 에너지를 낭비하고 있다면 얼마나 심각한 낭비인가! 그런데 그 시간과 휘발유에 대해서는 아무도 보상해주지 않는다. 나는 이를 아무도 문제 삼지 않는다는 것에 대해서 화가 났다. 왜 넉넉한 사람들을 위해서 또는 한 사업체의 이익을 위해서 그렇지 못한 사람들이 희생해야 하는가. 혹자는 '그 사업체가 먹여 살리는 사람이 얼마나 많은데.' 라고 항변할지 모른다. 그러면 나는 '꼭 그 사업체가 거기에 있어야만 하는가?' 라고 되묻고 싶다.

서울의 영등포 로터리는 운전하기에는 최악의 로터리라서 초보운전자가 아무 사고 없이 그곳을 빠져나올 수 있으면 운전실력 합격이라는 말이 한동안 나올 정도였다. 그렇게 혼잡한 그 로터리 주변에 대형 백화점이 계속 들어선다는 것은 정상적인 방법으로 백화점 인허가를 내주지 않았을 거라고 의심할 수 있다. 물론 교통 분담금을 낸다고 하겠지만 그것이 얼마나 되는지, 어떻게 사용되는지 알 길이 없다. 그리고 그 백화점은 소액자본을 계속해서 죽이고 대형화 된다. 소자본이 살아야 서민 경제가 사는데도 늘 돈이 돈을 버는 구조에 말려 들어가면, 말려 들어가는 사람들은 피해자인 동시에 가해자가 되기도 한다. 따라서 우리의 생활방식이 바뀌어야 한다.

서울처럼 한 도시에 그렇게 많은 백화점이 있는 나라는 거의 없을 듯하다. 캐나다에서는 백화점도 많지 않지만 그나마 몇 안 되는 백화점도 운영이 잘 안 된다. 까닭은 백화점 물품이 상대적으로 고가이기 때문이다. 그래서 토론토에서는 이튼 센터(Eaton center)와 같은 대형 백화점도 부도가 난 적이 있다. 오히려 캐나다는 도매상이라고 할 수 있는 물건값이 싼 홀—세일(Wholesale) 같은 것이 문전성시를 이룬다. 비싼 것이 때로는 좋은 것일 수 있지만 그런 것들은 캐나다 사람들에게는 큰 인기가 없다.

물론 우리나라에서도 비싼 것이라고 해서 무조건 좋은 것은 아니다. 같은 제품이라도 비싸면 잘 팔리는 것이 우리나라이기 때문에 품질에 비해 터무니없이 가격만 높을 수 있다. 여하튼 같은 물건이라도 가격이 비싼 대형 백화점만 이용하는 우리의 경제생활습관을 고쳐야 한다. 아무리 고가품으로 자신을 장식한다 하더라도 그것이 절대로 자신의 인격이나 삶의 질을 말해주지 않는다. 제품들을 고급화시켜야 돈을 벌 수 있는 사회적 분위기를 쫓아가면 그것을 얻기 위해 자신도 정신없이 돈을 벌어야 한다는 정신적인 억압을 받게 된다. 그러나 비싸고 고급스럽고 화려하게 누린다고 해서 삶의 질이 향상되는 것은 아니다. 이미 언급한 바와 같이 진정한 삶의 질은 의미와 가치를 추구하는 것에서 찾을 수 있다. 자신의 생활방식이 자본주의의 상업성에 휘말려 참다운 삶의 질을 찾기보다 물질적 가치만 추구하게 되면 천박하고 배부른 돼지가 될지도 모른다. 그러나 본질적으로 보면 인간은 누구나 최종적으로 소크라테스가 될 수밖에 없다.

얼마 전 나는 신문을 통해서 한국은행의 통계를 보았다. 국민들이 금융회사에서 빌려 쓴 가계대출의 총액이 458조에 달하며 한 가구당 2,994만 원이라는 것이다. 그것은 99년 말의 214조였던 것에 비하면 배 이상이라고 한다. 그리고 실제적으로 한 가정이 안고 있는 부채는 통계수치 이상일 수 있다. 상대적으로 미래가 안정되어 있는 캐나다에서는 가계대출이 큰 문제가 되지는 않는다. 캐나다 사람들은 사실 융자통장을 몇 개

가지고 있어도 살아가면서 갚으면 된다는 생각을 하기에 별 걱정이 없다. 하지만 미래가 보장이 안 된 불안한 사회에서 대출은 생존에 직접적인 타격을 주기도 할 것이다. 독자들은 단돈 500만 원의 빚 때문에 사람을 죽인 젊은 임산부에 관한 기사를 기억할지 모르겠다. 상환능력도 없이 써서 늘어나는 가계부채는 삶을 황폐하게 할 뿐만 아니라 서로 죽고 죽이는 무시무시한 세상을 만들어간다.

물론 이처럼 대출액수가 높은 이유는 여러 가지가 있겠지만 소비성향의 증가가 가장 큰 원인이 아닐까 싶다. 소비성향은 쉽게 높일 수 있지만 한 번 높아진 소비성향을 낮추는 것은 여간 어려운 일이 아니다. 자본가들은 이러한 심리적 취약성을 노리고 그것을 이용하여 돈을 벌어들이는 듯하다. 신용카드는 이러한 심리를 이용한 자본주의의 상술이라는 것을 모르는 사람이 없다. 대출회사도 이에 편승한 기업이 아니라고 아무도 말 못할 것이다. 결국 피해자는 무지한 보통사람들이다. 그렇다면 우리의 생활 태도를 바꾸어야 할지 모르겠다. 소비성향을 낮추고 상대적 빈곤감에서 자유로워야 한다.

캐나다 사람들을 보자. 값 나가고 비싼 것은 그들에게 별 호감을 주지 않는다. 토론토에서는 체감온도 영하 40도를 넘나들어도 웬만하면 걸어 다니거나 대중교통을 이용한다. 그리고 낡은 차도 아무렇지 않게 타고 다닌다. 남이 신던 신발도 단돈 1~2달러를 주고 사며 신고 다닌다. 남이 입던 옷도 마찬가지이다. 우리에게 그렇게 하라고 하면 과연 얼마나 호응을 얻을지 모르겠다. 비싼 옷이나 좋은 차를 타고 다니면 사람들의 대하는 태도가 달라진다. 얼마 전 나는 호텔에 티코를 가지고 갔다가 문전박대를 당했다는 기사를 보았다. 티코를 탄 사람이 분명 호텔의 고객이었을 텐데도 그렇다. 따라서 소비성향을 낮추는 것은 개인뿐만 아니라 사회적 차원에서 분위기를 조성해야 한다.

티코면 어떻고 승용차가 없으면 어떤가. 유명브랜드가 아니면 어떻고 남이 입던 옷이면 어떤가. 깨끗이 씻어서 단정하게 입고 다니면 그만이지, 물질적 풍요로움이 인격을 말해주지는 않는다. 그런데 여성의 경우라면 아름다움을 유지하기 위해서 많은 투자를 해야 할지 모르겠다. 외적인 아름다움을 중시하는 사회 분위기라면 여성은 아름답게 보이려고 스트레스를 받을 것이다. 하지만 아무리 외모가 출중하고 돈을 들여 잘 꾸미고 다녀도 하는 짓이 미우면 꼴도 보기 싫게 될 것이다. 비록 외모가 좀 부족하고 잘 꾸미지 못해 수수해도 마음씨가 곱고 하는 짓이 예쁘면 꼭 안아주고 싶을 정도로 사랑스러울 것이다. 나는 사람의 아름다움은 외적인 것보다는 내적인 것에서 발견할 수 있어야 한다고 생각한다. 개인의 인격은 그 사람의 지위나 재산과 같은 외적인 것에 있는 것이 아니라 바로 내적인 것에 있다. 그래서 외적인 것보다 내적인 것을 추구하는 사회 분위기가 보편적인 의식으로 자리 잡아야 한다고 생각한다.

폐차장 풍경 사진이라고 오해하시지 마시길! 범퍼가 없는 낡은 자동차지만 캐나다에서는 그래도 쓸 만한 차로 대접받는 자동차다.

앞에서 나는 사회의 발전단계를 3단계로 보았다. 생존의 단계, 즐기는 단계, 의미와 가치를 추구하는 단계가 그것이다. 그중에서 첫째와 둘째 단계는 외적인 문제와 관련되지만 마지막 단계는 내적인 문제와 관련된다. 사람이 행복하게 살아가기 위해서는 물론 첫째와 둘째 단계가 충족될 수 있어야 하겠지만 궁극적으로 마지막 단계가 가장 중요하다. 화려하게 꾸미지 못하거나 돈이 없어도 떳떳하고, 정의로움 앞에서 꼿꼿하며, 사소한 이익에 자신을 팔지 않는 우리나라의 선비정신이 아쉬움으로 남는다. 선비정신, 이 얼마나 아름다운 우리의 전통인가!

5. 더불어 살아가는 희망의 나라

캐나다는 넓은 나라인데도 불구하고 인구밀도가 낮아서 자연이 스스로 환경을 정화하기에 충분하다. 그럼에도 불구하고 그들은 자연을 보존하려는 노력에 대단한 정성을 쏟고 있다. 캐나다 사람들은 가급적이면 개발을 피하고 있는 그대로를 보존하려고 한다. 물론 우리나라는 국토가 좁아서 개발이 불가피하므로 적어도 후손에게 남겨줄 자연은 남겨두어야 하지 않을까 싶다. 우리는 지금 물 부족국가에 속하게 되었다. 얼마 전만 하더라도 캐나다처럼 수도꼭지에 입을 대고 수돗물을 그냥 마셨다. 그리고 물을 사먹는 나라들을 이상하게 생각했다. 그런데 이제 우리는 물을 사먹는다.

그렇게 된 것은 자연과 인간을 분리하는 이원론적 태도, 고도성장만 지향하는 무분별한 개발, 돈 되는 일이라면 무엇이나 할 수 있는 삶의 태도, 철학의 부재, 무지함 등등의 여러 이유가 복합적으로 얽혀 있겠지만, 자기만 생각하는 삶의 태도가 가장 큰 원인이다. 그런데 자기만 생각하면 결국 자신을 죽이는 결과가 생길 것이다. 이제는 한 개인이나 집단의 이익만이 아닌 '우리' 모두를 생각하는 삶을 살아야 할지 모르겠다. 물론 과거 군사독재 시절만 하더라도 정치인들은 '우리'라는 명분으로 국민들을 기만해왔기 때문에 어쩌면 '우리'라는 개념에 알레르기를 가지고 있는 사람들이 더러 있으리라. 말로는 '우리'라고 하면서 특정계층만 이익을 챙겨왔으며 그러한 대의명분으로 개인은 희생이 되어야 했고, 소외계층은 더욱 소외되었기 때문이다. 이제는 왜곡된 '우리'라는 개념을 내세우지 말고 참다운 '우리'라는 연대로 이어져야 할 때라고 본다.

현대영성을 탐구하는 사람들은 모든 존재를 연계적 실재(Relational Reality)로 보고 있다. 모든 존재는 제각기 독립적으로 고유함을 가지고 있으면서도 서로 유기적으로 연결되어 있다. 그래서 독자적으로 존재하는 존재는 없다. 자아도 전체 안에서야 자아일 수 있다. 다시 말하면 모든 존재는 '우리'라는 개념 안에서 존재의 의미를 부여받는다. 이러한 일원론적 의식 안에서 살아갈 때 인류의 평화는 되찾을 수 있다.

우리가 자연환경에 대한 태도도 마찬가지이다. 단지 자연을 내가 이용해야 할 대상으로만 생각한다면 인간과 자연은 이원화 된다. 실용적 이익을 위해 무차별로 개발한다면 자연은 황폐화 될 수밖에 없다. 그리고 황폐화 된 자연은 다시 인간을 망가뜨린다. 하지만 일원론의 의식 아래서 자연은 인간과 분리되지 않는다. 인간은 자연의 일부이며 자연은 나의 일부다. 그래서 내가 자연을 보호하면 자연은 나를 보호하게 된다. 인간과 환경도 연계적 실재(Relational Reality) 안에서 서로 존재하기 때문이다. 따라서 일원론적 의식이 살아 있으면 환경도 살아나게 되고 인간도 살아가기 좋게 된다. 만약 우리가 함께 살아가려는 삶의 태도로 전환하지 않으면, 10년이나 20년 후에는 지금보다 더 어려운 사회와 환경에서 살아가야 할 것은 뻔하다.

우리나라는 자원도 부족하고 땅도 좁지만 인구밀도가 높아서 국토개발이 불가피한 경우가 많다. 하지만 우리 모두의 공익을 위한 개발이 아니라 특정계층만 즐길 수 있는 시설들을 위해서 국토를 마구 훼손한다면 그것이 큰일이다.

몇 해 전에 박세리가 미국프로골프대회(LPGA)에서 우승을 했다고 대부분 한국 사람들이 환호성을 올릴 때 나는 걱정부터 먼저 했다. "큰일 났다. 우리나라 이제 다 망가지게 될지 모른다." 아니나 다를까 갑자기 전국에 골프바람이 불더니 곳곳에 골프장이 마구 들어서고 너도나도 골프를 배우기 시작했다. 좁은 땅덩어리는 서서히 죽어가고 있지만 걱정하는 사람들은 몇몇 환경단체를 제외하고는 아무도 없는 듯했다. 캐나다와 같은 넓은 땅에는 골프장이 몇 개 있어도 국토를 보존하는 데 문제없을지 모른다. 땅이 넓어 어느 정도는 자정능력을 가지고 있기 때문이다. 그러나 우리나라와 같이 좁은 땅에서 이미 산성화 될 대로 된 땅은 자정능력이 거의 없다고 해도 과언이 아닐 것이다.

골프장에서 민들레를 본 사람은 아무도 없을 것이다. 민들레는 한 포기만 있어도 그 홀씨가 사방으로 퍼져서 그 일대를 모두 민들레 밭으로 만든다. 일례로 일본의 히로시마에 원자폭탄이 떨어졌을 때 모든 것이 다 죽고 초토화 되었는데 유일하게 살아남거나 제일 먼저 싹을 보인 식물은 딱 두 가지, 쑥과 민들레였다. 그래서 생명력이 강한 쑥과 민들레를 건강식이나 약재로 사용하고 있는지 모른다.

그런데 원폭에도 살아남은 생명력이 강한 민들레를 죽이는 것이 제초제다. 살충제를 소주 한 잔 정도 마시면 병원에 가서 죽지만 제초제는 반 잔만 마시더라도 병원에 가는 도중에 죽는다는 말이 있다. 민들레까지도 죽이는 제초제는 골프장 주변을 모조리 죽여서 미꾸라지 한 마리 없게 만들어버린다. 그리고 곳곳에 지하수 먹겠다고 파놓은 구멍으로 빗물과 함께 그 제초제가 흘러 들어가 식수를 오염시키면 먹을 물이 없어진다. 골프장을 잘 가꾸기 위해서는 제초제를 뿌려야 하는데, 국민 모두가 골프를 즐기고 다같이 망하자고 하면 그래도 공평하니 아무 불만이 없을 수 있다. 그러나 골프를 즐기는 사람이 몇 퍼센트나 되는가. 겨우 1~2%의 골프인구를 위해서 모든 국민들이 공유해야 하는 이 땅을 죽이고 후손에게 넘겨줄 비옥한 살아 있는 땅을 없애버린다면 그것은 죄가 아닌가? 물론 골프가 운동이 된다는 것은 인정한다. 하지만 우리나라에서 할 수 있는 것이 있고 해서는 안 되는 것이 있다.

골프는 땅덩어리 넓은 미국이나 캐나다에서 하는 운동이지 우리와 같이 작은 나라에서 할 수 있는 운동은 아니다. 하지만 때로는 사업상 안 할 수가 없다고 하는 사람들도 있다. 왜냐하면 사업을 하는 사람들은 사업상 필요한 여러 가지 인간관계나 작업들이 골프장에서 일어나는 경우가 많고, 또 골프를 치지 않으면 왠지 뒤처지는 것 같고, 함께 골프를 하지 않으면 사업상 필요한 것을 얻지 못할 수 있다는 것이다. 인간관계에 따라서 일이 망칠 수도 있고 잘될 수도 있다면 미성숙한 사회이다. 관계는 관계이고 일은 일이어야 한다. 하지만 일과 관계가 연결되면 서로 망가질 수 있고 사회가 발전할 수도 없다. 이미 예를 들었지만 우리의 축구가 월드컵 4강에 오를 수 있었던 것도 히딩크 감독이 이 둘을 연관 짓지 않았기 때문이다.

우리의 땅이 점점 망가지면 먹을 물도 부족해지고, 물이 부족해지면 땅에 구멍을 더 뚫게 되고, 그로 인해 땅 밑까지 오염되는 악순환이 계속될 것이다. 그리고 우리의 후손들에게는 쓸모없는 땅, 황폐한 국토만 남겨주게 될 것이다. 결국 개발보다는 보존에 더 관심을 두고 있어야 미래가 있고 우리 후손들에게 남겨줄 땅이 있게 된다. 캐나다에서는 대도시임에도 불구하고 필요한 부분은 미개발 상태로 그대로 두어서 후손에게

필자가 살던 드 라 살(De La Salle) 수도원의 눈 덮인 야경이다. 이 수도원의 뒤뜰에서 나는 동물원에서나 볼 수 있는 여우를 본 적도 있다. 이 수도원은 에비뉴(Avenue Road)와 샌 클레어(St. Clare) 근처에 있다.

남겨줄 땅이 있다. 자연과 더불어 살아가는 그들이 부러울 정도다.

자신만 생각하면 인간과 인간, 인간과 자연의 관계가 모두 단절된다. 개인의 이익, 집단의 이익만 추구하면 모두가 분열되고 우리의 밝은 미래는 꿈이 되어버린다. 하지만 더불어 살아가려는 마음을 가지게 되면 인간과 인간, 인간과 자연의 관계는 다시 연결된다. 인간과 인간, 인간과 자연이 연결된 관계 속에서 우리는 미래의 희망을 보게 될 것이다.

관계의 단절, 즉 분열은 인간의 죄와 깊은 연관을 맺고 있다. 그리스도교 사상은 죄의 결과를 분열로 보고 있다. 죄의 결과로 인간과 하느님 사이에는 분열이 일어났다. 그 분열은 인간 사회로 연장된다. 죄로 인해 개인과 개인이 분열되고, 집단과 집단이 분열된다. 국가와 국가, 민족과 민족, 계층과 계층, 심지어는 인간과 자연이 분열되는 양상을 보인다. 그러나 모든 존재는 존재론적으로 모두 연결되어야 한다. 존재의 본래 상태를 회복할 때 평화가 보장될 것이다.

가톨릭에서는 교황을 '다리를 놓는 자'라는 뜻의 뽄티펙스(Pontifex)라는 명칭을 쓰기도 한다. 사제를 총칭하기도 하는 가톨릭 교회의 수장인 교황의 명칭은 가톨릭 교회의 정체성을 잘 대변하고 있다. 다리를 놓는다는 것은 분열된 두 존재를 연결한다는 의미이다. 그래서 개인이나 집단의 분열을 일치로 이끄는 것도 소임 중 하나라고 할 수 있다. 부유한 자와 가난한 자, 높은 자와 낮은 자, 소외된 자와 중심에 있는 자, 약한 자와 강한 자, 인간과 하느님, 인간과 자연 사이를 이어준다면 모두가 더불어 살아가는 밝고 아름다운 사회가 될 것이다. 가톨릭 교회는 이러한 정체성을 아직 완전히 실현하고 있지 못하고 있다 하더라도 오늘도 내일도 본연의 역할을 지향하고 있다.

사회에 보편적 의식이나 정신문화가 기저에 깔려 있지 않으면 망가지는 줄도 모르는 사이에 망가지게 된다. 그래서 앞을 내다보는 사람들은 물질문화보다도 정신문화를 강조하는 것이며, 인문학 분야에 사회적 투자가 이루어져야 한다고 목소리를 높이며, 철학이 있어야 사회가 산다고 외치는 것이다. 이 소리를 귀 기울여 듣지 않으면 머지않아 지금보다 더 살기 힘든 환경과 사회가 될 수 있다.

인간이 살아가는 사회가 천국이 아닐진대 어찌 완전한 사회가 있겠는가. 하지만 함께 더불어 살아가고 있는 캐나다는 비록 사회적인 문제점이 전혀 없지는 않겠지만 내 관심을 끌기에 충분했다. 나는 우리나라가 선진국을 지향한다면 물질적 가치보다는 정신적 가치를 추구하며 가진 것을 나누며 함께 살아가는 방법을 배워야 한다고 생각한다. 그리고 그러한 희망이 우리가 잡을 수 없는 파랑새가 아니고, 이상도 아닌 이유는, 이미 희망을 실천하고 있는 나라가 있기 때문이다. 그 나라는 바로 가톨릭 사제의 눈에 비친 캐나다다.

UN이 가장 살기 좋은 나라로 평가한 캐나다

세계 각국의 생활환경을 비교한 UN의 연차 보고서에 따르면 캐나다는 92, 94, 95, 96년 네 번에 걸쳐 세계에서 가장 살기 좋은 곳 1위에 선정되었다. 90년 이래 전 세계 174개국을 대상으로 200여 개의 항목을 채점하여 순위를 정하는 UN의 보고서는 교육, 의료보험 등의 사회보장제도는 물론 정치적 안정, 소수민족에 대한 처우, 범죄율 등의 정치, 경제, 사회, 문화적인 모든 요소를 반영한 것이다. 스위스의 조사연구 기관인 'The Corporate Resources Group'이 1995년 1월에 실시한 또 다른 조사 결과에 의하면, 세계 118개의 조사대상 도시 중에서 무려 4개의 캐나다 도시가 12개 도시를 선정하는 수위권 내에 올랐다. 이 조사 역시 정치, 사회적 환경, 문화, 건강, 교육, 공공시설, 여가생활, 소비재, 주택과 자연환경 등 42개에 달하는 조건을 비교한 총괄적인 평가였다.

■ 마치며

캐나다를 알면 대한민국이 보인다

　백혈병으로 죽은 중3인 죠엔과 정양의 사연을 비교해보면 세상은 너무나 불공평하고, 참으로 우리나라에서 살맛이 안 난다. 그러나 우리가 결국 만들어야 할 사회는 사람 살맛 나고 신명 나는 세상이다. 적어도 정양과 같은 한국의 소녀가 스스로 목숨을 끊어야 하는 사회는 만들지 말아야 할 것이다. 그러기 위해서는 내가 가진 것을 나눌 수 있어야 하고 더 나아가 나누는 삶을 제도화할 수 있는 사회적 협약이 이루어져야 한다. 이것을 실현하는 것이 이상이요, 비현실적이지 않다는 것을 이미 캐나다가 입증하고 있다.

　캐나다를 깊게 알면 대한민국의 미래가 보인다. 사회가 정의롭지 않으면 개인의 능력이 드러나지 않을 뿐만 아니라 사회가 발전할 수도 없다. 사회가 정의로워야 더불어 살아가는 건강한 사회를 만들 수 있다. 그러나 사회가 정의롭기 위해서는 무엇이든 투명해야 한다. 모든 것이 투명해지면 우리도 캐나다같이 삶의 질을 평준화할 수 있을 것이다.

물론 정의롭고 합리적인 조세제도만이 삶의 질을 평준화한다고 할 수는 없다. 하지만 우리의 삶에 중대한 영향을 미친다는 사실에 대해 아무도 부정하지 못할 것이다. 우리나라의 조세는 애초부터 소득 재분배와 이를 통한 빈부격차 해소를 기대하기 어려운 구조로 되어 있다. 우리나라는 현재와 같은 극심한 빈부의 격차를 해소하지 않으면 제2, 제3의 정양을 우리 주변에서 늘 보게 될지도 모른다. 나는 우리 사회의 어처구니없는 모습을 보고, 두 눈을 감고 두 귀를 막고 뻔뻔하게 살아갈 용기가 없다. 그리고 정양의 이야기를 안타깝게 생각하는 분들은 내 마음과 다르지 않을 것이라고 믿는다.

캐나다에서는 자신이 세금을 얼마나 내고 있는지, 자신이 낸 세금이 어떻게 사용되고 있으며, 그리고 어떻게 자신에게 되돌아오는지, 모든 것이 투명하고 분명하다. 따라서 높은 조세책정, 그리고 수입에 따른 차등 조세에도 큰 불만 없이 꼬박꼬박 세금을 내고 있다. 하지만 우리나라처럼 캐나다도 모든 것이 불투명해서 많이 배우거나 가진 사람들이 교묘하게 세금을 내지 않고, 배우지 못하고 가난하고 힘없는 사람들만 꼬박꼬박 세금을 냈다면, 선진국으로 인정받지 못했을 것이다. 자신이 낸 세금이 어떻게 사용되는지도 모르고 공평한 혜택을 받는다는 확신이 없다면, 삶의 평준화는 꿈이 되어버릴지 모른다. 하지만 모든 것이 투명하고 정의로우면 함께 살아갈 수 있는 살맛 나는 사회를 만들 것이다.

우리나라도 캐나다처럼 수입이 많은 사람은 많이 내고 적은 사람은 적게 내서 골고루 혜택을 누릴 수 있다면 제2의 정양과 같은 불행한 일은 일어나지 않을 것이다. 그러나 캐나다에 영성이 없었다면 오늘날의 캐나다를 만들 수 없었을 것이다. 내가 캐나다에서 배울 수 있었던 가장 중요한 것은 더불어 살아가는 방법을 알고 실천하고 있는 그들의 영성이었다. 그것이 캐나다를 선진국으로 만들고 모두가 후진국 같은 그 나라를 선진국이라고 하는 이유이다. 우리나라는 이제 거의 수습하지 못할 정도까지 자신의 이익만을 위해 살고 있는 것 같다. 그러한 삶의 태도를 개혁하여 우리의 이웃뿐만 아니라 자연과도 더불어 살아가는 방식을 배우지 않으면 미래는 어둡다.

지금까지 우리는 자신의 성공이나 출세를 위해 무엇이든 하려 했다. 설령 출세가 목표가 아니었다 하더라도 자기만 잘살면 된다는 삶의 태도를 갖고 있다는 사실을 부정할 수 없을 것이다. 그러나 우리에게는 조상 대대로 이어온 아름다운 정신문화가 있다. '함께 살아가야 나도 잘산다'는 일원론적 태도가 우리 민족의 무의식 깊은 곳에 자리 잡고 있다. 그렇다면 이제 우리는 한국인의 영성을 말해야 할 시기가 오지 않았나 싶다. 그것은 한국의 모든 종교인들의 소명이 될 수도 있으며, 앞으로 내가 해내야 하는 학문적 작업이기도 하다.

최근 나는 김가을이라는 ID를 가진 사람이 '살아가는, 살아야 하는 이유'라는 제목으로 한 인터넷사이트에 올린 글을 발견했다.

사당 역에서 문이 열리자 전철 안으로 커다란 가방을 든 남루한 중년의 남자가 들어섰다. 사람들은 눈을 감고 있거나 책을 보고 있거나 발끝을 바라볼 뿐 누구도 그 남자에게 눈길을 주지 않았다. 나 역시 힐끔 바라보다가 '쫄딱 망했습니다.', 또는 '이 물건으로 말씀드리자면….' 하는 육성이 흘러나오겠거니 하고 눈을 감아버렸다. 그런데 잠시 후 너무도 조용하고 점잖은 목소리가 흘러나왔다. 순간 눈을 떠보니 흩어져 있던 사람들의 시선이 한쪽에 쏠려 있었다. 그 남자가 가방에서 꺼낸 물건은 대나무인지 왕골인지 모를 밀짚모자였다. 그는 모자를 세 번 접어보이며 "휴대하기가 편합니다, 이천 원입니다." 딱 두 마디만 했다. 그 목소리는 모기처럼 윙윙거렸지만 어떤 향기처럼 전차 안을 가득 메우며 승객들 손

등에 사뿐히 내려앉았다. 순간 노약자석에 앉아 계신 할머니 한 분이 "에구, 저런 인건비도 안 나오겠네, 저리 싸게 팔믄 머시 남는다냐. 젊은 양반 여그 하나 주쇼이."

할머니를 선두로 너나 할 것 없이 모자는 순식간에 모두의 손에 쥐어졌고, 이천 원, 이천 원들은 훨훨 날아서 그 남자의 손 안으로 들어갔다. 그 남자가 다음 칸으로 이동하기 위해서 가고 있는데 그 모습을 유심히 바라만 보고 있던 스님 한 분이 "어이, 나도 하나 주쇼."라고 했다. 그 소리를 듣지 못하고 그 남자가 그냥 가버리자, 다리 하나가 없는 절름발이 청년이 문간에 기대고 있다가 한 발로 껑충껑충 뛰어갔다. 그 남자의 어깨를 툭 치며 손가락으로 스님을 가리켰다. 다행히 이천 원과 모자는 제 주인을 찾아갔고, 이어서 절름발이 청년은 유일한 생계 수단인 쪽지 한 장씩을 사람들의 무릎에 얹어놓았다.

쪽지에는 '살고 싶다.' 라는 절실한 문구가 없었지만 사람들은 나누는 데 인색하지 않았다. 청년은 구걸하지 않았고, 사람들은 가난한 사람을 동정하고 베푸는 것이 아닌 '나눔'을 실천하고 있었다. 다시 사람들은 천 원씩을 너덜너덜한 그 쪽지와 교환했다. 전철을 타고 있는 사람들의 행색은 그리 여유 있어 보이지는 않았다. 하지만 절름발이 청년과 가난한 사람들의 얼굴에는 행복한 미소가 얼굴 가득 피어났다. 순간 나도 모르게 눈물이 주르륵 흘러내렸다.

요즘 힘들지 않은 사람이 어디 있겠는가. 천 원, 이 천 원이 금쪽같지 않은 사람이 한둘이겠는가. 허나 이천 원과 모자 사이에는 귀한 마음들이 숨쉬고 있기에, 내가 천 원에 힘들면 너 역시 천 원에 힘들 거라고 염려하는 마음 때문에, 우리는 지금 살아가고 있고 앞으로도 살아야 하지 않을까? 이처럼 우리는 부대끼며 살아간다. 내가 아닌 우리로.

우리나라 사람들도 알고 보면, 자신과 전혀 상관없는 듯한 어려움을 당하는 사람을 보면서 같이 눈물을 흘려줄 수 있고, 가진 것이 없어도 자신보다 힘든 사람들을 도울 줄 아는 사람들이다. 신문지상에서 흔히 소개되는 일이지만 자신의 몸을 던져 타인의 생명을 구할 줄 아는 것이 우리 민족의 일원론적 삶의 태도이다. 어려움에 처해 있는 사람이 자신과 동일시 될 수 있는 것은 사람들 사이에 아무런 거리나 장벽도 없기 때문이다. 어떻게 살아가는 것이 '함께 살아가는 참된 자아실현의 길인지'를 우리나라 사람들도 무의식으로 알고 있고, 또한 그렇게 살아갈 수 있으리라 나는 기대한다.

함께 살아가는 삶의 태도는 캐나다 사람들에게만 있는 게 아니다. 우리 안에서도 한국인의 영성이라고 말할 수 있는 것들이 있다. 다만 우리의 경우에는 아름다운 전통 정신문화가 역사적으로 어려운 시기를 반복해 겪으면서 많이 왜곡되었을 뿐이다. 그렇다면 우리도 우리 민족의 정신 안에 잠재되어 있는 함께 살아가는 방법을 일깨워야 한다. 그래서 더불어 살아가는 공존의 방식을 내 안에서 발견하고, 그것을 제도적 장치에까지 연장시켜야 한다.

조금 가난한 듯해도, 조금 못 누리고 사는 듯해도, 캐나다처럼 후진국 같아 보인다고 해도, 건강하고 행복한 사회가 된다면 내가 그 사회의 구성원이라는 사실 때문에 살맛 날 것이다. 그러기 위해서는 먼저 내 것을 내놓을 수 있어야 한다. 움켜쥐면 사회는 점점 어두워지고 내놓으면 밝아진다. 가진 것을 내놓으면 베푸는 사람도 행복해지고, 혜택을 받는 사람도 행복하게 되어 그 기쁨은 두 배가 된다. 이것이 바로 가톨릭에서 말하는 '성체성사적인 삶'이다.

모두가 자신의 것을 나누려고 한다면 세상에는 부족함이 없어질 것이다. 그러나 재화가 편중되어 있는 한 불행은 계속되고 분쟁은 끊이지 않는다. 캐나다는 비교적 재화의 분배가 잘되어 있고, 그 혜택을 누구나 차별 없이 받을 수 있으며, 삶의 질이 평준화 되어 있는 사회이며, 사회주의가 자유민주주의의 토대 위에서 정의롭게 실현되고 있는 나라이다. 그래서 물질적으로 넉넉해 보이지 않아도, 별로 재미없어 보이는 나라 같아도, 나는 "그동안 꿈꿔왔던 사회를 캐나다에서 만났다"고 감히 말할 수 있는 것이다.

끝으로 나는 캐나다가 좋다, 나쁘다 판단을 내리지는 않겠다. 다만 내 가치관이나 삶의 코드가 캐나다와 맞아 떨어졌다는 것을 말하고 싶을 뿐이다. 나는 대한민국을 지독히 사랑하기에 이 나라의 현재와 미래를 염려해서 살맛나는 대한민국을 꿈꾸며 살고 싶다. 이 책을 통해 나와 비슷한 생각을 갖고 있는 분들과 공감대를 이루고 싶고, 캐나다에 이민을 가지 않고 한국 사회에서 살아가려는 분들에게 한국의 미래에 대해 생각해 보는 계기가 되었으면 한다. 이 책이 단지 이민자들을 위한 이민지침서에 그친다면 필자로서는 상당히 유감스러운 일이다. 나는 이 책을 통해 독자 여러분이 캐나다 사회에 내재한 삶의 가치들을 한국 사회와 비교해 근본적인 문제들을 성찰할 수 있기를 바란다. 캐나다와 한국을 잘 비교해보면, 한국의 부조리한 사회구조와 고도성장이라는 미명하에 형성된 도를 넘는 물질만능주의의 뿌리를 볼 수 있다. 더불어 살아가는 아름다운 사회를 만들기 위해서 외적인 사회개혁을 내세우기보다는 보다 본질적이고 근본적인 문제들을 올바르게 인식하길 바란다. 한국의 미래가 밝아지기 위해 캐나다와 우리나라를 비교해 과연 우리가 무엇을 할 수 있는지 독자 여러분이 판단하길 바란다.

새우와 고래가 함께 숨쉬는 바다

더불어 사는 숲, 캐나다

지은이 | 송차선
펴낸이 | 전형배

펴낸곳 | 도서출판 창해
출판등록 | 제9-281호(1993년 11월 17일)

초판 1쇄 인쇄 | 2004년 11월 8일
초판 3쇄 발행 | 2010년 10월 26일

주소 | 121-846 서울시 마포구 성산1동 226-4(창해빌딩 2층)
전화 | (070) 7165-7500(代) (02) 333-5678
팩시밀리 | (02) 322-3333
홈페이지 | www.changhae.com
E- mail | chpco@chollian.net
  * CHPCO는 Changhae Publishing Co.를 뜻합니다.

ISBN 978-89-7919-627-6 03810

값 · 12,000원

ⓒ 송차선, 2004, Printed in Korea

※ 잘못된 책은 바꾸어드립니다.